미래를 여는 진로 교육 | 프로그램 4 고등용

나만의 커리어 디자인 고교학점제

문미경 · 김수정

워크북

씨마스

고교 생활, 즐길 준비됐나요?

선배들은 많은 교과목을 공부하느라 힘들었어요.
이제 고등학교에서 학점제가 시작되면,
학생들은 최소한의 필수 과목만 이수하고,
나머지는 자신의 진로와 적성에 맞는 교과목을
스스로 선택하여 이수하면 됩니다.

Intro

고교학점제의 개념, 달라지는 학교생활, 시행 배경, 시행 시기와 같은 주요 이슈 중심으로 정리하였습니다.

자기주도적 진로 설계

01 고교학점제의 이해

고교학점제 시행에 따른 교육과정 · 진로 · 진학 설계 로드맵을 이해하고 진로 선택 과목을 알아봅니다.

02 진로 탐색과 설계

진로 · 학업 설계를 위해 할 진로 심리 검사의 결과 활용법과 관심 직업의 다양한 진로 경로를 탐색하고 적합한 진로 로드맵을 설계하도록 안내합니다.

03 학교생활과 학업 설계

나의 진로 · 적성에 맞춘 나만의 교육과정을 만들고 고등학교 3개년 학업 활동을 설계하도록 안내합니다.

이 책의 차례

Intro

고교학점제, 핵심만 콕! 알아보자.

I

고교학점제의 이해

II

진로 탐색과 설계

III

학교생활과 학업 설계

부록 꿈JOB이 정보

이 책의 구성

본 워크북은 2015 개정 교육과정과 고교학점제를 철저히 분석한 후 학생들이 진로 · 진학 로드맵을 설계하는 데 유용한 활동과 관련 자료를 제공합니다. 워크북에 제시된 활동 8개를 하나씩 진행하다보면 학생 스스로 전공 분야, 학과, 직업과 관련하여 앞으로 어떤 과목을 선택하여 학점을 이수할지 알게 됩니다.

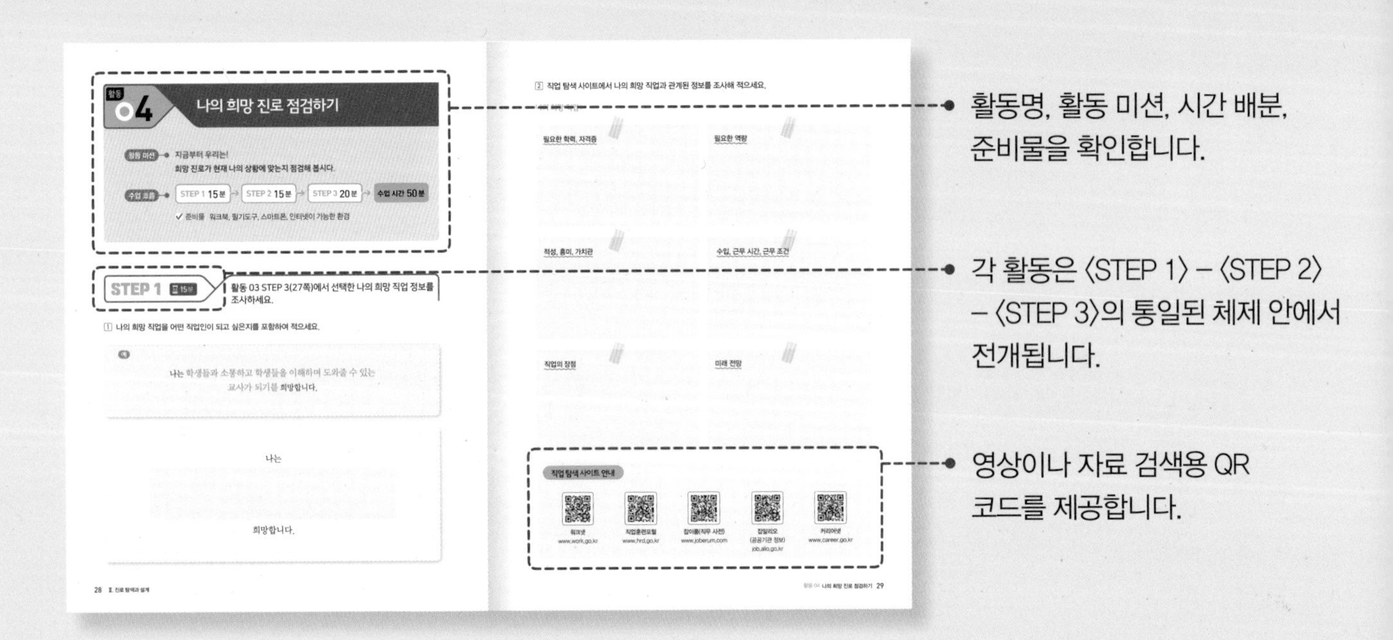

- 활동명, 활동 미션, 시간 배분, 준비물을 확인합니다.
- 각 활동은 〈STEP 1〉 – 〈STEP 2〉 – 〈STEP 3〉의 통일된 체제 안에서 전개됩니다.
- 영상이나 자료 검색용 QR 코드를 제공합니다.

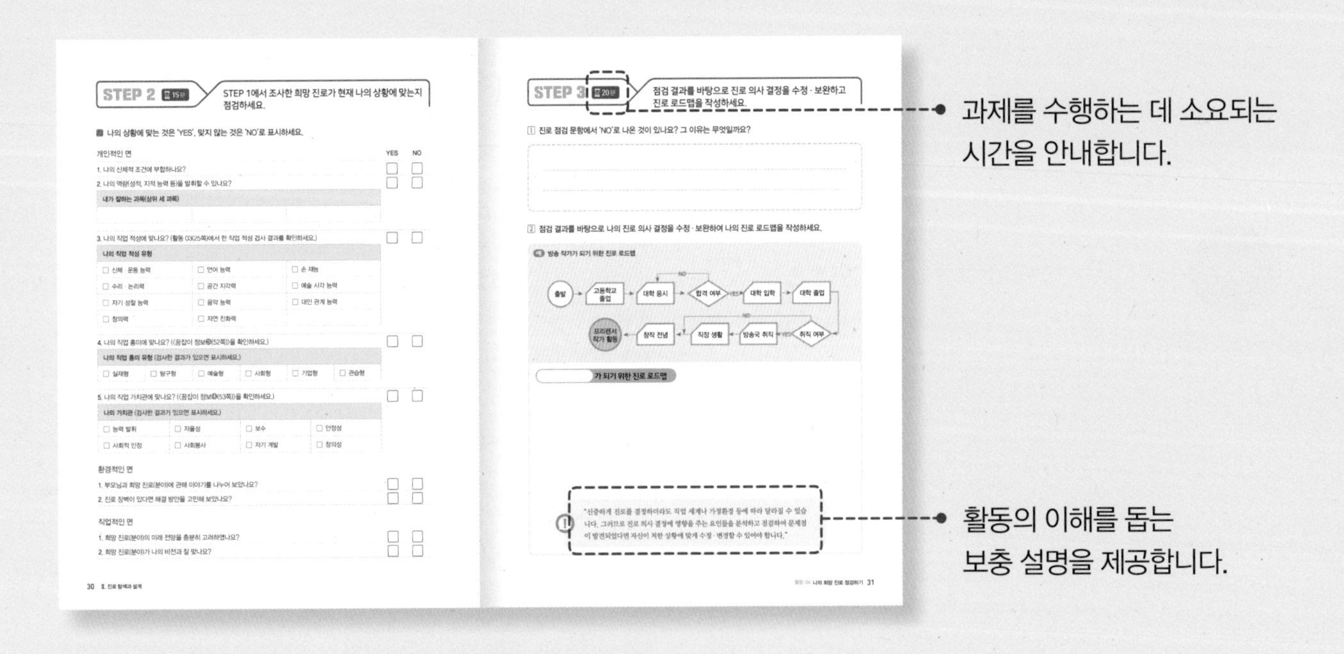

- 과제를 수행하는 데 소요되는 시간을 안내합니다.
- 활동의 이해를 돕는 보충 설명을 제공합니다.

각 활동은 STEP 1 〉 STEP 2 〉 STEP 3 순으로 전개됩니다. 학생이 자기주도적으로 활동하도록 활동 미션을 제시하였고, 각 STEP마다 시간을 배분하여 수업을 계획적으로 운영할 수 있습니다.

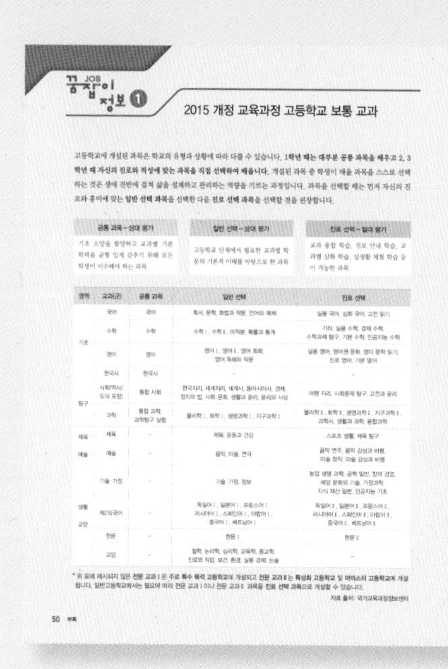
꿈JOB이 정보 1
2015 개정 교육과정 고등학교 보통 교과

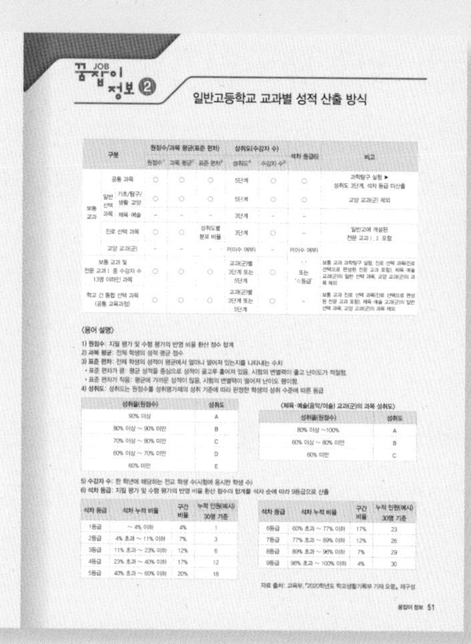
꿈JOB이 정보 2
일반고등학교 교과별 성적 산출 방식

고교학점제와 2015 개정 교육과정에 관련된 다양한 자료를 부록으로 제시합니다. 8개 활동을 할 때 자연스럽게 자료 탐색, 분석, 적용이 가능합니다.

『나만의 커리어 디자인 고교학점제 워크북』 활용 가이드

- 고등학교 1학년, 진로와 학업 계획을 설계하고 선택 과목을 정하는 시기에 활용할 수 있습니다.
- 학생이 작성한 워크북은 아래 표와 같이 학생의 진로 설계와 과목 선택 · 학업 상담을 실시할 때 참고 자료로 활용할 수 있습니다.

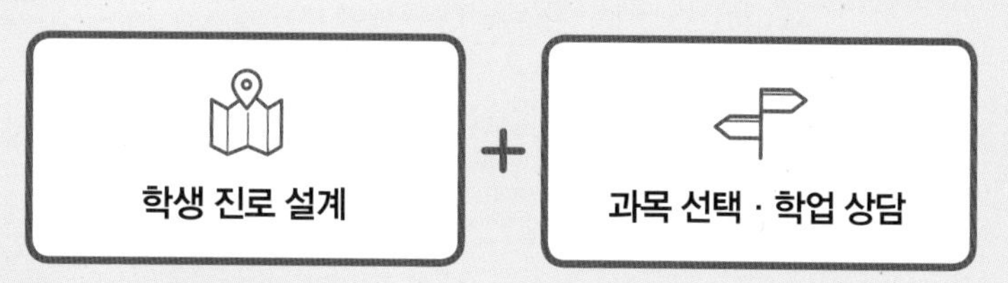

진로 · 과목 선택 · 학업 상담 절차

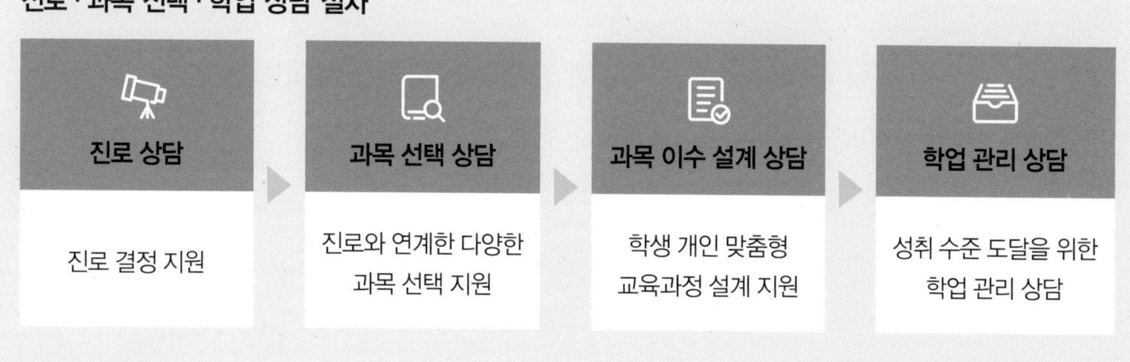

고교학점제, 핵심만 콕! 알아보자

Q1 고교학점제란 어떤 제도인가요?

학생이 기초 소양과 기본 학력을 바탕으로 진로 · 적성에 따라 과목을 선택하고, 이수 기준에 도달한 과목에 대해 학점을 취득 · 누적하여 졸업하는 제도입니다.

–교육부(2021)

진로에 따라 다양한 과목을 선택하는 제도입니다.

지금까지 학생들은 단위제 교육과정(학교와 교사가 정해주는 교육과정)을 들었습니다.

하지만 고교학점제가 시행되면,

↓

학생들은 자신의 진로에 따라 원하는 과목을 선택하여 수업을 듣게 됩니다.

목표한 성취 수준에 도달했을 때 과목을 이수하는 제도입니다.

기존에는 학생들이 성취한 등급에 상관없이 과목을 이수할 수 있었습니다.

하지만 고교학점제가 시행되면,

↓

학생이 목표한 성취 수준에 충분히 도달하였다고 판단하는 경우에 과목 이수를 인정해 줍니다.

누적 학점이 기준에 도달한 경우에 졸업하는 제도입니다.

기존 고등학교에서는 출석 일수로 졸업 여부를 결정하였습니다.

하지만 고교학점제가 시행되면,

↓

누적된 과목 이수 학점이 졸업 기준에 이르렀을 때 졸업이 가능해집니다.

학점제는 고등학교에서 시행하고, 초·중학교는 종전처럼 단위제로 운영합니다!

Q2 고교학점제가 왜 필요한가요?

미래 사회에 필요한 역량을 기르기 위해 필요합니다.

직업 세계가 급변하는 미래 사회에서는 자신의 진로를 스스로 개척하고 자기주도적으로 학습하는 역량이 필요합니다. 고교학점제는 학생들이 스스로 자신에게 필요한 배움이 무엇인지를 찾게 함으로써 진로 개척 역량과 자기주도적인 학습력과 학습 습관을 길러줄 수 있습니다.

"저는 아이언맨을 동경하는 로봇공학자라는 아주 작고 막연한 꿈이 있습니다. 고교학점제를 통해 내 꿈이 점점 자라나 로봇에서 프로그래밍으로, 프로그래밍에서 4차 산업혁명의 주요 기술인 블록체인으로 제 꿈에 날개가 달림을 느낄 수 있었습니다."

–고교학점제 연구학교(OO고) OOO 학생(지식e채널, B와 D사이의 C 中)

학생 개개인의 다양성을 지원하기 위해 필요합니다.

학습의 속도가 다르고 학습의 목표가 다른 학생들을 수직적으로 서열화하는 것은 학생들의 학업 의욕을 저하시킵니다. 고교학점제는 학생 선택형 교육과정 운영을 통해 다양한 능력과 적성을 가진 학생 개개인의 역량을 최대한 발휘할 수 있도록 지원합니다.

"저에게 맞는 수업 방식을 찾아갈 수 있어요. 또한 학습 목표와 시기, 학습량을 스스로 결정하고 선택할 수 있어서 좋아요."

–핀란드 학점제 도입학교(OOOO고), OOO학생(EBS 다큐세상–고교 교육의 길을 찾다 中)

Q3 고교학점제, 언제 시작되나요?

- 교육 현장은 2018학년도부터 연구·선도학교를 중심으로 학생 선택형 교육과정을 운영하고 지역 사회가 참여하는 고교학점제의 운영 모형을 만들어 왔으며, 2021년 전체 고교(2,367개교)의 61%*가 고교학점제 연구·선도학교로 운영 중입니다.

  * 일반계고 939개교, 직업계고 518개교, 총 1,457개교(61.5%)
- 2022년에는 법령·지침 정비를 토대로 교원 역량 강화, 시도교육청 및 학교 단위 추진 체제 마련 등 고교학점제 운영 체제로의 전환을 중점 추진합니다.
- 2023년(고1)부터는 수업량 적정화(204단위→192학점), 공통 과목 중 국어·수학·영어에 대한 최소 학업 성취 수준 보장 지도 등을 적용해, 2025년 미이수제·성취평가제(선택 과목) 도입을 준비합니다.

〈일반계고 고교학점제 단계적 이행(안)〉

	기반 마련	운영 체제 전환	제도의 단계적 적용		고교학점제 전면 적용
	~2021년	2022년	2023년	2024년	2025년~
수업량 기준	단위	단위 (특성화고: 학점)	학점		학점
총 이수 학점	1~3학년 204단위	1학년 204단위	1학년 192학점	1학년 192학점	1학년 192학점
		2학년 204단위	2학년 204단위	2학년 192학점	2학년 192학점
		3학년 204단위	3학년 204단위	3학년 204단위	3학년 192학점

〈 고등학교 학사 운영 체제의 변화 〉

	현재	단계적 이행		전면 적용
	2021년	2022년	2023~24년	2025년~
수업량 기준	단위		학점	학점
1학점 수업량	50분 17(16+1)회		50분 17(16+1)회	50분 16회
총 이수 학점 (이수 시간)	204단위 (2,890시간)		192학점 (2,720시간)	192학점 (2,560시간)
교과·창체 비중	교과 180 창체 24		교과 174 창체 18	교과 174 창체 18

출처: 교육부, 「2025년 고교학점제 전면 적용을 위한 단계적 이행 계획(안)」 2021.

Q4 고교학점제, 수업 운영 방식은 어떻게 다른가요?

- 고교학점제는 학생들에게 자신의 진로와 적성에 맞는 과목 선택권을 확대한다는 취지입니다. 이를 학생 선택형 교육과정 또는 개방형 교육과정이라고 합니다.
- 학교에서 학생 선택형 교육과정을 운영하려면 다음과 같은 절차를 거치게 됩니다.

학생 선택형 교육과정 편성 · 운영 절차(예시)

1단계	2015 개정 교육과정 및 고교학점제에 대한 이해 공유
2단계	학교 교육과정에서의 개설 과목 범위 설정 (보통 교과, 전문 교과Ⅰ, 전문 교과Ⅱ, 고시 외 과목)
3단계	학생 · 학부모 대상 진로별 권장 이수 및 과목 선택 안내
4단계	학생 이수 희망 과목 선호도 조사
5단계	개설 가능 과목 확정 및 과목별 수업 시간 배치
6단계	수강 신청 및 수업 시간표 작성
7단계	교사/교실 배정, 수업 시간표(학생별, 교사별, 교실별) 출력
8단계	개인별 시간표에 따라 학생 이동 수업 준비 및 공간 시간 발생에 따른 대책 마련

출처: 교육부, 『고교학점제 연구학교 운영 안내서』, 2019, 재구성

- 수강 신청을 진행할 때 내가 원하는 과목이 우리 학교에 개설되었는지 확인하고, 개설되지 않았다면 주변 학교, 주변 대학, 지역 사회, 온라인 등에서 찾아보고 신청해야 합니다.

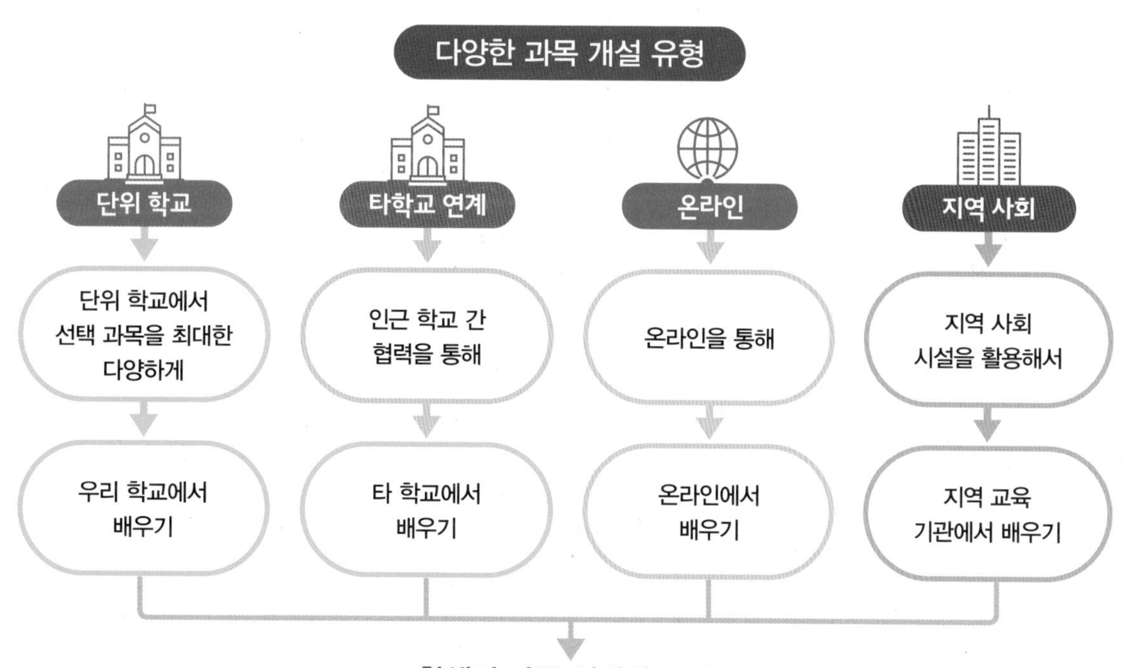

반갑다, 고교학점제!
고교학점제의 시행에 따른
교육과정 · 진로 · 학업 설계 로드맵을
이해하고 진로 선택 과목에 대해
알아봅니다.

Chapter Ⅰ
고교학점제의 이해

활동 01

고교학점제 뽀개기

활동 미션 지금부터 우리는!
고등학교에서 시행되는 고교학점제가 무엇인지 알아봅시다.

수업 흐름 STEP 1 15분 → STEP 2 15분 → STEP 3 20분 → 수업 시간 50분

✓ 준비물 워크북, 필기도구, 스마트폰, 인터넷이 가능한 환경

STEP 1 15분 고교학점제를 소개한 영상을 시청하세요.

스마트폰으로
QR코드를 인식하면
영상을 볼 수 있어요.

■ 영상을 시청하며 빈칸에 들어갈 알맞은 단어를 적으세요.

고교학점제란?

학생이 기초 소양과 기본 학력을 바탕으로 □□·□□에 따라 과목을 선택하고, 이수 기준에 도달한 과목에 대해 □□을 취득·누적하여 □□하는 제도

고교학점제가 시행되면 무엇이 달라질까요?

고등학교에서 필수 공통 과목을 제외한 □□ 선택과 □□ 선택 과목을 학생이 직접 선택해야 한다.
이를 위해서 진로와 진학에 맞춘 고등학교 과목과 대학 □□과 □□, 미래 나의 □□에 대한 이해가 필요하다.

STEP 2 ⌛ 15분

고교학점제가 시행되면 나의 고등학교 생활은 어떻게 달라질지 생각해 보세요.

1 아래 질문을 읽고 내 생각을 자유롭게 적으세요.

학점제가 시행되기 이전의 선배들과 나의 고등학교 생활은 어떻게 달라질까?

좋은 점은 무엇일까?

어려운 점은 무엇일까?

노력해야 할 점은 무엇일까?

2 내가 생각하는 고교학점제를 한 문장으로 적으세요.

"고교학점제는

이다."

STEP 3 ⌛20분 「교육과정 • 진로 • 진학 설계 로드맵」을 확인해 보세요.

1 단계별로 내가 해야 할 일은 무엇인지 생각해 보세요.

교육과정·진로·진학 설계 로드맵

출처: 세종특별자치시 교육청

2 빈칸에 들어갈 알맞은 단어를 적으세요.

단계	내가 해야 할 일	워크북 활동 연계
1	고교학점제와 고등학교 진로 선택 과목을 알아본다.	활동 01, 활동 02
2	진로 · 적성 심리 검사를 통해 나의 ( ) 과 희망 ( ) 를 생각한다.	활동 03
3	나의 적성과 희망 진로에 맞는 ( ) 과 관련 ( ) 정보를 탐색한다.	활동 04, 활동 05
4	내가 희망하는 학과의 전공 적합성과 일치하는 일반 선택, 진로 선택 과목을 정하여 나만의 고교 3개년 ( ) 을 설계한다.	활동 06
5	진로를 정하지 못했거나 진로를 정했어도 과목 선택이 어렵다면 담임 선생님, 진로 선생님, 부모님과의 ( ) 을 통해 도움을 받는다.	
6	학교 수강 신청 프로그램을 통해 ( ) 을 한다. 학교에 개설되지 않은 과목은 공동 교육과정을 신청할 수도 있다.	
7	고교 3개년의 ( ) 를 작성한다.	활동 07, 활동 08
8	내가 선택한 과목의 수업을 열심히 ( ) 한다.	
9	희망하는 대학과 진학하고자 하는 학과의 ( ) 을 탐색한다.	
10	대입 컨설팅, 대입 박람회, 모의 면접과 같은 대입 지원 프로그램에 참여하고 대학 입시를 준비한다.	

활동 02

진로 선택 과목 알아보기

활동 미션 지금부터 우리는!
진로 선택 과목의 특징과 평가 방법에 대해 알아봅시다.

수업 흐름 STEP 1 10분 → STEP 2 10분 → STEP 3 30분 → 수업 시간 50분

✔ 준비물 워크북, 필기도구

STEP 1 (10분) 관심 있는 진로 선택 과목을 선정하세요.

1 〈꿈잡이 정보❶(50쪽)〉을 참고하여 관심 있는 진로 선택 과목 두 가지를 적으세요.

2 선택한 진로 선택 과목에 관심이 가는 이유를 적으세요. 〈꿈잡이 정보⑪(64~68쪽)〉을 참고하세요.

과목명 ❶

관심이 가는 이유

과목명 ❷

관심이 가는 이유

STEP 2 ⏳10분 진로 선택 과목의 성적 산출 방식을 알아보세요.

1 〈꿈잡이 정보❷(51쪽)〉를 참고하여 진로 선택 과목의 성적 산출 방식을 표기하세요.

구분		원점수/과목 평균(표준 편차)			성취도(수강자 수)		석차 등급	비고
		원점수	과목 평균	표준 편차	성취도	수강자 수		
공통 과목		○	○	○	5단계	○	○	과학탐구 실험 ▶ 성취도 3단계, 석차 등급 미산출
일반 선택 과목	기초/탐구/생활 · 교양	○	○	○	5단계	○	○	교양 교과(군) 제외
	체육 · 예술	–	–	–	3단계	–	–	
진로 선택 과목								일반고에 개설된 전문 교과 Ⅰ, Ⅱ 포함
교양 교과(군)		–	–	–	P (이수 여부)	–	P (이수 여부)	

2 내가 대학의 입시 관계자가 되었다고 가정하세요.

3 대입 수시 모집 방식 중 학생부 위주 전형으로 입학생을 선발하고자 합니다.

4 '석차 등급을 산출하지 않는 진로 선택 과목'을 어떤 방식으로 성적에 반영하면 좋을지 생각하여 적으세요.

내가 대학의 입시 관계자라면...

STEP 3 ⌛30분

대학 입시에서 진로 선택 과목을 성적에 어떻게 반영하는지 알아두세요.

1 STEP 1에서 선택한 선택 과목을 이수하여 받은 나의 성적이 아래와 같다고 가정하세요.

2 21쪽의 〈대입 성적 반영 방식〉을 확인하세요.

3 진로 선택 과목의 반영/미반영 여부를 확인하세요.

4 성적 산출 방식에 따른 점수를 계산하여 적으세요.

내가 선택한 진로 선택 과목 ❶

원점수	과목 평균	성취도	성취도별 분포 비율
90점	70점	A 등급	A:B:C = 3:4:3

	1. 변환 석차 등급 산출	2. 성취도에 따른 점수 부여	3. 정성 평가	4. 미반영
대학의 성적 산출				

내가 선택한 진로 선택 과목 ❷

원점수	과목 평균	성취도	성취도별 분포 비율
70점	70점	B 등급	A:B:C = 3:4:3

	1. 변환 석차 등급 산출	2. 성취도에 따른 점수 부여	3. 정성 평가	4. 미반영
대학의 성적 산출				

석차 등급을 산출하지 않는 과목의 대입 성적 반영 방식

1 변환 석차 등급 산출

예 고려대학교

과목별 성취도	변환 석차 등급 산출식
A	1
B	'성취도 A의 학생 비율'에 해당하는 석차 등급* $+ \frac{(\text{성취도 A의 비율} + \text{성취도 B의 비율})}{100}$
C	'성취도 A의 비율 + 성취도 B의 비율'에 해당하는 석차 등급* $+ \frac{(\text{성취도 A의 비율} + \text{성취도 B의 비율} + \text{성취도 C의 비율})}{100}$

*성취도 누적 학생 비율에 따른 석차 등급 기준

누적 비율(%)	0 ~ 4.0	4.1 ~ 11.0	11.1 ~ 23.0	23.1 ~ 40.0	40.1 ~ 60.0	60.1 ~ 77.0	77.1 ~ 89.0	89.1 ~ 96.0	96.1 ~ 100
석차 등급	1	2	3	4	5	6	7	8	9

2 성취도에 따른 점수 부여

예 연세대학교

구분	반영 교과	배점	반영 방법
반영 과목 A	국어, 수학, 영어, 사회 (한국사, 역사, 도덕 포함), 과학	100점	• 공통 과목(30%), 일반 선택 과목(50%), 진로 선택 과목(20%)의 비율로 반영. 학년별 비율은 적용하지 않음. • 진로 선택 과목(전문 교과 포함)은 3단계 평가 A/B/C를 기준으로 A = 20, B = 15, C = 10으로 계산(5단계 평가의 경우 A/B → A, C/D → B, E → C로 계산)함.
반영 과목 B	반영 과목 A를 제외한 **기타 과목**	최대 5점 감점	• 성취도 C인 경우에 한하여 이수 단위를 기준으로 최대 5점까지 감점함.

3 정성 평가

예 성균관대학교

구분	학교생활기록부 100%	
	공통 과목 및 일반 선택 과목 (정량 평가)	진로 선택 과목 및 전문 교과 과목 (정성 평가)
반영 비율 (%)	80	20

▶ 정성 평가 방법
① 진로 선택 · 전문 교과 과목의 성적 및 세부 능력 및 특기 사항을 종합적으로 정성 평가
② 반영 점수: **학업 수월성 10점 + 학업 충실성 10점**

4 미반영

예 동국대학교

수시 ▶ **학교생활기록부(정량 평가)**
① 교과: 국어, 수학, 사회/과학, 영어, 한국사 교과의 석차 등급 상위 10 과목
② 반영 방법: 석차 등급별 점수를 반영, 총점으로 환산하여 산출

※ 본 자료는 각 대학의 2024학년도 입학 전형 시행 계획을 일부 발췌한 것입니다.
정확한 성적 산출 방식은 추후 발표하는 대입 모집 요강을 꼭 확인하세요.

진로와 학업 설계의 첫걸음!
진로와 학업 설계의 나침반인
진로 심리 검사 결과의 활용법과
희망 직업 및 학과 정보를
탐색합니다.

Chapter Ⅱ
진로 탐색과 설계

활동 03 직업 적성 검사 분석하기

활동 04 나의 희망 진로 점검하기

활동 05 희망 진로에 따른 학과 탐색하기

활동 03

직업 적성 검사 분석하기

활동 미션 지금부터 우리는!
직업 적성 검사를 통해 희망 진로를 찾아봅시다.

수업 흐름 STEP 1 20분 → STEP 2 15분 → STEP 3 15분 → 수업 시간 50분

✓ **준비물** 워크북, 필기도구, 스마트폰, 인터넷이 가능한 환경

STEP 1 20분

커리어넷에 접속하여 회원 가입 후 <직업 적성 검사>를 실시하세요.

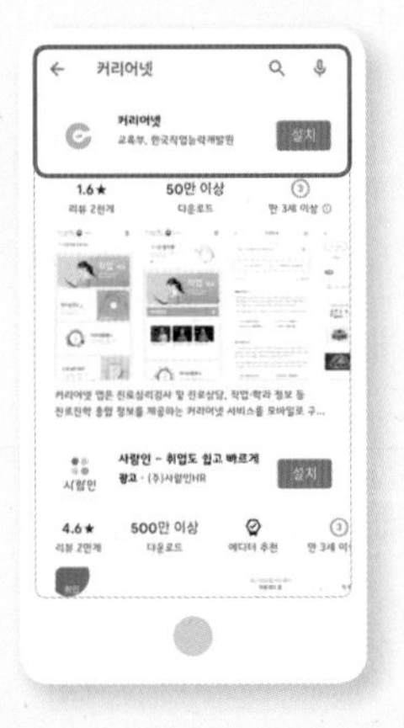

1 Play 스토어나 App Store에서 커리어넷 애플리케이션을 다운받으세요.

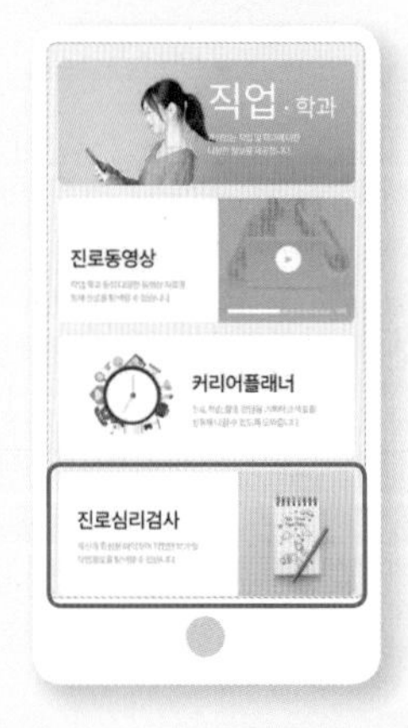

2 커리어넷 애플리케이션에서 진로 심리 검사를 선택하세요.

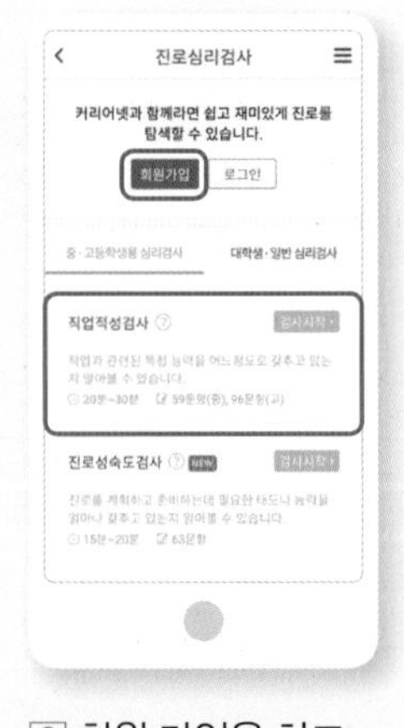

3 회원 가입을 하고 직업 적성 검사를 하세요.

직업 적성 검사란?

적성은 지금 내가 잘하고 있거나 앞으로 발전할 가능성이 높은 능력을 뜻합니다. 이 검사를 통해 자신의 적성과 적성에 잘 맞는 직업을 알 수 있습니다. 하지만 검사의 결과는 성적이 아니며 자신의 노력이나 경험에 따라 얼마든지 변할 수 있습니다. 그리고 적성만으로 직업이 결정되는 것이 아니므로 검사 결과는 참고 자료로 활용하는 것이 바람직합니다.

STEP 2 15분 나의 적성에 맞는 추천 직업을 확인하세요.

1 검사 결과 중 <높은 적성으로 살펴본 나에 대한 종합 평가>를 적으세요.

직업 적성	설명
1.	
2.	
3.	

2 '높은 적성 영역별 대표 직업'에서 관심 있는 직업 세 가지를 고르고 직업 정보를 검색하세요.

관심 직업명 ❶

하는 일	전망	더 알고 싶은 것

관심 직업명 ❷

하는 일	전망	더 알고 싶은 것

관심 직업명 ❸

하는 일	전망	더 알고 싶은 것

3 [선택 활동] 직업 적성 검사 외에 추가 검사를 해 보세요.

"한 가지 검사 결과만으로 나의 진로를 설계하기 어려울 수 있어요.
커리어넷과 워크넷에서 무료로 다양한 진로 심리 검사를 할 수 있어요.
필요한 경우 추가 검사를 통해 종합적으로 나의 진로를 생각해 보세요."

무료 진로 심리 검사 안내

커리어넷 제공 www.career.go.kr	워크넷 제공 www.work.go.kr
직업 가치관 검사 검사 시간: 15~20분 직업과 관련된 다양한 가치 중 어떤 가치를 중요하게 여기는지 알아볼 수 있습니다.	**청소년 직업 흥미 검사** 검사 시간: 30분 직업 흥미에 적합한 직업과 학과를 알아볼 수 있습니다.
직업 흥미 검사(K) 검사 시간: 15분 직업과 관련하여 어떤 흥미가 있는지 알아볼 수 있습니다.	**고등학생 적성 검사** 검사 시간: 65분 직무 수행에서 요구되는 직업적 능력을 측정하여 적성 능력에 적합한 직업을 탐색할 수 있습니다.
직업 흥미 검사(H) 검사 시간: 20분 나의 흥미 유형 및 세부 직업과 관련하여 어떤 흥미를 가지고 있는지 알아볼 수 있습니다.	**직업 가치관 검사** 검사 시간: 20분 직업 가치관을 측정하여 그에 적합한 직업 분야를 알아볼 수 있습니다.
진로 성숙도 검사 검사 시간: 15~20분 진로를 계획하고 준비하는 데 필요한 태도나 능력을 얼마나 갖추고 있는지 알아볼 수 있습니다.	**청소년 진로 발달 검사** 검사 시간: 40분 진로 발달 수준을 측정하여 좀 더 보완하기 위해 노력해야 할 점을 알아볼 수 있습니다.
	대학 전공(학과) 흥미 검사 검사 시간: 30분 대학 진학을 희망하는 청소년들이 자신의 흥미에 부합하는 전공 계열 및 전공 학과를 알아볼 수 있습니다.

4 추가로 실시한 진로 심리 검사 결과에 따른 관심 직업(분야)을 적으세요.

진로 심리 검사명
진로 심리 검사 결과
관심 직업(분야)

STEP 3 15분 나의 진로 심리 검사 결과를 종합적으로 분석하세요.

■ 다양한 진로 심리 검사 결과를 종합적으로 분석한 후 가장 관심 있는 직업(분야)과 그 이유를 적으세요.

예 1 직업 적성 검사 결과로 언어 능력, 예술 시각 능력, 창의력이 높게 나왔고 직업 흥미 검사 결과로 예술형이 높게 나왔다. 직업 흥미 검사에 제시된 예술형의 특징은 개성이 뚜렷하고 창의성을 발휘할 수 있는 주제에 흥미를 느낀다는 것인데, 이 부분이 나의 성향과 비슷하여 검사 결과에 신뢰가 생겼다. 직업 적성 검사와 직업 흥미 검사 결과 모두 내가 관심 있는 예술 분야와 관련이 있어 나만의 이미지를 만드는 일러스트레이터라는 나의 진로 목표를 확고히 할 수 있었다.

예 2 직업 적성 검사 결과로 언어 능력, 자기 성찰 능력, 창의력이 높게 나왔으며 직업 흥미 검사 결과로 예술형이 높게 나왔다. 직업 적성 검사와 직업 흥미 검사가 다르게 나왔지만, 평소 관심이 있던 시각디자이너가 직업 흥미 검사 결과와 일치하여 진로를 확고히 하는 데 도움이 되었다. 시각디자이너에 대한 다양한 정보를 찾아보면서 직업에 대한 이해를 높이고 내가 좋아하는 캐릭터 만들기와 이모티콘 제작 등을 공부하면서 꿈을 실현하기 위해 필요한 역량을 키워나가야겠다고 다짐하는 계기가 되었다.

관심 있는 직업(분야)과 그 이유

활동 04

나의 희망 진로 점검하기

활동 미션 지금부터 우리는!
희망 진로가 현재 나의 상황에 맞는지 점검해 봅시다.

수업 흐름 STEP 1 15분 → STEP 2 15분 → STEP 3 20분 → 수업 시간 50분

✓ 준비물 워크북, 필기도구, 스마트폰, 인터넷이 가능한 환경

STEP 1 15분

활동 03 STEP 3(27쪽)에서 선택한 나의 희망 직업 정보를 조사하세요.

1 나의 희망 직업을 어떤 직업인이 되고 싶은지를 포함하여 적으세요.

예

나는 학생들과 소통하고 학생들을 이해하며 도와줄 수 있는
교사가 되기를 희망합니다.

나는

희망합니다.

2 직업 탐색 사이트에서 나의 희망 직업과 관계된 정보를 조사해 적으세요.

나의 희망 직업 :

필요한 학력, 자격증

필요한 역량

적성, 흥미, 가치관

수입, 근무 시간, 근무 조건

직업의 장점

미래 전망

직업 탐색 사이트 안내

워크넷
www.work.go.kr

직업훈련포털
www.hrd.go.kr

잡이룸(직무 사전)
www.joberum.com

잡알리오
(공공기관 정보)
job.alio.go.kr

커리어넷
www.career.go.kr

STEP 1에서 조사한 희망 진로가 현재 나의 상황에 맞는지 점검하세요.

나의 상황에 맞는 것은 'YES', 맞지 않는 것은 'NO'로 표시하세요.

개인적인 면

	YES	NO
1. 나의 신체적 조건에 부합하나요?	☐	☐
2. 나의 역량(성적, 지적 능력 등)을 발휘할 수 있나요?	☐	☐

내가 잘하는 과목(상위 세 과목)		

3. 나의 직업 적성에 맞나요? (활동 03(25쪽)에서 한 직업 적성 검사 결과를 확인하세요.) ☐ YES ☐ NO

나의 직업 적성 유형		
☐ 신체 · 운동 능력	☐ 언어 능력	☐ 손 재능
☐ 수리 · 논리력	☐ 공간 지각력	☐ 예술 시각 능력
☐ 자기 성찰 능력	☐ 음악 능력	☐ 대인 관계 능력
☐ 창의력	☐ 자연 친화력	

4. 나의 직업 흥미에 맞나요? (〈꿈잡이 정보❸(52쪽)〉을 확인하세요.) ☐ YES ☐ NO

나의 직업 흥미 유형 (검사한 결과가 있으면 표시하세요.)					
☐ 실재형	☐ 탐구형	☐ 예술형	☐ 사회형	☐ 기업형	☐ 관습형

5. 나의 직업 가치관에 맞나요? (〈꿈잡이 정보❹(53쪽)〉을 확인하세요.) ☐ YES ☐ NO

나의 가치관 (검사한 결과가 있으면 표시하세요.)			
☐ 능력 발휘	☐ 자율성	☐ 보수	☐ 안정성
☐ 사회적 인정	☐ 사회봉사	☐ 자기 계발	☐ 창의성

환경적인 면

	YES	NO
1. 부모님과 희망 진로(분야)에 관해 이야기를 나누어 보았나요?	☐	☐
2. 진로 장벽이 있다면 해결 방안을 고민해 보았나요?	☐	☐

직업적인 면

	YES	NO
1. 희망 진로(분야)의 미래 전망을 충분히 고려하였나요?	☐	☐
2. 희망 진로(분야)가 나의 비전과 잘 맞나요?	☐	☐

STEP 3 ⌛20분

점검 결과를 바탕으로 진로 의사 결정을 수정 · 보완하고 진로 로드맵을 작성하세요.

1 진로 점검 문항에서 'NO'로 나온 것이 있나요? 그 이유는 무엇일까요?

2 점검 결과를 바탕으로 나의 진로 의사 결정을 수정 · 보완하여 나의 진로 로드맵을 작성하세요.

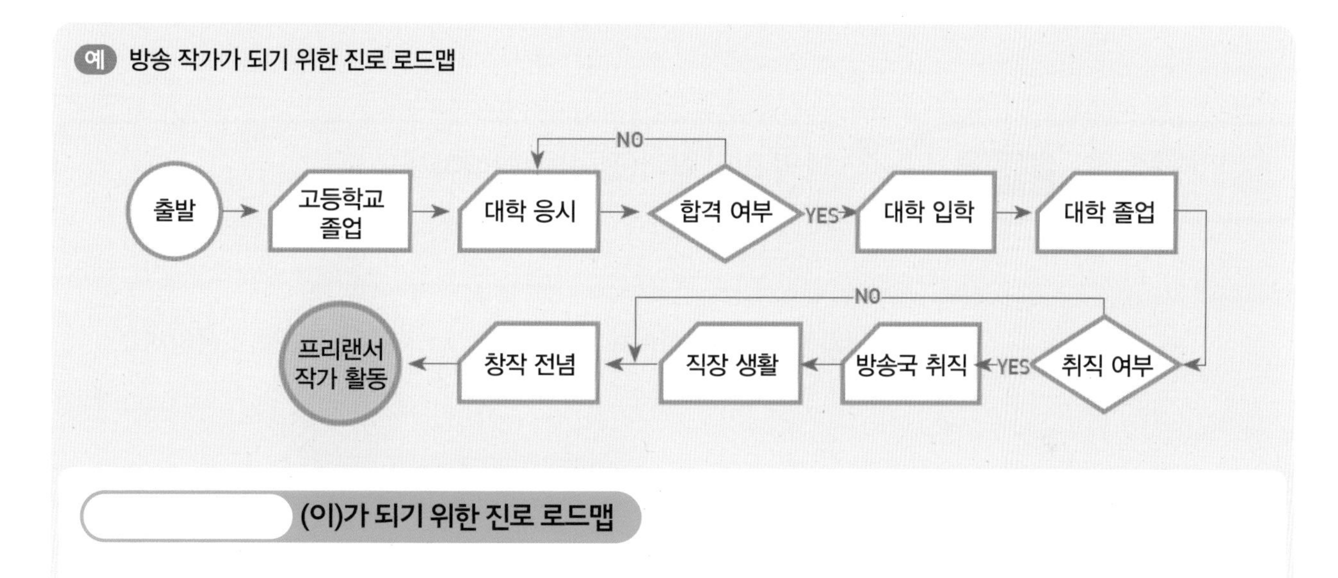

(이)가 되기 위한 진로 로드맵

"신중하게 진로를 결정하더라도 직업 세계나 가정환경 등에 따라 달라질 수 있습니다. 그러므로 진로 의사 결정에 영향을 주는 요인들을 분석하고 점검하여 문제점이 발견되었다면 자신이 처한 상황에 맞게 수정 · 변경할 수 있어야 합니다."

희망 진로에 따른 학과 탐색하기

활동 미션 지금부터 우리는!
진로 목표를 실현할 수 있는 학과를 자세하게 탐색해 봅시다.

수업 흐름 STEP 1 15분 → STEP 2 15분 → STEP 3 20분 → 수업 시간 50분

✔ 준비물 워크북, 필기도구, 스마트폰, 인터넷이 가능한 환경

STEP 1 15분 나의 희망 학과(전공)를 탐색하세요.

■ 대입정보포털에 접속하여 나의 희망 학과(전공) 정보를 조사하세요.

대입정보포털 어디가

학과(전공)

관심을 갖게 된 이유

배우는 것

유사 학과

진출 분야

STEP 2 ⌛15분

<커리어넷 학과 정보>에서 나의 희망 학과 정보를 좀 더 탐색하세요.

■ 〈커리어넷 학과 정보〉에서 희망 학과를 검색한 후, 나온 정보를 바탕으로 빈칸을 채우세요. 정보를 모두 적지 말고 관심이 가는 정보를 간략하게 적으세요.

커리어넷 학과 정보

나의 희망 학과 :

흥미와 적성

진로 탐색 활동

관련 고교 교과목

대학 주요 과목

관련 직업

개설 대학, 학과

STEP 3 20분

희망 학과(전공)가 개설된 대학 중에서 관심 대학을 선택하고 입시 전형을 조사하세요.

1 대입 모집 요강에 나오는 용어를 확인하세요.

대입 모집 요강에 나오는 용어의 이해

대입정보포털 어디가

1. **모집 단위** 대입에서 학생을 모집하는 단위. 예 전공, 학과, 학부, 계열 등
2. **전형 유형** 수시: 학생부 교과, 학생부 종합, 논술, 실기(특기자)
   정시: 수능 위주, 실기(특기자 위주)
3. **전형명** 학생을 선발하기 위해 대학에서 정한 전형 명칭
4. **전형 요소** 학생부(교과, 비교과), 수능, 논술, 면접, 실기 등
5. **전형 방법** 각각의 전형 요소를 어떤 방식으로 반영하여 학생을 선발하는가?
   - 학생부 반영 방법
   - 면접 유형(확인 면접, 인성 면접), 면접 시간, 면접 방법 등
   - 수능 최저 적용/미적용, 적용 시 최저 학력 기준

예 희망하는 대학의 입시 전형

희망 직업	전기공학자	상담사
희망 대학	J대학교	K대학교
희망 학과(계열)	전기공학과	심리학과
1. 모집 단위	전기공학과	심리학과
2. 전형 유형	학생부 교과	수능 위주
3. 모집 인원	25명	16명
4. 전형명	학생부 교과 일반	일반 전형
5. 전형 요소(방법)	학생부 100%	수능 100% (국어 100, 수학 120, 탐구 80)
6. 수능 최저 학력 기준 적용 여부	적용 – 국어, 수학, 영어, 과학 탐구(1과목), 4개 영역 중 3개 영역의 합 3등급 이내	미적용

2 〈대입정보포털 어디가〉에 접속하세요.

3 원하는 대학의 모집 요강을 확인하세요(입학할 가능성이 있는 대학을 선택하세요).

4 입시 전형을 확인하여 항목에 맞는 정보를 적으세요.

	희망 대학 ❶	희망 대학 ❷	희망 대학 ❸
희망 대학			
희망 학과(계열)			
1. 모집 단위			
2. 전형 유형			
3. 모집 인원			
4. 전형명			
5. 전형 요소 (방법)			
6. 수능 최저 학력 기준 적용 여부			

슬기로운 고교 생활의 핵심!
나의 진로와 적성에 맞춘 나만의
교육과정을 만들고 고등학교
3개년의 학업 계획서를
구체적으로 작성해 봅니다.

Chapter Ⅲ

학교생활과 학업 설계

활동 06 나만의 교육과정 만들기

활동 07 나의 학교생활 계획서 작성하기

활동 08 나만의 루틴 만들기

활동 06 나만의 교육과정 만들기

활동 미션 지금부터 우리는!
나의 희망 진로를 생각하면서 나만의 교육과정을 만들어 봅시다.

수업 흐름 STEP 1 10분 → STEP 2 5분 → STEP 3 35분 → 수업 시간 50분

✔ **준비물** 워크북, 필기도구, 우리 학교 교육과정 편제표, 풀

STEP 1 ⌛10분 2015 개정 교육과정 고등학교 편제표를 살펴보세요.

■ 편제표를 보고 빈칸을 채우세요.

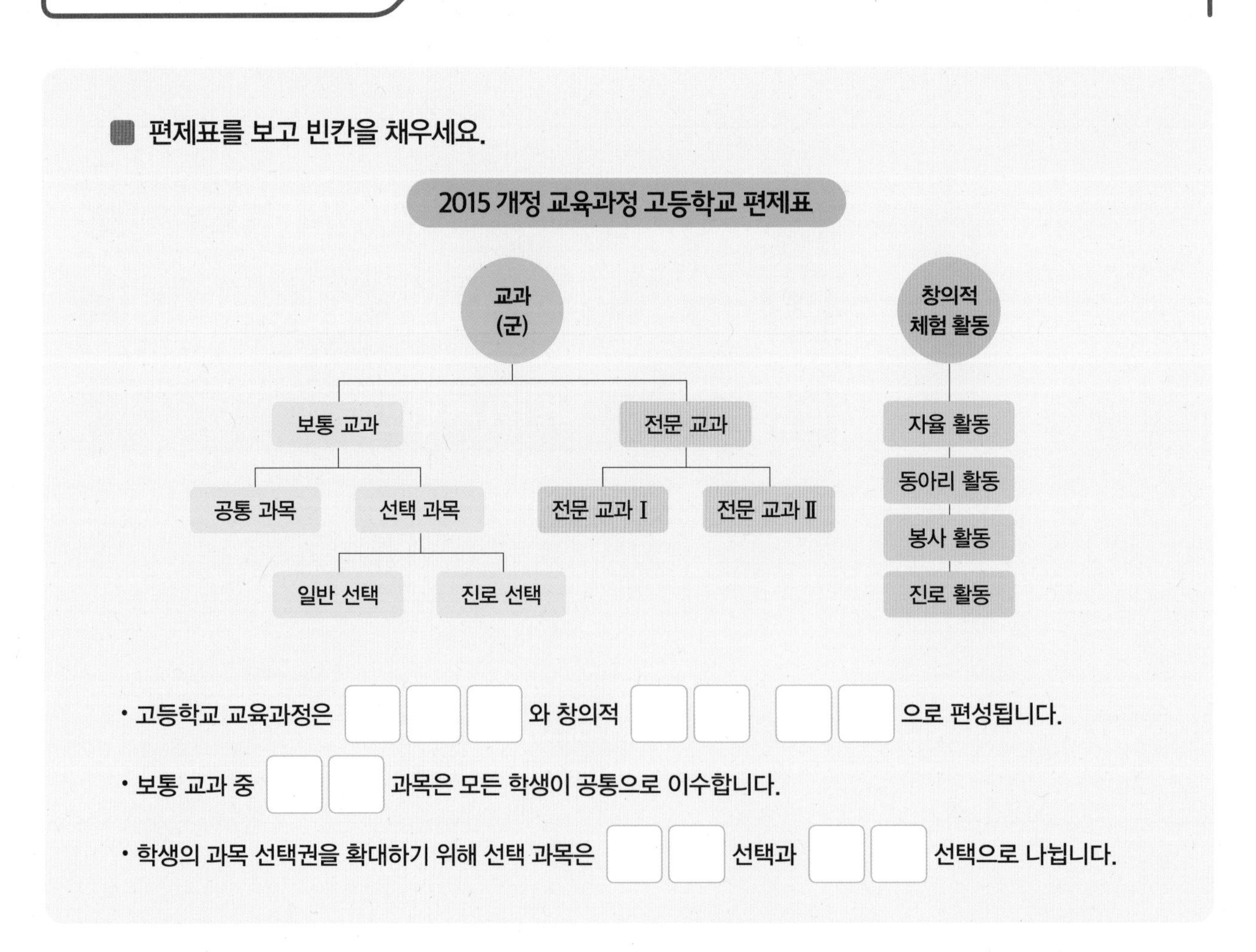

• 고등학교 교육과정은 ☐☐☐ 와 창의적 ☐☐ ☐☐ 으로 편성됩니다.

• 보통 교과 중 ☐☐ 과목은 모든 학생이 공통으로 이수합니다.

• 학생의 과목 선택권을 확대하기 위해 선택 과목은 ☐☐ 선택과 ☐☐ 선택으로 나뉩니다.

STEP 2 ⏳ 5분 우리 학교 교육과정을 확인하세요.

1 빈칸에 우리 학교 교육과정 편제표를 붙이세요.

2 우리 학교에 어떤 과목이 개설되어 있는지 확인하세요.

"편제표는 학교마다 다르며 학년 · 학기별로 선택할 수 있는 과목의 종류와 수가 결정되어 있어요. '단위'라는 말은 1주에 해당 과목을 배우는 시간이에요. 1주에 3시간을 배우면 3단위가 돼요. (택 1)과 같이 되어 있는 것이 바로 선택 과목이에요. 제시된 과목 중에서 내가 원하는 과목을 선택하면 돼요."

우리 학교 교육과정 붙이는 곳

STEP 3 ⌛35분

우리 학교 교육과정 편제표를 보면서 고등학교 3개년의 교육과정을 만드세요.

1 파란색 글자로 표기되어 있는 공통 과목의 학교 내 운영 단위를 적으세요.

2 학교 지정 과목의 과목명과 운영 단위를 학년과 학기에 맞게 적으세요.

3 선택 과목명과 운영 단위를 학년과 학기에 맞게 적으세요. 〈꿈잡이 정보⑩~⑪(61~68쪽)〉을 참고하여 신중하게 선택하세요.

4 내신 등급을 잘 받을 수 있는 쉬운 과목만 선택하기보다는 나의 진로와 관련 있는 과목을 고려하여 선택하세요. 〈꿈잡이 정보❼~❽(56~59쪽)〉을 참고하세요.

5 체크리스트(41쪽)를 확인하세요.

6 관심 직업(분야)이 같은 친구들끼리 모여 선택한 과목에 대한 이야기를 나누세요.

나만의 교육과정

영역	교과(군)	1학년			
		1학기		2학기	
		과목명	운영 단위(학점)	과목명	운영 단위(학점)
기초	국어	• 국어		• 국어	
	수학	• 수학		• 수학	
	영어	• 영어		• 영어	
	한국사	• 한국사		• 한국사	
탐구	사회(역사/도덕 포함)	• 통합 사회		• 통합 사회	
	과학	• 통합 과학 • 과학탐구 실험		• 통합 과학 • 과학탐구 실험	
체육・예술	체육				
	예술				
생활・교양	기술・가정				
	제2외국어/한문				
	교양				
교과 운영 단위(학점) 소계					
3개년 총 운영 단위(학점) 합계					

체크리스트 (공통 사항)	1. 3년간 교과 총 이수 단위(학점)이 180학점 이상이 되나요?	☐
	2. 나의 진로와 적성에 맞는 과목을 선택했나요?	☐
	3. 과목의 위계에 맞게 이수 시기를 선택했나요?(〈꿈잡이 정보❺(54쪽)〉 참고)	☐
	4. 대학수학능력시험을 볼 예정인 경우 시험 과목을 선택했나요?(〈꿈잡이 정보❻(55쪽)〉 참고)	☐
	5. 3년간 진로 선택 과목을 3개 이상 선택했나요?	☐
체크리스트 (우리 학교)		☐
		☐
		☐

2학년				3학년			
1학기		2학기		1학기		2학기	
과목명	운영 단위(학점)	과목명	운영 단위(학점)	과목명	운영 단위(학점)	과목명	운영 단위(학점)

※ 3년간 총 204단위(학점) 이상 이수해야 합니다. 교과 180단위(학기 기준 30단위), 창의적 체험 활동은 24단위입니다.

활동 07

나의 학교생활 계획서 작성하기

활동 미션 지금부터 우리는!
진지한 마음으로 학교생활 계획서를 작성해 봅시다.

수업 흐름 STEP 1 15분 → STEP 2 15분 → STEP 3 20분 → 수업 시간 50분

✔ 준비물 워크북, 필기도구, 사인펜

STEP 1 15분 나의 미래 모습을 상상해 보세요.

1 나의 미래 모습 아바타를 그리고 각 부위별 필요한 능력을 적으세요.

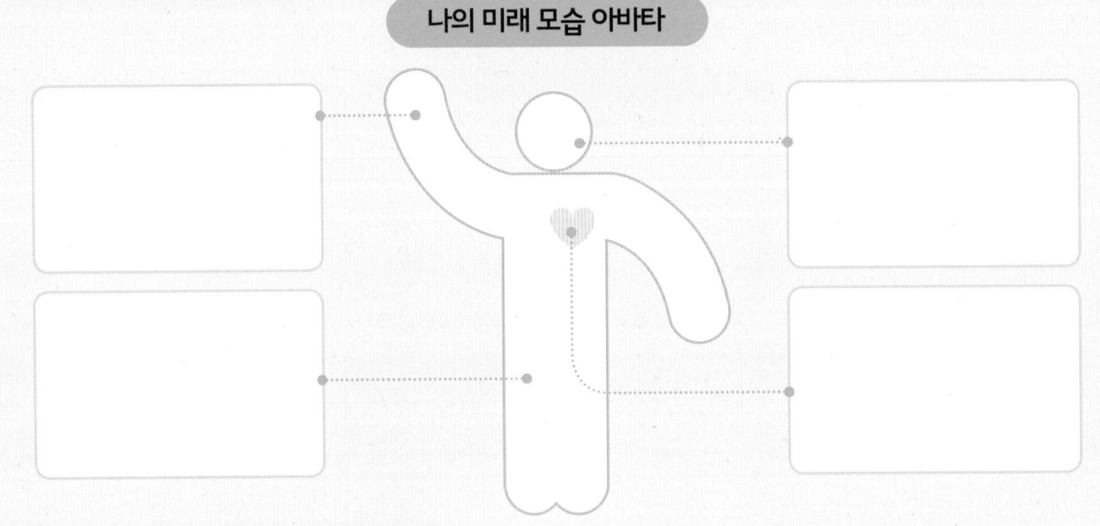

2 미래의 나를 한 문장으로 소개하세요.

STEP 2 15분

희망 진로와 연계하여 나만의 교육과정의 특징을 생각해 보세요.

1 활동 06 STEP 3(40~41쪽)에서 작성한 나만의 교육과정에서 나의 적성 및 진로와 관련 있는 과목을 일반 선택과 진로 선택 과목으로 나누어 적으세요.

	일반 선택	진로 선택(전문 교과 Ⅰ, Ⅱ 포함)
나의 적성 및 진로와 관련 있는 과목		

2 나의 희망 진로와 연계한 나만의 교육과정의 특징을 적으세요.

예 나는 의약 계열의 의예과를 희망합니다. 의학적 지식과 더불어 생명 존중 사상을 기본으로 한 마음이 따뜻한 의사가 되고 싶습니다. 의사가 되기 위해 필요한 자질은 화학과 생명과학 분야의 지식뿐만 아니라, 환자를 이해하고 배려하는 따뜻한 마음입니다. 그래서 화학 Ⅰ, Ⅱ 그리고 생명과학 Ⅰ, Ⅱ 과목을 선택하고 보건, 윤리와 사상, 사회·문화, 생활과 윤리, 생활과 과학, 심리학을 선택하였습니다.

나만의 교육과정 소개

STEP 3 20분 고등학교 3개년의 학교생활 계획서를 작성하세요.

■ 실현 가능한 고등학교 3개년의 계획을 구체적으로 작성하세요.

학교생활 계획서

실행 기간	20 년 ~ 20 년 (고등학교 3개년)		
희망 진로		희망 학과	

	1학년	2학년	3학년
일반 교과			
생활 습관			
교우 관계			
독서 활동			

실현 가능한 목표를 세우는 SMART 계획법

Specific(구체적인)	→	무엇을 달성할 것인가를 구체적이고 분명하게
Measurable(측정 가능한)	→	어느 정도 달성되었는지 분명히 알 수 있게
Attainable(달성할 수 있는)	→	목표 달성을 위해 무엇을 해야 하는지를 명확하게
Realistic(현실적인)	→	현실적으로 적절하고 실현 가능하게
Time-Limited(기간이 정해진)	→	시간과 시기 설정을 적절하게

	1학년	2학년	3학년
자율 활동			
동아리 활동			
봉사 활동 (교내)			
진로 활동			

활동 08

나만의 루틴 만들기

활동 미션 지금부터 우리는!
목표를 이루기 위한 나만의 루틴을 만들어 봅시다.

수업 흐름 STEP 1 15분 → STEP 2 15분 → STEP 3 20분 → 수업 시간 50분

✔ 준비물 워크북, 필기도구, 스마트폰, 인터넷이 가능한 환경

STEP 1 15분 영상을 보면서 루틴이 무엇인지 알아보세요.

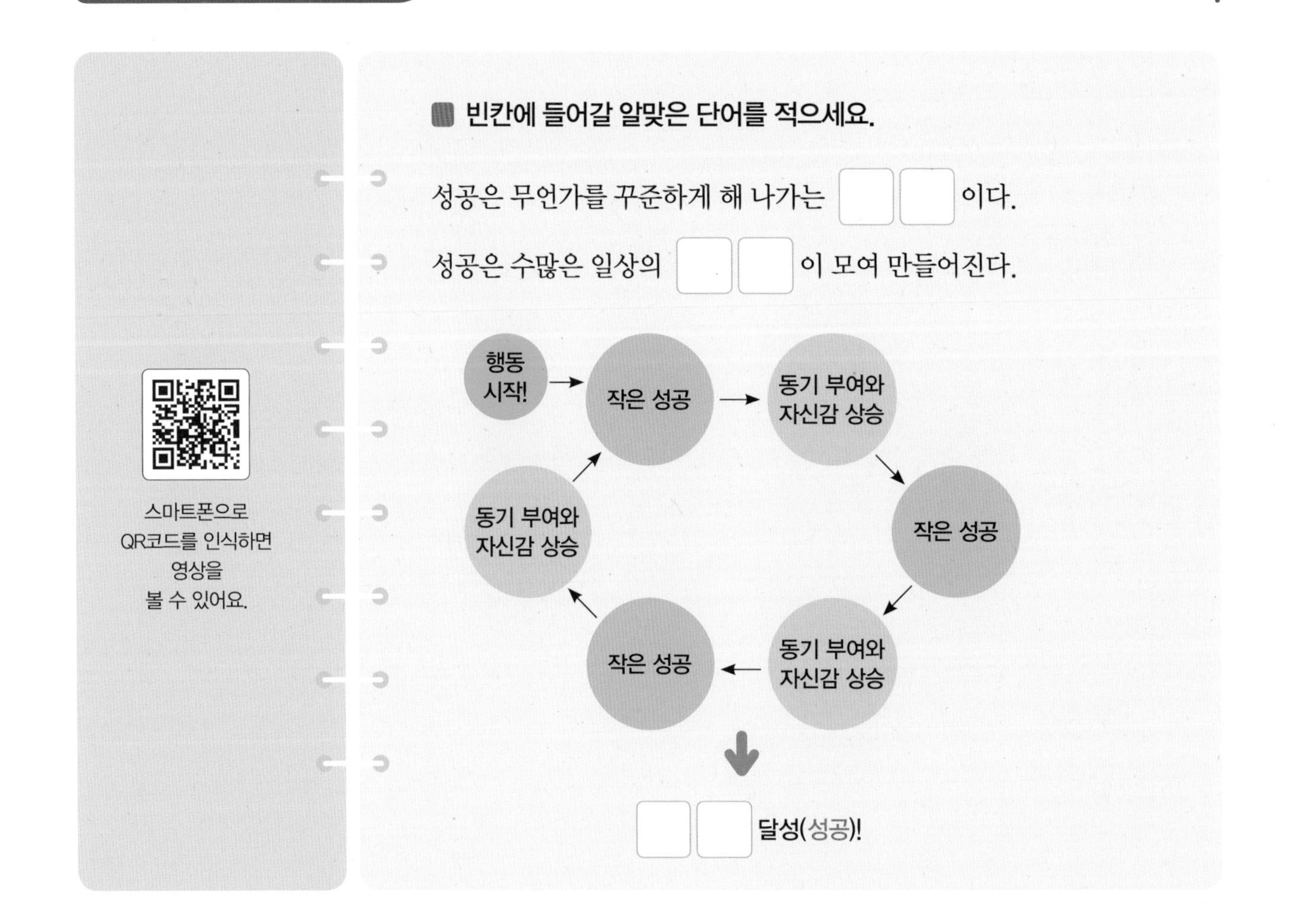

STEP 2 ⌛15분 아래 질문에 나의 경험과 생각을 적으세요.

1 지금까지 무언가를 꾸준히 해 나감으로써 작은 성공을 이룬 경험을 적으세요.

예 나는 등교 시간에 자주 지각하였다. 지각하지 않기 위해 스마트폰 알람을 6시에 맞추고 알람이 울리면 바로 일어나는 연습을 3개월 동안 하였다. 아침에 일찍 일어나게 되면서 지각도 하지 않고 마음의 여유도 갖게 되었다.

2 위에서 작성한 작은 성공을 이루는 과정에서 어렵거나 힘들었던 일을 적으세요.

예 알람이 울리면 알람을 중지하고 다시 자고 싶은 마음이 많이 들었다.

3 어렵거나 힘든 일을 어떻게 극복했는지 적으세요.

예 스마트폰을 손에 닿지 않는 책상 위에 올려놓고 잠을 잤다. 그리고 밤 11시 전에는 무조건 잠자리에 들기 위해 노력하였다.

STEP 3 ⌛20분 나의 목표를 이루기 위한 루틴을 만드세요.

1 활동 07 STEP 3(44~45쪽)에서 작성한 학교생활 계획서를 보고 꾸준히 노력해야 할 것을 적으세요.

예
- 체력 향상
- 영어 교과 성적 향상
- 수학 교과 성적 향상

2 반복적으로 실행할 방법을 생각하여 적으세요.

예
매일 학교 가기 전 할일
- 달리기 30분
- 영어 단어 30개 외우기
- 수학 문제 20개 풀기

3 나만의 루틴을 만들어 적으세요.

예 아침 6시에 일어나 달리기를 30분 동안 한 후 아침 식사를 한다. 식사 후 30분 동안 휴식을 취한 후, 영어 단어 30개를 외우고 수학 문제 20개를 풀고 채점한 후 오답을 확인한다.

4 모둠원이 돌아가면서 루틴을 발표하고, 기억에 남는 루틴을 골라 나의 루틴에 적용해 보세요.

기억에 남는 루틴

모둠원 이름	
루틴	
기억에 남는 이유	
나에게 적용할 수 있는 것	

성공하는 고교 생활의 핵심 TIP

중학교 시험은 과목과 분량이 많지 않고 난이도가 높지 않아 시험 기간에만 공부해도 충분히 좋은 성적이 나왔습니다. 고등학교 시험은 학습 범위가 넓고 고른 내신 등급 분포를 고려한 어려운 문제 유형이 출제됩니다. 대학수학능력시험 역시 개념과 원리, 법칙을 파악해 이를 문제 해결에 적용하는 능력이 있어야 해결할 수 있는 유형의 문제가 출제됩니다. 그뿐만 아니라 고등학교 3년 동안의 학교생활 및 학습 수준이 곧 대입의 결과를 좌우하므로 교과, 비교과, 대학수학능력시험 어느 것 하나 소홀해서는 안 됩니다. 그러므로 1학년 때부터 스스로 효율적인 시간 활용 습관을 기르고, 입시 및 학습의 중요한 일정을 점검하여 시기별로 어떤 활동을 해야 하는지 계획을 세워 실천하는 것이 성공하는 고교 생활의 핵심이라고 할 수 있습니다.

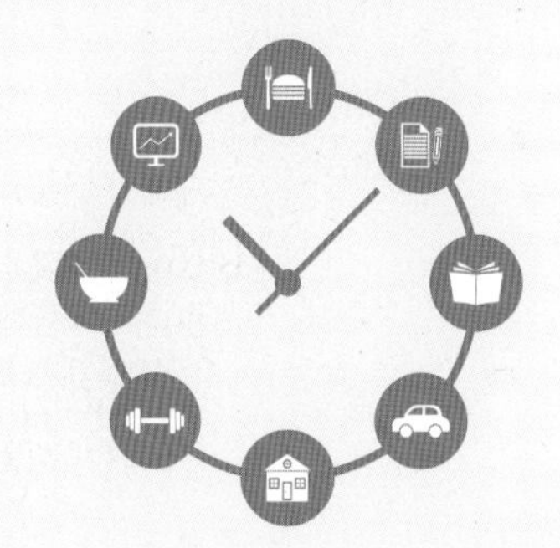

2015 개정 교육과정 고등학교 보통 교과

고등학교에 개설된 과목은 학교의 유형과 상황에 따라 다를 수 있습니다. **1학년 때는 대부분 공통 과목을 배우고 2, 3학년 때 자신의 진로와 적성에 맞는 과목을 직접 선택하여 배웁니다.** 개설된 과목 중 학생이 배울 과목을 스스로 선택하는 것은 생애 전반에 걸쳐 삶을 설계하고 관리하는 역량을 기르는 과정입니다. 과목을 선택할 때는 먼저 자신의 진로와 흥미에 맞는 **일반 선택 과목**을 선택한 다음 **진로 선택 과목**을 선택할 것을 권장합니다.

공통 과목 – 상대 평가	일반 선택 – 상대 평가	진로 선택 – 절대 평가
기초 소양을 함양하고 교과별 기본 학력을 균형 있게 갖추기 위해 모든 학생이 이수해야 하는 과목	고등학교 단계에서 필요한 교과별 학문의 기본적 이해를 바탕으로 한 과목	교과 융합 학습, 진로 안내 학습, 교과별 심화 학습, 실생활 체험 학습 등이 가능한 과목

영역	교과(군)	공통 과목	일반 선택	진로 선택
기초	국어	국어	독서, 문학, 화법과 작문, 언어와 매체	실용 국어, 심화 국어, 고전 읽기
	수학	수학	수학Ⅰ, 수학Ⅱ, 미적분, 확률과 통계	기하, 실용 수학, 경제 수학, 수학과제 탐구, 기본 수학, 인공지능 수학
	영어	영어	영어Ⅰ, 영어Ⅱ, 영어 회화, 영어 독해와 작문	실용 영어, 영어권 문화, 영미 문학 읽기, 진로 영어, 기본 영어
	한국사	한국사	–	–
탐구	사회(역사/도덕 포함)	통합 사회	한국지리, 세계지리, 세계사, 동아시아사, 경제, 정치와 법, 사회·문화, 생활과 윤리, 윤리와 사상	여행 지리, 사회문제 탐구, 고전과 윤리
	과학	통합 과학, 과학탐구 실험	물리학Ⅰ, 화학Ⅰ, 생명과학Ⅰ, 지구과학Ⅰ	물리학Ⅱ, 화학Ⅱ, 생명과학Ⅱ, 지구과학Ⅱ, 과학사, 생활과 과학, 융합과학
체육·예술	체육	–	체육, 운동과 건강	스포츠 생활, 체육 탐구
	예술	–	음악, 미술, 연극	음악 연주, 음악 감상과 비평, 미술 창작, 미술 감상과 비평
생활·교양	기술·가정	–	기술·가정, 정보	농업 생명 과학, 공학 일반, 창의 경영, 해양 문화와 기술, 가정과학, 지식 재산 일반, 인공지능 기초
	제2외국어	–	독일어Ⅰ, 일본어Ⅰ, 프랑스어Ⅰ, 러시아어Ⅰ, 스페인어Ⅰ, 아랍어Ⅰ, 중국어Ⅰ, 베트남어Ⅰ	독일어Ⅱ, 일본어Ⅱ, 프랑스어Ⅱ, 러시아어Ⅱ, 스페인어Ⅱ, 아랍어Ⅱ, 중국어Ⅱ, 베트남어Ⅱ
	한문	–	한문Ⅰ	한문Ⅱ
	교양	–	철학, 논리학, 심리학, 교육학, 종교학, 진로와 직업, 보건, 환경, 실용 경제, 논술	–

* 위 표에 제시되지 않은 **전문 교과Ⅰ**은 주로 **특수 목적 고등학교**에 개설되고 **전문 교과Ⅱ**는 **특성화 고등학교** 및 **마이스터 고등학교**에 개설됩니다. 일반고등학교에서는 필요에 따라 전문 교과Ⅰ이나 전문 교과Ⅱ 과목을 **진로 선택 과목**으로 개설할 수 있습니다.

자료 출처: 국가교육과정정보센터

꿈JOB잡이 정보 2

일반고등학교 교과별 성적 산출 방식

구분			원점수/과목 평균(표준 편차)			성취도(수강자 수)		석차 등급[6]	비고
			원점수[1]	과목 평균[2]	표준 편차[3]	성취도[4]	수강자 수[5]		
보통 교과	공통 과목		○	○	○	5단계	○	○	과학탐구 실험 ▶ 성취도 3단계, 석차 등급 미산출
보통 교과	일반 선택 과목	기초/탐구/생활·교양	○	○	○	5단계	○	○	교양 교과(군) 제외
보통 교과	일반 선택 과목	체육·예술	–	–	–	3단계	–	–	
보통 교과	진로 선택 과목		○	○	성취도별 분포 비율	3단계	○	–	일반고에 개설된 전문 교과 Ⅰ, Ⅱ 포함
보통 교과	교양 교과(군)		–	–	–	P(이수 여부)	–	P(이수 여부)	
보통 교과 및 전문 교과Ⅰ 중 수강자 수 13명 이하인 과목			○	○	○	교과(군)별 3단계 또는 5단계	○	'·' 또는 '○등급'	보통 교과 과학탐구 실험, 진로 선택 과목(진로 선택으로 편성된 전문 교과 포함), 체육·예술 교과(군)의 일반 선택 과목, 교양 교과(군)의 과목 제외
학교 간 통합 선택 과목 (공통 교육과정)			○	○	○	교과(군)별 3단계 또는 5단계	○	–	보통 교과 진로 선택 과목(진로 선택으로 편성된 전문 교과 포함), 체육·예술 교과(군)의 일반 선택 과목, 교양 교과(군)의 과목 제외

〈용어 설명〉

1) **원점수**: 지필 평가 및 수행 평가의 반영 비율 환산 점수 합계
2) **과목 평균**: 전체 학생의 성적 평균 점수
3) **표준 편차**: 전체 학생의 성적이 평균에서 얼마나 떨어져 있는지를 나타내는 수치
  - 표준 편차가 큼: 평균 성적을 중심으로 성적이 골고루 흩어져 있음. 시험의 변별력이 좋고 난이도가 적절함.
  - 표준 편차가 작음: 평균에 가까운 성적이 많음. 시험의 변별력이 떨어져 난이도 평이함.
4) **성취도**: 성취도는 원점수를 성취평가제의 성취 기준에 따라 판정한 학생의 성취 수준에 따른 등급

성취율(원점수)	성취도
90% 이상	A
80% 이상 ~ 90% 미만	B
70% 이상 ~ 80% 미만	C
60% 이상 ~ 70% 미만	D
60% 미만	E

〈체육·예술(음악/미술) 교과(군)의 과목 성취도〉

성취율(원점수)	성취도
80% 이상 ~100%	A
60% 이상 ~ 80% 미만	B
60% 미만	C

5) **수강자 수**: 한 학년에 해당하는 전교 학생 수(시험에 응시한 학생 수)
6) **석차 등급**: 지필 평가 및 수행 평가의 반영 비율 환산 점수의 합계를 석차 순에 따라 9등급으로 산출

석차 등급	석차 누적 비율	구간 비율	누적 인원(예시) 30명 기준
1등급	~ 4% 이하	4%	1
2등급	4% 초과 ~ 11% 이하	7%	3
3등급	11% 초과 ~ 23% 이하	12%	6
4등급	23% 초과 ~ 40% 이하	17%	12
5등급	40% 초과 ~ 60% 이하	20%	18

석차 등급	석차 누적 비율	구간 비율	누적 인원(예시) 30명 기준
6등급	60% 초과 ~ 77% 이하	17%	23
7등급	77% 초과 ~ 89% 이하	12%	26
8등급	89% 초과 ~ 96% 이하	7%	29
9등급	96% 초과 ~ 100% 이하	4%	30

자료 출처: 교육부, 『2020학년도 학교생활기록부 기재 요령』, 재구성

꿈JOB이 정보 3

직업 흥미 유형별 특징과 대표 직업

흥미란 어떤 종류의 활동에 특별한 관심을 기울이는 감정을 말하며 행동을 결정하는 중요한 역할을 합니다. 특히 직업 흥미는 직업의 선택, 직업의 지속, 직업에서의 만족감, 직업에서의 성공과 밀접한 관련이 있습니다. 자신의 흥미를 파악하고 직업 흥미 유형의 특징과 대표 직업을 탐색하면 자신에게 적합한 직업을 결정하는 데 도움을 얻을 수 있습니다.

실재형

특징
현실 감각, 신체 능력, 구체성, 자연 친화성, 손 재능

직업 특성
기계 조작·설계하기, 기구·기계 활용하기, 동물·식물 키우기, 제품 정비·수리하기, 신체 능력 활용하기

대표 직업
동물 조련사, 비행기 조종사, 요리사, 경찰관, 운동선수 등

탐구형

특징
논리성, 합리성, 호기심, 탐구성, 분석 능력

직업 특성
연구 수행하기, 자료 수집하기, 보고서 작성하기, 통계 처리 및 활용하기, 특정 대상을 분석하기, 실험하기

대표 직업
생물학자, 로봇 연구원, 대체 에너지 개발 연구원, 경제학 연구원, 사회학 연구원 등

예술형

특징
예술성, 창의성, 감수성, 직관, 표현 능력

직업 특성
글쓰기, 춤추고 노래하기, 악기 연주하기, 옷과 물건 등을 디자인하기, 연기하기

대표 직업
가수, 화가, 방송 작가, 연기자, 영화감독 등

사회형

특징
대인 관계 능력, 사회성, 배려, 타인 이해, 봉사 정신

직업 특성
가르치기, 함께 공부하기, 봉사 활동하기, 다른 사람 돕기

대표 직업
초등 교사, 인문계 중등학교 교사, 자연계 중등학교 교사, 사회복지사, 간호사 등

기업형

특징
리더십, 설득력, 도전 정신, 목표 지향성, 경쟁심

직업 특성
토론하고 설득하기, 발표·연설하기, 제품 소개하고 판매하기, 법률·정치적인 활동 참여하기, 회의·집단 이끌기

대표 직업
기업 고위 임원, 고위 공무원, 외교관, 국회 의원, 외환 딜러 등

관습형

특징
책임감, 계획성, 성실성, 순응성, 안전 지향

직업 특성
문서 작성하기, 회계 처리하기, 정보 처리하기, 서류 작성 및 검토하기, 자료 분류 및 정리하기, 스케줄 관리하기

대표 직업
일반 공무원, 비서, 사서, 회계사, 세무사 등

자료 출처: 커리어넷

꿈JOB잡이 정보 4

직업 가치관과 대표 직업

직업 가치관이란 개인이 직업 활동을 통해 이루고자 하는 가치를 말합니다. 직업 가치관은 직업을 선택할 때 뿐만 아니라 업무 수행이나 인간관계에 계속 영향을 미치며, 직업 가치관을 충족하는 직업을 가지면 만족도가 높아집니다. 아래 제시한 여덟 가지 가치관 이외에도 개인마다 중요하게 생각하는 가치관이 있을 수 있습니다. 자신의 직업 가치관이 무엇인지 잘 생각하고 직업 가치관을 충족할 수 있는 진로를 정해보세요.

능력 발휘

"직업을 통해 나의 능력을 발휘하고 싶어요."

통역사, 개발자, 국가대표 운동선수, 천문학자

능력을 충분히 발휘할 기회와 가능성이 주어지는 직업을 선택할 것입니다.
직업 생활에서는 경쟁을 통해 긍정적인 자극을 받으며, 어려운 일을 하나씩 해결해 나가는 과정에서 성취감을 느낄 것입니다.

자율성

"나만의 방식으로 자유롭게 일하는 게 좋아요."

예술가, 영업원, 레크리에이션 진행자

다른 것보다 일하는 방식과 스타일이 자유로운 직업을 선택할 것입니다.
자신의 방식에 맞게 자율적으로 일할 때 자신의 능력을 더욱 효과적으로 발휘할 수 있습니다.

보수

"노력한 만큼 충분한 보상이 주어져야 해요."

운동선수, 투자중개인, 회계사, 은행원, 금융운용사

노력과 성과에 대해 충분한 경제적 보상이 주어지는 직업을 선택할 것입니다.
보수가 충분하다면 일의 어려움과 힘겨움에 관계없이 최선을 다해 노력할 것입니다.

안정성

"치열한 경쟁보다는 꾸준히 일하고 싶어요."

공무원, 기술자, 약사

쉽게 해고되지 않고 오랫동안 일할 수 있는 직업을 선택할 것입니다.
안정적인 직업 생활이 보장된다면 편안한 마음으로 더욱 열심히 일할 것입니다.

사회적 인정

"많은 사람에게 주목과 인정을 받고 싶어요."

판사, 정치인, 연예인, 파일럿

많은 사람으로부터 주목받고 인정받을 수 있는 직업을 선택할 것입니다.
주변 사람들의 긍정적인 평가에 힘을 얻고 더욱 능력을 발휘하려고 노력할 것입니다.

사회봉사

"다른 사람에게 도움을 주는 일이 좋아요."

소방관, 성직자, 사회복지사, 간호사

사람, 조직, 국가, 인류에 대한 봉사와 기여가 가능한 직업을 선택할 것입니다.
도움과 격려가 필요한 사람에게 힘을 줄 수 있는 직업 생활을 할 때 가치와 보람을 느낄 것입니다.

자기 계발

"능력과 소질을 꾸준히 계발하고 싶어요."

교수, 연구원, 관리자, 연주자

능력과 소질을 지속해서 발전시킬 수 있는 직업을 선택할 것입니다.
스스로가 발전할 기회가 충분히 주어지는 직업 생활을 할 때 만족감을 느낄 것입니다.

창의성

"혁신적인 아이디어로 새로운 시도를 하겠어요."

발명가, 디자이너, 예술가, 마술사

늘 변화하고 혁신적인 아이디어를 내며, 창조적인 시도를 하는 직업을 선택하고 싶습니다.
새롭고 독창적인 것을 만들어 내는 과정에서 능력을 충분히 발휘할 수 있을 것입니다.

자료 출처: 커리어넷, 재구성

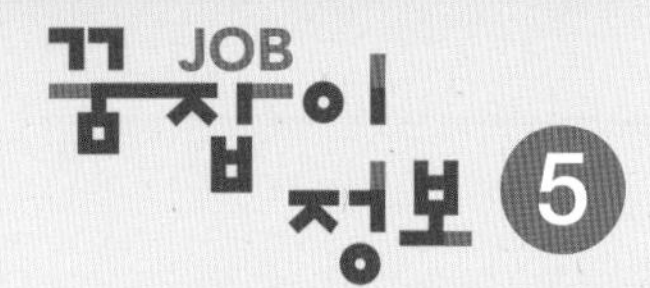

고등학교 교과목의 위계

교과목의 위계란 어떤 과목을 이수하기 위해 먼저 들어야 하는 과목이 있을 경우, 이들 과목 간의 순서를 말합니다. 과목 간 위계를 고려해야 하는 교과(군)는 아래와 같습니다.

자료 출처: 세종시 교육청, 『고등학교 교육과정·진로·진학 설계』, 2019, 재구성

꿈JOB잡이 정보 6

대학수학능력시험 출제 과목

대학수학능력시험을 준비하기 위해서는 출제 과목을 고려하여 이수할 과목을 선택해야 합니다. 또한 대학별로 자연계 일부 모집 단위에서, 수학 영역에서는 '미적분'이나 '기하'를, 탐구 영역에서 과학을 반영하는 경우도 있습니다. 이는 대학의 자연 계열에 진학하여 공부하는데 '미적분', '기하' 및 과학 과목의 공부가 필요함을 뜻하는 것입니다. 그러므로 선택 과목을 고를 때 희망하는 대학의 전공 안내서나 입시 전형을 미리 참조하는 것을 권장합니다.

영역	출제 과목	성적 처리 방식
국어	• 공통: 독서, 문학 • 선택: 화법과 작문, 언어와 매체 중 1개 과목 선택	상대 평가
수학	• 공통: 수학 I, 수학 II • 선택: 확률과 통계, 미적분, 기하 중 1개 과목 선택	상대 평가
영어	영어 I, 영어 II	절대 평가
한국사	한국사	절대 평가
탐구	[일반계 고등학교] *사회, 과학 탐구 구분 없이 2개 과목 선택 • 사회 탐구 9개 과목: 한국지리, 세계지리, 세계사, 동아시아사, 경제, 정치와 법, 사회·문화, 생활과 윤리, 윤리와 사상 • 과학 탐구 8개 과목: 물리학 I, 화학 I, 생명과학 I, 지구과학 I, 물리학 II, 화학 II, 생명과학 II, 지구과학 II [직업계 고등학교] • 1개 과목 선택 시: 농업 기초 기술, 공업 일반, 상업 경제, 수산·해운 산업의 기초, 인간 발달 중 1개 과목 선택 • 2개 과목 선택 시: 위 5개 과목 중 1개 과목 선택 + 성공적인 직업 생활	상대 평가
제2외국어/한문	• 9개 과목 중 택1 독일어 I, 일본어 I, 프랑스어 I, 러시아어 I, 스페인어 I, 아랍어 I, 중국어 I, 베트남어 I, 한문 I	절대 평가

자료 출처: 『2023학년도 대학수학능력시험 기본 계획』, 재구성

꿈 JOB 잡이 정보 7

2023학년도 서울대 입시 교과 평가 방법 및 이수 기준

1 정시 모집 – 교과 평가 방법

서울대학교는 2023**학년도 정시 모집 수능 위주 전형**에서 학생의 **교과 이수 충실도**를 반영하는 **교과 평가**를 실시할 계획입니다. 정시 모집에서 수능 점수만으로 학생을 평가하기보다는 학생이 관심 분야를 얼마나 깊이 있게 학습하였는지를 중점적으로 평가하며, 학생 선택 중심 교육과정에서 얼마나 적극적이고 진취적인 태도로 학교생활에 임했는지를 평가합니다. 학생은 내신 성적을 받기 쉬운 과목만 선택하여 이수하기보다는 자신의 관심 분야와 관련 있는 교과를 적극적으로 선택·이수하여 학교생활에 최선을 다하는 것이 바람직합니다.

〈전형 요소 및 배점〉

정시 모집 지역 – 균형 발전 전형		정시 모집 – 일반 전형		
수능	교과 평가	1단계	2단계	
		수능	1단계 성적	교과 평가
60점	40점	100% (2배수)	80점	20점

〈평가 내용〉

평가 항목	평가 내용
① 과목 이수 내용 (교과(목) 이수 현황)	• 교과(목)별 위계에 따른 과목 이수 내용 • 진로·적성에 따른 선택 과목 이수 내용 예 공과대학 평가: 수학, 과학 교과 이수 현황 등을 고려하여 평가 예 경제학부 평가: 수학, 사회 교과 이수 현황 등을 고려하여 평가
② 교과 성취도 (교과(목) 학업 성적)	• 기초 교과 영역 및 모집 단위 관련 교과 성취도의 우수성 • 과목 수준, 수강자 수, 원점수, 평균(표준 편차), 성취도별 분포 비율 등
③ 교과 학업 수행 내용 (세부 능력 및 특기 사항)	• 교과(목)별 수업 활동에서 나타난 학업 수행의 충실도

〈평가 기준(절대 평가)〉

등급	기준
A	모집 단위 학문 분야 관련 교과(목)를 적극적으로 선택하여 이수하고 전 교과 성취도가 우수하며 교과별 수업에서 주도적 학업 태도가 나타남. 예 A 등급 평가 사례(공과대학 지원자) • 모집 단위 관련 진로 선택 과목 두 개 과목 이상 선택하여 이수(물리학Ⅱ, 화학Ⅱ, 기하 등) • 기초 교과 영역(국어, 수학, 영어 등) 및 모집 단위 관련 교과목 성적이 1~2등급, 성취도 A 수준 • 이수한 각 교과 수업에 충실히 참여한 내용이 나타남.
B	대학 학업 수행에 필요한 일반적인 수준의 교과 성취도 및 교과 이수 내용, 학업 수행 능력이 나타남.
C	교과 성취도 및 교과 이수 내용이 미흡하여 충실히 고교 생활을 하지 않은 것으로 판단됨.

자료 출처: 서울대학교, 『2023학년도 대학 신입학생 입학 전형』, 2021, 재구성

2 교과 이수 기준

서울대학교에서는 학생들이 대학 교육에 필요한 기본 소양을 갖추도록 **교과 이수 기준**을 제시했습니다. 교과 이수 기준 충족 여부는 지원 자격과는 무관하나, 수시 모집 서류 평가 및 정시 모집 교과 평가에 반영됩니다. 또한, 교과 이수 기준 I 과 기준 II 를 동시에 충족할 수 있도록 과목을 이수할 것을 권장하고 있습니다.

〈교과 이수 기준 I 〉

교과 영역	모집 단위	교과 이수 기준 I
탐구	전 모집 단위 공통	사회(역사/도덕 포함) 교과 중 세 과목 + 과학 교과 중 세 과목 또는 사회(역사/도덕 포함) 교과 중 두 과목 + 과학 교과 중 네 과목
생활·교양		제2외국어 또는 한문 중 한 과목

〈교과 이수 기준 II 〉

교과(군)	교과 이수 기준 II	
수학	일반 선택 네 과목 또는 일반 선택 세 과목 + 진로 선택 한 과목	두 개 교과(군) 이상에서 충족
과학	일반 선택 세 과목 + 진로 선택 두 과목 또는 일반 선택 두 과목 + 진로 선택 세 과목	
사회	일반 선택 세 과목 + 진로 선택 한 과목 또는 일반 선택 두 과목 + 진로 선택 두 과목	

※ 전문 교과는 진로 선택 과목으로 분류함.

여기서 잠깐!

모든 학생이 서울대학교 입시에 지원하는 것은 아니지만 서울대학교 입시 전형이 다른 대학의 입시 전형에 영향을 미칠 수 있으므로 참고하는 것이 좋습니다. 그리고 서울대학교 '2023학년도 대학 신입학생 입학전형'는 추후 변경될 수 있습니다. 학생은 자신이 희망하는 대학의 정확한 입시 전형을 확인하여 입시를 대비하는 것이 좋습니다.

꿈JOB이 정보 8

학생부 종합 전형 평가 요소

대학 입시에서의 **학생부 종합 전형**에 따른 **평가 요소**를 미리 확인하면 **고등학교 과목 선택**과 **학교생활 계획서**를 작성하는 데 참고가 될 수 있습니다.

학업 역량

학업을 충실히 수행할 수 있는 기초 수학 능력

전공 적합성

지원 전공(계열)과 관련된 분야에 대한 관심과 이해, 노력과 준비 정도

인성

공동체의 일원으로서 필요한 바람직한 사고와 행동

발전 가능성

현재 상황이나 수준보다 질적으로 더 높은 단계로 향상될 가능성

〈학업 역량〉

평가 항목	평가 기준
학업 성취도	• 전체적인 교과 성적은 다른 지원자들에 비해 어느 정도인가? • 학기·학년별 성적은 상승/하락하고 있는가? • 대학 수학에 필요한 기본 과목(예: 국어, 수학, 영어, 사회/과학 등) 성적은 어느 정도인가? • 희망 전공과 관련된 기본 과목은 어느 정도 이수하였으며 성적은 어느 정도인가? • 과목별 이수자 수의 규모는 어느 정도인가?
학업 태도와 학업 의지	• 교과 수업에 적극적이고 열정적인 태도로 참여하였는가? • 새로운 지식을 습득하기 위해 자기 주도적인 태도로 노력하였는가? • 자발적인 성취동기와 목표 의식을 가지고 넓고 깊게 학습하려는 의지와 열정이 있는가?
탐구 활동	• 각종 교과 탐구 활동에서 적극적인 참여를 통해 창의적인 결과물을 산출하였는가? • 성공적인 학업 생활을 위한 적극적인 탐구 의지와 호기심이 있는가?

전공 적합성

평가 항목	평가 기준
전공 관련 교과목 이수 및 성취도	• 지원 전공과 관련된 과목을 어느 정도 이수하였는가? • 지원 전공과 관련해 스스로 선택하여 수강한 과목은 얼마나 되는가? • 지원 전공과 관련된 교과 성적이 우수한가?
전공에 대한 관심과 이해	• 지원 전공에 흥미와 관심이 있는가? • 지원 전공에 대해 올바르게 이해하는가? • 자신의 경험과 지원 전공의 연관성을 설명할 수 있는가?
전공 관련 활동과 경험	• 지원 전공과 관련된 교과 관련 활동(세부 능력 및 특기 사항)이 있는가? • 지원 전공과 관련된 창의적 체험 활동(자율, 동아리, 봉사, 진로)이 있는가? • 지원 전공과 관련된 독서 경험이 있는가?

〈인성〉

평가 항목		평가 기준
	협업 능력	• 자발적인 협력을 통하여 공동의 과제를 완성한 경험이 있는가가? • 협력이 부족한 상황에서 사람들을 설득하여 협동을 이끌어낸 경험이 있는가? • 공동 과제나 단체 활동을 즐기고 구성원으로부터 좋은 동료로 인정받는가?
	나눔과 배려	• 타인을 위하여 자신의 것을 나누고자 한 구체적인 경험이 지속적으로 나타나는가? • 나와 다른 생각을 가진 상대방의 입장을 이해하고 존중하는 노력을 기울이는가? • 학교생활에서 타인을 배려한 본보기로 언급되거나 모범이 된 사례가 있는가?
	소통 능력	• 공동 과제 수행이나 모둠 활동, 단체 활동 등에서 타인의 의견을 경청하고 상대방의 관심 사항과 요구를 공감적으로 이해하는가? • 수업이나 교과 외 활동 등에서 자신의 의견을 효과적으로 표현하는가? • 새로운 지식이나 사고방식에 대하여 열린 마음으로 적극적으로 받아들이는가?
	도덕성	• 자신이 속한 집단이 정한 규칙과 규정을 준수하고, 규칙이나 규정을 어긴 경우 자신의 잘못을 인정하고 개선하려는 노력을 기울이는가? • 자신이 속한 구성원에게 인정과 신뢰를 얻으며 바람직한 행동으로 모범이 되는가?
	성실성	• 학업 활동에 있어 지속적인 노력을 통하여 꾸준함을 보여주고 있는가? • 자신의 관심 분야나 진로와 관련한 활동을 지속적으로 수행한 경험이 있는가? • 어려운 상황이 발생하여도 일관된 모습으로 최선의 노력을 기울인 경험이 있는가? • 출결 상황이나 단체 활동 참여 등 학생으로서 당연히 해야 하는 의무를 책임감 있게 수행하였는가?

〈발전 가능성〉

평가 항목		평가 기준
	자기주도성	• 교내 다양한 활동을 주도적이고 적극적으로 수행하였는가? • 새로운 과제를 주도적으로 만들고 성과를 내었는가?
	경험의 다양성	• 창의적 체험 활동을 통해 다양한 경험을 쌓았는가? • 자신의 목표를 위해 도전하고 성취한 적이 있는가? • 독서 활동을 통해 다양한 영역에서 지식과 문화적 소양을 쌓았는가?
	리더십	• 학생회, 동아리 등 학생 주도 활동에서 역할을 수행한 경험이 있는가? • 공동체의 목표를 달성하기 위해 계획과 실행을 주도한 경험이 있는가? • 구성원의 화합과 단결을 이끌어가기 위한 구체적인 행동 경험이 있는가?
	창의적 문제 해결 능력	• 교내 활동 과정에서 창의적인 발상을 통해 일을 진행한 경험이 있는가? • 교내 활동 과정에서 나타나는 문제점을 적극적으로 해결하기 위해 노력하였는가?

자료 출처: 서울특별시 교육청 교육연구정보원, 『2015 개정 교육과정 선택 과목 안내서』, 2020, 재구성

꿈JOB이 정보 9

우리나라 대학의 전공 계열과 주요 학과

워크넷 학과 정보

우리나라 대학은 다음의 일곱 계열로 구분되며, 전공 계열에 따라 요구하는 적성과 흥미, 진출 분야가 다릅니다. 내가 희망하는 계열의 분야와 주요 학과를 확인하세요.

※계열 구분은 기관, 분류 기준에 따라 다를 수 있습니다.

계열	분야	주요 학과
인문 계열	**인문과학**: 인간의 사상 및 문화를 공부하며, 다양한 문화를 깊고 넓게 공부하기 위해 고급 외국어 실력이 필요합니다.	역사학, 철학, 종교학, 문화인류학, 고고미술사학, 심리학, 문헌정보학 등
	문학·언어학: 읽기, 쓰기, 듣기, 말하기 등 언어를 자유롭게 구사하는 능력을 키우고 해당 언어권의 문화를 깊이 있게 공부합니다.	국어국문학, 동양어학, 서양어학, 영어영문학, 언어학, 국제언어문화학, 한국어문화학 등
사회 계열	**경영학·경제학**: 기업이나 조직의 효율적인 운영을 위한 전략을 연구하는 분야와 개인이나 조직이 여러 매체를 통하여 대중에게 정보를 전달하는 광고 활동을 연구하는 분야가 있습니다.	경영학, 경제학, 세무학, 무역유통학, 관광경영학, 호텔경영학, 회계학, 언론홍보학, 신문방송학 등
	사회과학: 인간과 인간 사이의 관계에서 일어나는 사회 현상과 인간의 사회적 행동을 탐구합니다.	사회복지학, 통계학, 아동학, 지리학 등
	법학·행정학: 법률이 지배하는 사회현상을 연구하는 분야와 국가의 운영과 관리 방법을 연구하는 분야가 있습니다.	법학, 행정학, 정치외교학, 경찰행정학, 공공인재법학 등
교육 계열	유치원, 초등학교, 중·고등학교, 특수학교의 교원에게 필요한 교수학습 방법에 대한 전문 지식을 습득합니다.	국어교육학, 영어교육학, 사회교육학, 윤리교육학, 수학교육학, 과학교육학, 교육학, 체육교육학, 음악교육학, 미술교육학, 초등교육학 등
자연 계열	**농림학·수산학**: 작물, 산림, 수산물의 생산·관리·이용·보전 등과 관련한 지식을 습득합니다.	농업생명과학, 산림학, 수산학, 해양학, 동물자원학, 식물자원학, 동물생명공학 등
	생활과학: 식품 영양, 식품 조리 등을 연구하는 식품영양학과 섬유 및 의복에 대해 연구하는 의상학 전공이 있습니다.	식품영양학, 의류학, 의류산업학, 조리학 등
	자연과학: 자연의 현상을 관찰하고 그 법칙을 연구합니다.	수학, 물리학, 천문우주학, 화학, 생명과학 등
공학 계열	**건축공학·환경공학**: 수학, 물리, 화학, 생명과학의 기초 과학을 기반으로 실생활과 산업에 활용되는 기술을 개발하는 능력을 키웁니다.	건축학, 건축공학, 토목공학, 환경공학 등
	산업공학·재료공학: 인간, 물자, 정보, 설비 및 기술을 종합하는 시스템을 개선하는 분야와 산업공학과 공업 재료의 제조 및 성질을 연구하는 분야가 있습니다.	산업공학, 에너지공학, 재료공학, 화학공학, 생물공학 등
	기계공학·전자공학·컴퓨터공학: 수학, 물리, 화학, 컴퓨터 과목을 기반으로 실생활과 산업에 필요한 기술과 기계를 개발하고 연구합니다.	기계공학, 자동차공학, 조선해양공학, 전자공학, 항공우주공학, 컴퓨터공학, 전기공학 등
의약 계열	**의학**: 사람과 동물의 신체 구조와 질병의 예방 및 치료 방법을 연구하며 봉사정신과 사명감을 갖추는 인재가 되기 위해 수련합니다.	의예, 수의예, 한의예, 치의예 등
	간호·보건학: 인간의 건강 증진과 질병의 진단·경과·치료 효과 및 예후 등을 판단하는데 필요한 여러 학문을 연구합니다.	간호학, 임상병리학, 약학, 물리치료학, 응급구조학, 재활치료학, 치위생학, 언어치료학, 보건관리학 등
예체능 계열	**예술학**: 아름다움을 창조하고 표현하기 위한 이론적 지식과 실기 능력 및 예술 작품에 대한 감상 능력을 배웁니다.	국악, 기악, 성악, 실용음악, 산업디자인학, 만화애니메이션학, 연극영화학, 사진학, 무용학 등
	체육학: 운동, 스포츠 및 신체 활동과 관련된 인간 움직임에 대한 전반적인 연구와 실기 능력을 배양합니다.	스포츠산업경영학, 스포츠안전관리학, 사회체육학, 스포츠의료학, 건강관리학 등

자료 출처: 광주광역시교육청, 『빛고을 꿈대로 진로대로』, 2020, 재구성

꿈JOB잡이 정보 10

대학 계열별 추천 선택 과목

워크넷의 대학 계열 분류에 따라 일곱 계열(인문 계열, 사회 계열, 교육 계열, 자연 계열, 공학 계열, 의약 계열, 예체능 계열)로 추천 선택 과목을 제시하였습니다. 여기에서 안내하는 계열별 추천 선택 과목은 예시 자료이므로 학생의 의사와 진로 등을 고려하여 융통성 있게 적용하는 것이 바람직합니다.

계열	분야	교과 영역	일반 선택	진로 선택
인문 계열	인문과학	기초	독서, 문학, 화법과 작문, 언어와 매체, 수학Ⅰ, 수학Ⅱ, 영어Ⅰ, 영어Ⅱ, 영어 회화, 영어 독해와 작문	심화 국어, 고전 읽기, 영미 문학 읽기
		탐구	한국지리, 세계지리, 세계사, 동아시아사, 정치와 법, 사회·문화, 생활과 윤리, 윤리와 사상	고전과 윤리, 사회문제 탐구, 생활과 과학
		체육·예술	–	–
		생활·교양	제2외국어Ⅰ, 한문Ⅰ, 철학, 논리학, 심리학, 종교학, 논술	제2외국어Ⅱ, 한문Ⅱ
	문학·언어학	기초	독서, 문학, 화법과 작문, 언어와 매체, 수학Ⅰ, 수학Ⅱ, 확률과 통계, 영어Ⅰ, 영어Ⅱ, 영어 회화, 영어 독해와 작문	심화 국어, 고전 읽기, 영어권 문화, 진로 영어, 영미 문학 읽기
		탐구	세계지리, 동아시아사, 세계사, 사회·문화, 윤리와 사상, 생활과 윤리	고전과 윤리, 사회문제 탐구
		체육·예술	음악, 미술, 연극	음악 감상과 비평, 미술 감상과 비평
		생활·교양	제2외국어Ⅰ, 한문Ⅰ, 철학, 종교학, 논리학, 심리학, 논술	제2외국어Ⅱ, 한문Ⅱ
사회 계열	경영학·경제학	기초	독서, 문학, 화법과 작문, 언어와 매체, 수학Ⅰ, 수학Ⅱ, 미적분, 확률과 통계, 영어Ⅰ, 영어Ⅱ, 영어 회화, 영어 독해와 작문	기하, 실용 수학, 경제 수학
		탐구	한국지리, 세계지리, 세계사, 동아시아사, 경제, 정치와 법, 사회·문화, 생활과 윤리,	여행 지리, 사회문제 탐구
		체육·예술	–	음악 감상과 비평, 미술 감상과 비평
		생활·교양	제2외국어Ⅰ, 논리학, 심리학, 실용 경제, 논술	제2외국어Ⅱ
	사회과학	기초	독서, 문학, 화법과 작문, 언어와 매체, 수학Ⅰ, 수학Ⅱ, 미적분, 확률과 통계, 영어Ⅰ, 영어Ⅱ, 영어 회화, 영어 독해와 작문	고전 읽기, 고전과 윤리
		탐구	한국지리, 세계지리, 세계사, 동아시아사, 경제, 정치와 법, 사회·문화, 생활과 윤리, 윤리와 사상	사회문제 탐구, 고전과 윤리, 과학사, 생활과 과학
		체육·예술	–	음악 감상과 비평, 미술 감상과 비평
		생활·교양	기술·가정, 정보, 철학, 논리학, 심리학, 교육학, 보건	가정과학, 지식 재산 일반
	법학·행정학	기초	독서, 문학, 화법과 작문, 언어와 매체, 수학Ⅰ, 수학Ⅱ, 미적분, 확률과 통계, 영어Ⅰ, 영어Ⅱ, 영어 회화, 영어 독해와 작문	고전 읽기, 실용 국어, 경제 수학
		탐구	한국지리, 세계지리, 세계사, 경제, 정치와 법, 사회·문화, 생활과 윤리, 윤리와 사상, 생명과학Ⅰ	사회문제 탐구, 고전과 윤리, 생활과 과학
		체육·예술	–	–
		생활·교양	중국어Ⅰ, 한문Ⅰ, 철학, 논리학, 심리학, 교육학, 논술	가정과학

자료 출처: 교육부, 『학생 진로·진학과 연계한 과목 선택 가이드북』, 2018, 재구성

계열	분야	교과 영역	일반 선택	진로 선택
교육 계열	교육	기초	독서, 문학, 화법과 작문, 언어와 매체, 수학Ⅰ, 수학Ⅱ, 확률과 통계, 영어Ⅰ, 영어Ⅱ, 영어 회화, 영어 독해와 작문	–
		탐구	사회·문화, 생활과 윤리, 윤리와 사상, 물리학Ⅰ, 화학Ⅰ, 생명과학Ⅰ, 지구과학Ⅰ	사회문제 탐구, 생활과 과학
		체육·예술	–	–
		생활·교양	철학, 심리학, 교육학, 진로와 직업, 논술	–
자연 계열	농림학·수산학	기초	독서, 문학, 화법과 작문, 언어와 매체, 수학Ⅰ, 수학Ⅱ, 미적분, 확률과 통계, 영어Ⅰ, 영어Ⅱ, 영어 회화, 영어 독해와 작문	
		탐구	물리학Ⅰ, 화학Ⅰ, 생명과학Ⅰ, 지구과학Ⅰ	물리학Ⅱ, 화학Ⅱ, 생명과학Ⅱ, 지구과학Ⅱ
		체육·예술	–	
		생활·교양	진로와 직업, 환경	농업 생명 과학, 창의 경영, 해양 문화와 기술
	생활과학	기초	독서, 문학, 화법과 작문, 언어와 매체, 수학Ⅰ, 수학Ⅱ, 확률과 통계, 영어Ⅰ, 영어Ⅱ, 영어 회화, 영어 독해와 작문	실용 수학, 경제 수학
		탐구	세계사, 경제, 정치와 법, 사회·문화, 화학Ⅰ, 생명과학Ⅰ	사회문제 탐구, 화학Ⅱ, 생명과학Ⅱ, 생활과 과학
		체육·예술	음악, 미술	
		생활·교양	기술·가정	가정과학
	자연과학	기초	독서, 문학, 화법과 작문, 언어와 매체, 수학Ⅰ, 수학Ⅱ, 미적분, 확률과 통계, 영어Ⅰ, 영어Ⅱ, 영어 회화, 영어 독해와 작문	기하, 수학과제 탐구
		탐구	물리학Ⅰ, 화학Ⅰ, 생명과학Ⅰ, 지구과학Ⅰ	물리학Ⅱ, 화학Ⅱ, 생명과학Ⅱ, 지구과학Ⅱ, 과학사, 생활과 과학, 융합과학
		체육·예술	–	–
		생활·교양	환경	–
공학 계열	건축공학·환경공학	기초	독서, 문학, 화법과 작문, 언어와 매체, 수학Ⅰ, 수학Ⅱ, 미적분, 확률과 통계, 영어Ⅰ, 영어Ⅱ, 영어 회화, 영어독해와 작문	기하, 수학과제 탐구
		탐구	한국지리, 세계지리, 경제, 정치와 법, 사회·문화, 물리학Ⅰ, 화학Ⅰ, 생명과학Ⅰ, 지구과학Ⅰ	물리학Ⅱ, 화학Ⅱ, 생명과학Ⅱ, 지구과학Ⅱ, 과학사, 생활과 과학, 융합과학
		체육·예술	미술	미술 창작, 미술 감상과 비평
		생활·교양	기술·가정, 정보, 환경	공학 일반, 창의 경영, 해양 문화와 기술, 지식 재산 일반

계열	분야	교과 영역	일반 선택	진로 선택
공학 계열	산업공학·재료공학	기초	독서, 문학, 화법과 작문, 언어와 매체, 수학 Ⅰ, 수학 Ⅱ, 미적분, 확률과 통계, 영어 Ⅰ, 영어 Ⅱ, 영어 회화, 영어 독해와 작문	기하, 수학과제 탐구, 인공지능 수학
		탐구	정치와 법, 사회·문화, 물리학 Ⅰ, 화학 Ⅰ, 생명과학 Ⅰ, 지구과학 Ⅰ	물리학 Ⅱ, 화학 Ⅱ, 생명과학 Ⅱ, 지구과학 Ⅱ, 생활과 과학, 융합과학
		체육·예술	–	–
		생활·교양	기술·가정, 정보	공학 일반, 창의 경영, 지식 재산 일반, 인공지능 기초
	기계공학·전자공학·컴퓨터공학	기초	독서, 문학, 화법과 작문, 언어와 매체, 수학 Ⅰ, 수학 Ⅱ, 미적분, 확률과 통계, 영어 Ⅰ, 영어 Ⅱ, 영어 회화, 영어독해와 작문	기하, 수학과제 탐구, 인공지능 수학, 실용 영어, 진로 영어
		탐구	물리학 Ⅰ, 화학 Ⅰ, 지구과학 Ⅰ	물리학 Ⅱ, 화학 Ⅱ, 지구과학 Ⅱ, 과학사, 생활과 과학, 융합과학
		체육·예술	–	–
		생활·교양	기술·가정, 정보, 환경	공학 일반, 창의 경영, 해양 문화와 기술, 지식 재산 일반, 인공지능 기초
의약 계열	의학	기초	독서, 문학, 화법과 작문, 언어와 매체, 수학 Ⅰ, 수학 Ⅱ, 미적분, 확률과 통계, 영어 Ⅰ, 영어 Ⅱ, 영어 회화, 영어 독해와 작문	기하
		탐구	정치와 법, 사회·문화, 생활과 윤리, 윤리와 사상, 화학 Ⅰ, 생명과학 Ⅰ	화학 Ⅱ, 생명과학 Ⅱ, 생활과 과학, 융합과학
		체육·예술	–	–
		생활·교양	중국어 Ⅰ, 한문 Ⅰ, 철학, 심리학, 진로와 직업, 보건	중국어 Ⅱ, 한문 Ⅱ
	간호·보건학	기초	독서, 문학, 화법과 작문, 언어와 매체, 수학 Ⅰ, 수학 Ⅱ, 확률과 통계, 영어 Ⅰ, 영어 Ⅱ, 영어 회화, 영어독해와 작문	기하
		탐구	정치와 법, 사회·문화, 생활과 윤리, 화학 Ⅰ, 생명과학 Ⅰ	화학 Ⅱ, 생명과학 Ⅱ, 생활과 과학, 융합과학
		체육·예술	–	–
		생활·교양	중국어 Ⅰ, 한문 Ⅰ, 보건, 심리학, 철학	중국어 Ⅱ, 한문 Ⅱ
예체능 계열	예술	기초	독서, 문학, 화법과 작문, 언어와 매체, 수학 Ⅰ, 수학 Ⅱ, 확률과 통계, 영어 Ⅰ, 영어 Ⅱ	고전 읽기, 실용 수학, 영미 문학 읽기
		탐구	한국지리, 세계지리, 세계사, 동아시아사, 경제, 사회·문화, 생활과 윤리, 윤리와 사상, 생명과학 Ⅰ	여행 지리, 고전과 윤리, 과학사
		체육·예술	음악, 미술, 연극	음악 연주, 음악 감상과 비평, 미술 창작, 미술 감상과 비평
		생활·교양	정보, 철학, 논리학, 심리학, 교육학, 진로와 직업	가정과학, 지식 재산 일반
	체육	기초	독서, 문학, 언어와 매체, 화법과 작문, 수학 Ⅰ, 수학 Ⅱ, 확률과 통계, 영어 Ⅰ, 영어 Ⅱ	실용 수학
		탐구	경제, 사회·문화, 생명과학 Ⅰ	경제 수학, 사회문제 탐구, 생활과 과학
		체육·예술	체육, 운동과 건강	스포츠 생활, 체육 탐구
		생활·교양	심리학, 교육학, 진로와 직업, 실용 경제	창의 경영, 지식 재산 일반

고등학교 보통 교과 선택 과목

선택 과목은 일반 선택 과목과 진로 선택 과목으로 구분합니다. 교과(군)별 선택 과목은 아래 표와 같습니다. 파란색으로 표시된 과목은 대학수학능력시험 출제 과목입니다.

교과(군)		과목	과목 설명	성적 산출 방법
국어	일반 선택	독서	국어의 읽기 영역을 심화·확장한 과목으로 다양한 주제와 유형의 글을 폭넓게 읽어 비판적이고 창의적인 독서 능력을 기르고 독서 태도를 함양한다.	성취도(5단계) + 석차 등급
		문학	국어의 문학 영역을 심화·확장한 과목으로 다양한 문학 작품을 경험하여 문학 작품을 창작·감상하는 능력을 기르고 문학에 대한 소양과 태도를 기른다.	성취도(5단계) + 석차 등급
		화법과 작문	국어의 말하기 영역과 쓰기 영역을 심화·확장한 과목으로, 다양한 주제 및 유형의 글을 수용·생산하는 활동을 통해 화법과 작문 능력을 기른다.	성취도(5단계) + 석차 등급
		언어와 매체	국어의 문법 영역과 매체 관련 내용을 심화·확장한 과목으로. 국어와 매체 언어를 실제 의사소통에 통합적으로 활용하는 능력과 태도를 기른다.	성취도(5단계) + 석차 등급
	진로 선택	실용 국어	일상생활 및 직업 생활에서 업무를 수행하는 데 필요한 실용적 국어 능력을 기른다.	성취도(3단계)
		심화 국어	대학에서 다양한 학문을 탐구하는 데 필요한 학문적 국어 능력을 향상한다.	성취도(3단계)
		고전 읽기	다양한 고전을 통해 수준 높은 교양을 갖추어 다양한 분야의 진로에 필요한 지혜와 소양을 기른다.	성취도(3단계)
수학	일반 선택	수학 Ⅰ	수학을 학습한 후 더 높은 수준의 수학을 학습하기를 원하는 학생들이 선택하는 과목으로 전 분야의 기초가 된다.	성취도(5단계) + 석차 등급
		수학 Ⅱ	수학을 학습한 후 더 높은 수준의 수학을 학습하기를 원하는 학생들이 선택하는 과목으로 전 분야의 기초가 된다.	성취도(5단계) + 석차 등급
		확률과 통계	수학을 학습한 후 더 높은 수준의 수학을 학습하기를 원하는 학생들이 선택하는 과목으로 전 분야의 기초가 된다.	성취도(5단계) + 석차 등급
		미적분	수학 Ⅰ 과 수학 Ⅱ 를 학습한 후 더 높은 수준의 수학을 학습하기를 원하는 학생들이 선택하는 과목으로 자연과학, 공학, 의학, 사회과학 분야의 기초가 된다.	성취도(5단계) + 석차 등급
	진로 선택	기하	수학을 학습한 후 기하학적 관점에서 심화한 수학 지식을 이해하고 기능을 습득한다.	성취도(3단계)
		실용 수학	수학을 학습한 후 수학이 실생활의 다양한 분야에서 어떻게 활용되는지 이해하고, 수학을 활용하여 실생활에 필요한 문제 해결 능력을 기른다.	성취도(3단계)
		경제 수학	수학 Ⅰ 을 학습한 후 수학의 지식과 기능을 활용하여 경제·경영·금융을 포함한 사회과학 분야를 학습하는 데 필요한 기초 지식을 배운다.	성취도(3단계)
		수학 과제 탐구	수학을 학습한 후 수학 과제 탐구의 목적, 절차, 연구 윤리를 학습하고 이를 토대로 자신의 관심과 흥미에 맞는 수학 과제를 선정하여 탐구한다.	성취도(3단계)
		기본 수학	수학의 개념, 원리, 법칙을 이해하고 기능을 습득하며 수학적으로 추론하고 의사소통하는 능력을 기른다.	성취도(3단계)
		인공지능 수학	수학을 학습한 후 인공지능 분야에서 수학이 어떻게 활용되는지 인식하고, 인공지능과 관련된 수학의 개념을 익힌다.	성취도(3단계)

자료 출처: 서울특별시 교육청 교육 연구 정보원, 『2015 개정 교육과정에 따른 선택 과목 안내서』, 2019, 재구성

교과(군)		과목	과목 설명	성적 산출 방법
영어	일반 선택	영어 I	영어에서 배운 내용을 활용하여 실생활에 필요한 의사소통 능력을 더욱 향상하고 진로 및 전공 분야의 영어 이해 능력과 표현 능력의 기초를 다진다.	성취도(5단계) + 석차 등급
		영어 II	실생활의 다양한 상황에서 필요한 의사소통 능력을 더욱 향상하고 진로와 관련된 영어 이해 능력과 표현 능력을 연마한다.	성취도(5단계) + 석차 등급
		영어 회화	실생활이나 학업에 필요한 영어를 듣고 이해하며, 주어진 상황에 맞게 의사소통하는 능력을 기른다.	성취도(5단계) + 석차 등급
		영어 독해와 작문	실용적인 내용의 글이나 학문 영역의 기초를 다져줄 수 있는 글을 이해하며 자기 생각과 의견을 글로 표현하는 능력을 기른다.	성취도(5단계) + 석차 등급
	진로 선택	실용 영어	실생활에 필요한 의사소통 능력을 향상하고, 진로와 관련된 영어 이해 능력과 표현 능력의 기초를 다진다.	성취도(3단계)
		영어권 문화	영어를 사용하는 다양한 문화적·언어적 배경의 사람들과의 의사소통을 위한 문화적 소양, 타인에 대한 배려, 세계 시민 의식을 함양한다.	성취도(3단계)
		영미 문학 읽기	영어권의 대표적인 소설, 시, 희곡 등 문학 작품의 독서와 감상을 통하여 영어 이해 능력, 표현 능력, 독서 능력을 기른다.	성취도(3단계)
		진로 영어	자신의 적성과 흥미를 고려한 미래 진로 탐색과 설계의 기회를 제공하고, 취업 및 일반적인 직무 수행에 필요한 기초 능력 계발에 필요한 영어를 학습한다.	성취도(3단계)
		기본 영어	실생활에 필요한 의사소통 능력을 향상하고, 진로 및 학업과 관련된 영어 이해 능력과 표현 능력의 기초를 다진다.	성취도(3단계)
사회	일반 선택	한국지리	우리 국토의 자연 및 인문 환경의 지리적 현상과 사람들의 삶의 방식을 이해하며 공간상에서 나타나는 문제들을 파악하고 대처하는 능력을 기른다.	성취도(5단계) + 석차 등급
		세계지리	세계 여러 국가나 지역의 자연환경, 문화, 경제, 정치적인 특성을 파악하고 각 지역에 사는 사람들의 다양한 삶을 이해하여 세계 공존과 번영의 길을 모색할 수 있는 안목을 기른다.	성취도(5단계) + 석차 등급
		세계사	선사 시대부터 오늘날까지의 인류가 걸어온 삶의 변화를 탐구함으로써 현재 세계가 직면한 여러 갈등과 문제의 해결 방안을 도출할 수 있는 능력을 키운다.	성취도(5단계) + 석차 등급
		동아시아사	동아시아 지역에서 전개된 인간 활동과 문화유산을 역사적으로 파악함으로 동아시아 지역의 발전과 평화에 참여할 수 있는 자질을 기른다.	성취도(5단계) + 석차 등급
		경제	체계적인 경제 지식과 사고력 및 가치관을 토대로 개인적, 사회적 차원에서 합리적이며 책임 있는 경제적 역할을 수행할 수 있는 자질을 함양한다.	성취도(5단계) + 석차 등급
		정치와 법	민주·법치 국가의 구성원에게 요구되는 시민 의식, 정치적·법적 사고력, 가치 판단 및 문제 해결 능력을 함양하고 정치와 법 생활에 능동적으로 참여하는 민주 시민을 양성한다.	성취도(5단계) + 석차 등급
		사회·문화	사회·문화 현상에 대한 바른 이해와 탐구 방법을 통하여 의사 결정 능력을 함양한다.	성취도(5단계) + 석차 등급
		생활과 윤리	현대 사회에서 발생하는 다양한 윤리적 문제와 쟁점을 윤리적 관점에서 이해하고 합리적으로 해결할 수 있는 도덕적 탐구 능력과 윤리적 성찰 및 실천 능력을 기른다.	성취도(5단계) + 석차 등급
		윤리와 사상	한국 및 동·서양의 윤리 사상을 학습하고 현대 사회에서 발생하는 다양한 윤리적 문제들을 탐구하여 사회의 다양한 윤리적 문제들에 대한 창의적인 문제 해결 능력을 함양한다.	성취도(5단계) + 석차 등급
	진로 선택	여행 지리	인간과 환경의 관계를 이해하고 지리적 관찰력과 감수성, 지리적 의사 결정과 상상력, 탐구력과 문제 해결력을 기른다.	성취도(3단계)
		사회문제 탐구	공동체에서 발생하는 여러 사회문제에 대한 탐구를 통해 사회 문제의 원인을 파악하고 이에 대한 적절한 해결 방안을 모색할 수 있는 능력을 기른다.	성취도(3단계)
		고전과 윤리	고전에 나타난 인간의 삶, 도덕적 문제 등을 탐구함으로써 도덕적 사고력과 판단력 그리고 상상력을 기르고, 도덕적 앎의 실천 동기와 능력을 함양한다.	성취도(3단계)

교과(군)		과목	과목 설명	성적 산출 방법
과학	일반 선택	물리학 I	첨단 과학기술과 실생활에 관련된 주제를 중심으로 물리학의 기본 개념을 배우며 과학적 사고력·탐구 능력·문제 해결력·의사소통 능력·참여와 평생 학습 능력을 키운다.	성취도(5단계) + 석차 등급
		화학 I	자연 현상 또는 실생활에 관련된 상황을 통해 화학 개념과 탐구 방법을 학습하고 화학에 대한 기초 소양을 배양한다.	성취도(5단계) + 석차 등급
		생명과학 I	사람의 몸을 중심으로 한 생명 현상에 대한 이해를 통해 생활 속에서 나타나는 다양한 의문점들을 창의적으로 해결할 수 있는 생명과학의 기초 소양을 기른다.	성취도(5단계) + 석차 등급
		지구과학 I	지구와 우주에 관한 통합적 이해를 통해 올바른 자연관과 우주관을 갖추어 과학·기술·사회의 상호 관계를 인식하는 능력을 기른다.	성취도(5단계) + 석차 등급
	진로 선택	물리학 II	과학 기술 분야의 진로를 선택하는 학생이 물리학 I 에서 학습한 개념을 기초로 심화한 물리 개념과 다양한 탐구 방법을 기른다.	성취도(3단계)
		화학 II	화학 I 에서 다루는 개념을 기초로, 심화한 화학 개념과 다양한 탐구 방법을 학습하여 과학적 탐구 능력과 태도를 함양한다.	성취도(3단계)
		생명과학 II	생명과학 분야의 진로를 희망하는 학생이 생명과학 I 에서 학습한 개념을 기초로 생명 현상 전반에 대한 심도 있는 내용과 핵심 개념을 학습한다.	성취도(3단계)
		지구과학 II	지구과학 분야의 진로를 희망하는 학생이 지구와 우주에 관한 현상에 대한 기본 개념을 체계적으로 이해하고, 탐구·실험·조사·토론 및 토의·답사 등의 활동을 통해 탐구 능력 및 창의력을 기른다.	성취도(3단계)
		과학사	과학의 본성 및 사회적 특성을 이해하여 올바른 과학자 상을 정립하고 과학·기술·사회의 관계를 이해한다.	성취도(3단계)
		생활과 과학	생활 속에서 과학적 원리가 삶의 질 향상에 어떻게 기여하는지 이해하고 과학적 원리를 실생활에 적용 및 합리적으로 선택하는 능력을 함양한다.	성취도(3단계)
		융합과학	우리 주위의 자연 전체를 체계적으로 이해하여 과학 기술 사회의 구성원이 갖춰야 할 과학적 소양과 창의성 및 인성을 함양한다.	성취도(3단계)
체육	일반 선택	체육	신체 활동을 통하여 건강관리 능력, 신체 수련 능력, 경기 수행 능력, 신체 표현 능력을 기른다.	성취도(3단계)
		운동과 건강	건강 문제 발생의 원인을 파악하고 건강 생활 유지를 위한 운동의 중요성을 이해하여 바른 생활 습관을 기른다.	성취도(3단계)
	진로 선택	스포츠 생활	스포츠의 역할과 가치를 이해하고 스포츠를 수행하는 데 필요한 지식과 기능을 습득하며, 자발적이고 지속해서 스포츠에 참여할 수 있는 태도를 기른다.	성취도(3단계)
		체육 탐구	운동과 스포츠의 가치, 역할, 체육에 대한 심화한 지식을 이해하고 체육 활동을 인문적, 자연적 관점에서 종합적으로 학습하고 체육에 대한 진로를 결정하는 능력을 기른다.	성취도(3단계)

교과(군)		과목	과목 설명	성적 산출 방법
예술	일반 선택	음악	다양한 음악 활동을 통해 음악의 아름다움을 경험하고, 음악성과 창의성을 계발하며 음악의 역할과 가치에 대한 안목을 키운다.	성취도(3단계)
		미술	다양한 주제와 매체를 활용하여 창의적 표현 능력과 미술의 다원적 가치의 이해 및 판단 능력을 기르고 미술 문화를 폭넓게 향유하는 태도를 배양한다.	성취도(3단계)
		연극	몸과 말을 사용하여 상황에 적합한 표현 방법을 익히며, 상상력과 창의력을 바탕으로 연극 작품을 완성한다.	성취도(3단계)
	진로 선택	음악 연주	음악 연주 활동을 통하여 음악적인 자기 표현 능력을 향상하고 상호 소통하는 즐거움 및 타인의 연주에 존중하는 태도를 기른다.	성취도(3단계)
		음악 감상과 비평	다양한 음악 감상을 통하여 음악적 감수성과 음악에 대한 안목을 키운다.	성취도(3단계)
		미술 창작	미술 전공을 희망하는 학생을 대상으로 다양한 창작 활동을 깊이 있게 수행한다.	성취도(3단계)
		미술 감상과 비평	미술 작품과 작가, 미술사적 사건 등을 탐구하여 문화적 감수성과 소양을 기른다.	성취도(3단계)
기술·가정	일반 선택	기술·가정	'가정생활'과 '기술의 세계'에 대한 다양한 정보를 통해 필요한 지식을 융합하고, 이를 실생활의 문제 해결에 활용하는 태도와 역량을 기른다.	성취도(5단계) + 석차 등급
		정보	지식·정보 사회, 컴퓨터 과학의 개념과 원리를 이해하고 정보 문화 소양을 갖추어 네트워크 컴퓨팅 기반 환경에서의 협력적 문제 해결 능력을 기른다.	성취도(5단계) + 석차 등급
	진로 선택	농업 생명 과학	창의적인 사고를 바탕으로 농업의 중요성 및 역할을 이해하고, 농업에 응용되는 과학적 지식과 기술을 습득하여 농업 발전에 기여할 수 있는 능력을 배양한다.	성취도(3단계)
		공학 일반	공학적 사고를 확산하고 기술과 관련된 진로를 탐색하며, 다양한 문제 해결 경험을 통해 공학 소양 및 창의력, 문제 해결 능력, 정보 처리 능력을 기른다.	성취도(3단계)
		창의 경영	창의적인 사고를 바탕으로 경영에 관한 기본 지식과 기능을 습득하고, 기업가정신과 리더십을 배양하여 미래 지향적인 경영 환경 변화에 대처할 수 있는 능력을 키운다.	성취도(3단계)
		해양 문화와 기술	창의·융합 사고 능력을 토대로 해양에 관한 기초 지식을 습득하고 해양 과학 기술 및 실무를 통한 문제 해결 능력을 함양한다.	성취도(3단계)
		가정과학	가정생활 분야와 관련된 직업을 탐색하여 자신의 진로를 개발하고, 개인과 가족의 삶의 질을 향상하는 생활 역량을 기른다.	성취도(3단계)
		지식 재산 일반	지식 재산 이해·창출·보호·활용에 관한 지식을 배우고, 지식 재산 창출 체험은 물론 지식 재산을 보호 및 활용하는 역량을 기른다.	성취도(3단계)
		인공지능 기초	인공지능 기술 발전에 따른 사회 변화를 올바르게 인식하고, 인공지능의 기본 원리와 기술에 관한 이해를 토대로 문제 해결 능력을 함양한다.	성취도(3단계)

교과(군)		과목	과목 설명	성적 산출 방법
제2 외국어	일반 선택	제2외국어 Ⅰ	독일어Ⅰ, 프랑스어Ⅰ, 스페인어Ⅰ, 중국어Ⅰ, 일본어Ⅰ, 러시아어Ⅰ, 아랍어Ⅰ, 베트남어Ⅰ 과목이 있으며, 외국어 의사소통 능력을 배양하고 건전한 세계 시민 의식과 정보 검색 및 활용 능력을 계발하고 타문화에 대한 관용적 자세를 기른다.	성취도(5단계) + 석차 등급
	진로 선택	제2외국어 Ⅱ	독일어Ⅱ, 프랑스어Ⅱ, 스페인어Ⅱ, 중국어Ⅱ, 일본어Ⅱ, 러시아어Ⅱ, 아랍어Ⅱ, 베트남어Ⅱ 과목이 있으며, 해당 언어권 지역을 깊이 이해하고 세계 시민으로 성장하는 데 필요한 기본 역량을 함향한다.	성취도(3단계)
한문	일반 선택	한문 Ⅰ	한문에 대한 기초적인 지식을 익혀 한문 독해와 언어생활에 활용하여 한문 자료를 비판적으로 이해하고 심미적으로 누릴 수 있는 능력을 기른다.	성취도(5단계) + 석차 등급
	진로 선택	한문 Ⅱ	중·고등학교 한문 교육용 기초 한자 1,800자의 학습 성과를 바탕으로 더욱 확장된 한자를 중심으로 한문에 대한 기초적인 지식을 익혀 한문 자료를 이해하고 누릴 수 있는 능력을 기른다.	성취도(3단계)
교양	일반 선택	철학	청소년으로서 자기 삶을 성찰하고 학생으로서 교과 지식을 통합적으로 이해할 수 있도록 삶과 교과의 문제를 철학적으로 파악하고 탐구한다.	P/F(이수 여부)
		논리학	합리적으로 생각하고 토론하고 의사결정을 할 수 있는 시민으로 성장하도록 자기 관리 능력, 의사소통 능력, 정보 처리 능력 등의 핵심역량을 기른다.	P/F(이수 여부)
		심리학	인간의 마음과 행동에 대한 심리학적 접근 방법을 토대로 자신에 대한 이해, 자아 정체감 및 타인과 나의 관계 그리고 삶의 적응 과정을 이해한다.	P/F(이수 여부)
		교육학	배움과 가르침의 원리와 방법을 익혀 미래의 평생 학습 사회에서 행복한 삶을 영위할 수 있는 역량을 기른다.	P/F(이수 여부)
		종교학	종교와 연관된 지식, 경험, 생활 등에 관해 스스로 성찰할 수 있는 안목과 태도를 기르고 자발적인 실천 능력을 배양한다.	P/F(이수 여부)
		진로와 직업	자신과 변화하는 직업 및 교육 세계에 대한 이해를 바탕으로 자신의 진로를 합리적으로 결정하고 계획적으로 준비할 수 있는 능력을 함양한다.	P/F(이수 여부)
		보건	건강의 가치를 이해하고, 일상생활에서 건강 생활을 실천하고 건강을 관리하는 능력을 증진한다.	P/F(이수 여부)
		환경	인류가 경험하고 있는 지속불가능성의 확산과 환경 위기에 대한 문제의식을 바탕으로, 지속 가능한 사회의 체계와 삶의 양식을 이해하고 실천하는 태도를 기른다.	P/F(이수 여부)
		실용 경제	일상의 경제생활에서 필요한 경제 지식을 습득하고 경제 문제를 합리적으로 해결할 수 있는 능력을 배양한다.	P/F(이수 여부)
		논술	합리적 설득과 학문적 탐구에 필요한 의사소통 능력, 비판적 사고력 및 문제 해결 능력을 함양하고, 논술문 작성에 필요한 자료 활용법을 습득하고 학습 윤리를 함양한다.	P/F(이수 여부)

고등학교 전문 교과Ⅰ 과목

전문 교과Ⅰ 과목은 **특수 목적 고등학교**에서 주로 편성/운영하고, **성취도(5단계)+석차 등급**으로 성적을 처리합니다. **일반고등학교**에서는 필요에 따라 **진로 선택 과목**으로 편성/운영이 가능하며, **학업 성취도(3단계)**로 성적을 처리합니다.

교과	과목			
과학 계열	심화 수학Ⅰ	심화 수학Ⅱ	고급 수학Ⅰ	고급 수학Ⅱ
	고급 물리학	고급 화학	고급 생명과학	고급 지구과학
	물리학 실험	화학 실험	생명과학 실험	지구과학 실험
	정보과학	융합과학 탐구	과학과제 연구	생태와 환경
체육 계열	스포츠 개론	체육과 진로 탐구	체육 지도법	육상 운동
	체조 운동	수상 운동	개인·대인 운동	단체 운동,
	체육 전공 실기 기초	체육 전공 실기 심화	체육 전공 실시 응용	스포츠 경기 체력
	스포츠 경기 실습	스포츠 경기 분석		
예술 계열	음악 이론	음악사	시창·청음	음악 전공 실기
	합창	합주	공연 실습	
	미술 이론	미술사	드로잉	평면 조형
	입체 조형	매체 미술	미술 전공 실기	
	무용의 이해	무용과 몸	무용 기초 실기	무용 전공 실기
	무용 음악 실습	안무	무용과 매체	무용 감상과 비평
	문예 창작 입문	문학 개론	문장론	문학과 매체
	고전문학 감상	현대문학 감상	시 창작	소설 창작
	극 창작			
	연극의 이해	연기	무대 기술	연극 제작 실습
	연극 감상과 비평	영화의 이해	영화 기술	시나리오
	영화 제작 실습	영화 감상과 비평		
	사진의 이해	기초 촬영	암실 실기	중급 촬영
	사진 표현 기법	영상 제작의 이해	사진 영상 편집	사진 감상과 비평
외국어 계열	심화 영어 회화Ⅰ	심화 영어 회화Ⅱ	심화 영어Ⅰ	심화 영어Ⅱ
	심화 영어 독해Ⅰ	심화 영어 독해Ⅱ	심화 영어 작문Ⅰ	심화 영어 작문Ⅱ
	전공 기초 독일어	독일어 회화Ⅰ	독일어 회화Ⅱ	독일어 독해와 작문Ⅰ
	독일어 회화와 작문Ⅱ	독일어권 문화		
	전공 기초 프랑스어	프랑스어 회화Ⅰ	프랑스어 회화Ⅱ	프랑스어 독해와 작문Ⅰ
	프랑스어 독해와 작문Ⅱ	프랑스어권 문화		
	전공 기초 스페인어	스페인어 회화Ⅰ	스페인어 회화Ⅱ	스페인어 독해와 작문Ⅰ
	스페인어 독해와 작문Ⅱ	스페인어권 문화		
	전공 기초 중국어	중국어 회화Ⅰ	중국어 회화Ⅱ	중국어 독해와 작문Ⅰ
	중국어 독해와 작문Ⅱ	중국 문화		
	전공 기초 일본어	일본어 회화Ⅰ	일본어 회화Ⅱ	일본어 독해와 작문Ⅰ
	일본어 독해와 작문Ⅱ	일본 문화		
	전공 기초 러시아어	러시아어 회화Ⅰ	러시아어 회화Ⅱ	러시아어 독해와 작문Ⅰ
	러시아어 독해와 작문Ⅱ	러시아 문화		
	전공 기초 아랍어	아랍어 회화Ⅰ	아랍어 회화Ⅱ	아랍어 독해와 작문Ⅰ
	아랍어 독해와 작문Ⅱ	아랍 문화		
	전공 기초 베트남어	베트남어 회화Ⅰ	전공 베트남어 회화Ⅱ	베트남어 독해와 작문Ⅰ
	베트남어 독해와 작문Ⅱ	베트남 문화		
국제 계열	국제 정치	국제 경제	국제법	지역 이해
	한국 사회의 이해	비교 문화	세계 문제와 미래 사회	
	국제 관계와 국제기구	현대 세계의 변화	사회 탐구 방법	사회과제 연구

자료 출처: 국가교육과정정보센터

고등학교 전문 교과Ⅱ 과목

전문 교과Ⅱ 과목은 **특성화 고등학교**에서 주로 편성/운영하고, **성취도(5단계) + 석차 등급**으로 성적을 처리합니다. **일반고등학교**에서는 필요에 따라 **진로 선택 과목**으로 편성/운영이 가능하며, **학업 성취도(3단계로)**로 성적을 처리합니다. **보라색**으로 표시된 과목은 대학수학능력시험 탐구 영역의 **직업계 고등학교 선택 과목**입니다.

전문 공통 과목: 성공적인 직업 생활

경영·금융 교과(군)	기준 학과	경영·사무과, 재무·회계과, 유통과, 금융과, 판매과
기초	**상업 경제**, 기업과 경영, 사무 관리, 회계 원리, 회계 정보 처리 시스템, 기업 자원 통합 관리, 세무 일반, 유통 일반, 국제 상무, 비즈니스 영어, 금융 일반, 보험 일반, 마케팅과 광고, 창업 일반, 커뮤니케이션, 전자 상거래 일반	
실무	총무, 노무 관리, 비서, 인사, 사무 행정, 예산·자금, 회계 실무, 세무 실무, 구매 조달, 자재 관리, 공정 관리, 품질 관리, 공급망 관리, 물류 관리, 수출입 관리, 카드 영업, 증권 거래 업무, 무역 금융 업무, 손해 사정, 고객 관리, 전자 상거래 실무, 매장 판매 등	

보건·복지 교과(군)	기준 학과	보육과, 사회복지과, 보건간호과
기초	**인간 발달**, 보육 원리와 보육 교사, 보육 과정, 아동 생활 지도, 아동 복지, 보육 실습, 생활 서비스 산업의 이해, 복지 서비스의 기초, 사회 복지 시설의 이해, 공중 보건, 인체 구조와 기능, 간호의 기초, 보건 간호, 기초 간호 임상 실무	
실무	영·유아 놀이 지도, 영·유아 교수 방법, 영·유아 건강·안전·영양 지도, 대인 복지 서비스, 사회 복지 시설 실무	

디자인·문화 콘텐츠 교과(군)	기준 학과	디자인과, 문화콘텐츠과
기초	디자인 제도, 디자인 일반, 조형, 색채 관리, 컴퓨터 그래픽, 미디어 콘텐츠 일반, 문화 콘텐츠 산업 일반, 영상 제작 기초	
실무	시각 디자인, 제품 디자인, 실내 디자인, 색채 디자인, 디지털 디자인, 방송 콘텐츠 제작, 음악 콘텐츠 제작, 광고 콘텐츠 제작, 게임 디자인, 게임 프로그래밍, 애니메이션 콘텐츠 제작, 캐릭터 제작, 스마트 문화 앱 콘텐츠 제작 등	

미용·관광·레저 교과(군)	기준 학과	미용과, 관광·레저과
기초	미용의 기초, 미용 안전·보건, 관광 일반, 관광 사업, 관광 서비스, 관광 영어, 관광 일본어, 관광 중국어	
실무	헤어 미용, 피부 미용, 메이크업, 네일 미용, 여행 서비스 실무, 호텔 객실 서비스 실무, 호텔 식음료 서비스 실무, 카지노·유원 시설 서비스 실무	

음식 조리 교과(군)	기준 학과	조리·식음료과
기초	식품과 영양, 급식 관리	
실무	한국 조리, 서양 조리, 중식 조리, 일식 조리, 소믈리에, 바리스타, 바텐더	

건설 교과(군)	기준 학과	토목과, 건축시공과, 조경과
기초	**공업 일반**, 기초 제도, 토목 일반, 토목 도면 해석과 제도, 토목 기초 실습, 건축 일반, 건축 도면 해석과 제도, 건축 기초 실습, 조경	
실무	토공·포장 시공, 측량, 지적, 공간 정보 구축, 건축 목공 시공, 건축 도장 시공, 창호 시공, 단열·수장 시공, 철근 콘크리트 시공, 건축 마감 시공, 조경 시공, 조경 관리, 조경 설계	

기계 교과(군)	기준 학과	기계과, 냉동공조과, 자동차과, 조선과, 항공과
기초	기계 제도, 기계 기초 공작, 전자 기계 이론, 기계 일반, 자동차 일반, 냉동 공조 일반, 유체 기계, 자동차 기관, 자동차 섀시, 자동차 전기·전자 제어, 선체 도면 독도와 제도, 선박 이론, 선박 구조, 선박 건조, 항공기 일반, 항공기 실무 기초	
실무	기계요소 설계, 컴퓨터 활용 생산, 사출 금형 설계, 프레스 금형 조립, 기계 수동 조립, 건설 광산 기계 설치·정비, 섬유 기계 설치·정비, 농업용 기계 설치·정비, 승강기 설치·정비, 오토바이 정비, 냉동 공조 장치 설치, 보일러 설치·정비, 자동차 전기·전자 장치 정비, 자동차 차체 정비, 자동차 도장, 선체 가공, 선체 조립, 선체 품질 관리, 항공기 기체 정비, 항공기 프로펠러 정비, 헬리콥터 정비, 항공기 정비 관리 등	

자료 출처: 국가교육과정정보센터

재료 교과(군)	**기준 학과** 금속재료과, 세라믹과, 산업설비과
기초	재료 시험, 세라믹 재료, 세라믹 원리·공정, 재료 일반, 산업 설비
실무	주조, 제선, 제강, 금속 열처리, 금속 재료 가공, 비철 금속 제련, 도금, 전기·전자 재료, 광학 재료, 내열 구조 재료, 생체 세라믹 재료, 유리·법랑, 내화물, 연삭재, 도자기, 시멘트, 탄소 제품, 판금 제관, 배관 시공, 로봇 용접 등

화학 공업 교과(군)	**기준 학과** 화학공업과
기초	공업 화학, 제조 화학, 단위 조작
실무	화학 분석, 화학 물질 관리, 화학 공정 유지 운영, 석유 화학 제품, 고분자 제품 제조, 무기 공업 화학, 기능성 정밀 화학제품 제조, 바이오 화학제품 제조, 플라스틱 제품 제조

섬유·의류 교과(군)	**기준 학과** 섬유과, 의류과
기초	섬유 재료, 섬유 공정, 염색·가공 기초, 의류 재료 관리, 패션 디자인의 기초, 의복 구성의 기초, 패션 마케팅
실무	텍스타일 디자인, 구매 생산 관리, 패션 디자인의 실제, 패턴 메이킹, 비주얼 머천다이징, 서양 의복 구성과 생산, 니트 의류 생산, 가죽·모피 디자인과 생산, 패션 소품 디자인과 생산, 한국 의복 구성과 생산, 패션 상품 유통 관리 등

전기·전자 교과(군)	**기준 학과** 전기과, 전자과
기초	전기 회로, 전기 기기, 전기 설비, 자동화 설비, 전기·전자 기초, 전자 회로, 전기·전자 측정, 디지털 논리 회로
실무	전기 설비 운영, 자동 제어 기기 제작, 전기 철도 시설물 유지 보수, 전자 제품 생산, 전자 부품 기구 개발, 전자 부품 소프트웨어 개발, 전자 제품 설치·정비, 가전 기기 시스템 소프트웨어 개발, 반도체 제조, 디스플레이 생산, 로봇 기구 개발, 로봇 소프트웨어 개발, 로봇 유지 보수, 의료 기기 연구·개발, 광부품 개발, 3D 프린터용 제품 제작 등

정보·통신 교과(군)	**기준 학과** 방송·통신과, 정보컴퓨터과
기초	통신 일반, 통신 시스템, 정보 통신, 방송 일반, 정보 처리와 관리, 컴퓨터 구조, 프로그래밍, 자료 구조, 컴퓨터 시스템 일반, 컴퓨터 네트워크
실무	네트워크 구축, 유선 통신 구축, 무선 통신 구축, 초고속망 서비스 관리 운용, 방송 제작 시스템 운용, 네트워크 프로그래밍, 시스템 관리 및 지원, 컴퓨터 보안, 시스템 프로그래밍, 응용 프로그래밍 개발, 응용 프로그래밍 화면 구현, 데이터베이스 프로그래밍, 빅데이터 분석, 사물 인터넷 서비스 기획, 정보 보호 관리

식품 가공 교과(군)	**기준 학과** 식품가공과
기초	식품 과학, 식품 위생, 식품 가공 기술, 식품 분석
실무	곡물 가공, 떡 제조, 식품 품질 관리, 수산 식품 가공, 면류 식품 가공, 두류 식품 가공, 축산 식품 가공, 건강 기능 식품 가공, 유제품 가공, 김치·반찬 가공, 음료·주류 가공, 농산 식품 저장, 농산 식품 유통, 제과, 제빵

인쇄·출판·공예 교과(군)	**기준 학과** 인쇄·출판과, 공예과
기초	인쇄 일반, 디지털 이미지 재현, 출판 일반, 공예 일반, 공예 재료와 도구
실무	프리프레스, 평판 인쇄, 특수 인쇄, 후가공, 출판 편집, 금속 공예, 도자기 공예, 목공예, 석공예, 섬유 공예, 보석 감정, 귀금속·보석 디자인

환경·안전 교과(군)	**기준 학과** 환경보건과, 산업안전과
기초	환경 화학 기초, 인간과 환경, 산업 안전 보건 기초
실무	수질 관리, 대기 관리, 폐기물 관리, 소음 진동 측정, 산업 환경 보건, 환경 생태 관리, 기계 안전 관리, 전기 안전 관리, 건설 안전 관리, 화공 안전 관리, 가스 안전 관리

농림·수산 해양 교과(군)	**기준 학과** 농업과, 원예과, 산림자원과, 동물자원과, 농업기계과, 농업토목과, 해양생산과, 수산양식과, 해양레저과
기초	**농업 기초 기술**, 농업 경영, 재배, 농촌과 농지 개발, 농산물 유통 관리, 농산물 거래, 관광 농업, 친환경 농업, 생명 공학 기술, 농산 식품 가공, 원예, 조경 식물 관리, 화훼 장식 기초, 산림 휴양, 산림 자원, 반려동물 관리, 실험 동물과 기타 가축, 농업 기계 운전·작업, 농업과 물, 농업 토목 제도·설계, 농업 토목 시공·측량, 해양의 이해, **수산·해운 산업 기초**, 해양 오염·방제, 수산 생물, 수산 경영, 수산물 유통, 양식 생물 질병, 해양 환경과 자원, 해양 레저 관광, 요트 조종, 잠수 기술 등
실무	수도작 재배, 종자 생산, 농촌 체험 상품 개발, 농산물 품질 관리, 채소 재배, 과수 재배, 화훼 재배, 화훼 장식, 임업 종묘, 산림 조성, 임산물 생산, 펄프·종이 제조, 목재 가공, 가금 사육, 젖소 사육, 사료 생산, 동물 약품 제조, 애완동물 미용, 바이오 의약품 제조, 연안 어업, 근해 어업, 원양 어업, 수산 생물 질병 관리, 어촌 체험 시설 운영, 수상 레저 기구 조종, 산업 잠수 등

선박 운항 교과(군)	**기준 학과** 항해과, 기관과
기초	항해 기초, 해사 일반, 해사 법규, 선박 운용, 선화 운송, 항만 물류 일반, 해사 영어, 항해사 직무, 해운 일반, 열기관, 선박 보조 기계, 선박 전기·전자, 기관 실무 기초, 기관 직무 일반
실무	선박 운항 관리, 선박 안전 관리, 선박 통신, 선박 갑판 관리, 선박 기기 운용, 기관사 직무, 선박 기관 정비, 선박 보조기계 정비

나만의 커리어 디자인
고교학점제 워크북
고등용

초판발행 2021년 3월 1일
2판3쇄발행 2023년 5월 10일

지 은 이 문미경, 김수정
펴 낸 이 이미래
펴 낸 곳 (주)씨마스
주 소 서울특별시 강서구 강서로33가길 78 씨마스빌딩
등록번호 제301호-2011-214호
내용문의 02)2274-1590~2 | 팩스 02)2278-6702

편 집 이은경, 박영지
디 자 인 이기복

홈페이지 www.cmass21.co.kr | **이메일** cmass@cmass21.co.kr
이 책에 대한 의견이나 잘못된 내용에 대한 수정 정보는 (주)씨마스 홈페이지나 이메일로 알려 주시기 바랍니다.
잘못된 책은 구매처 또는 본사에서 교환해 드립니다.

인공지능 • 인공지능 모델을 사용하기 위한 명령어 블록

※ 블록은 데이터 분석과 관련된 블록으로, 현재 14개 데이터 테이블이 추가되어 있습니다.

1 자기소개하기 프로그램 만들기

이 활동을 하고 나면

- 자기소개하기를 위한 프로그램을 만들 수 있다.
- 신호(신호 보내기, 신호 받기)를 이해하고, 이를 이용하여 알고리즘을 설계하고 표현할 수 있다.

문제를 찾아서

다음을 보고, 해결해야 할 문제가 무엇인지 알아봅시다.

새 학기가 되었다.
선생님께서 돌아가면서 자기소개를 해 보라고 하셨다.

우리 처음 만났으니 자기소개를 해 볼까요?

그런데 정진이는 부끄러움이 너무 많아 사람 앞에서 이야기를 하려고 하면 긴장되어 목소리가 떨리고 하고 싶은 말이 하나도 생각나지 않는다.

영어 수업 시간…… 자기소개
동아리 모임…… 자기소개
스포츠 클럽…… 자기소개

이렇게 계속 자기소개를 해야 하는데, 뭐 좋은 방법이 없을까?

자기소개를 하는 프로그램을 미리 만들어 놓으면, 이야기를 좀 더 정리해서 말할 수 있고 긴장이 되지 않아 내 소개를 더 잘할 수 있을 텐데 말이다.

1. 위에서 발생한 문제와 문제 해결을 위해 제시한 방법은 무엇인지 적어 봅시다.

2. 위에서 제시한 문제 해결 방법을 실천하기 위해 우리가 할 수 있는 일을 이야기해 봅시다.

알고리즘으로 표현하기

알고리즘 살펴보기

◎ 자기소개하기 프로그램이 올바르게 작동하도록 보기에서 알맞은 말을 찾아서 써 봅시다.

- 자기소개하기 프로그램을 실행한다.
- 인사를 하고 들어간다.
- 앞으로 나온다.

직접 자기소개를 하는 경우	자기소개하기 프로그램을 이용하는 경우
1. 앞으로 나온다.	1.
↓	↓
2. 이름을 말한다.	2.
↓	↓
3. 좋아하는 것과 취미, 꿈 등을 말한다.	3.
↓	
4. 그 밖에 자유롭게 본인과 관련된 재미있는 에피소드를 이야기한다.	
↓	
5. 인사를 하고 들어간다.	

◎ 자기소개하기 프로그램을 만들어 사용하면, 어떤 점이 편리할지 이야기해 봅시다.

알고리즘 만들기

◎ 다음 그림은 자기소개하기 프로그램입니다. 자기소개하기 프로그램이 작동하는 알고리즘을 만들어 봅시다.

◎ 빈칸에 알맞은 말을 넣어 알고리즘을 완성해 봅시다. 자기소개하기 알고리즘

알고리즘

- 을 클릭하였을 때 아래 명령어 실행하기
- 배경을 배경 1 (으)로 바꾸기
- 1초 기다리기
- 소개 시작 신호 보내기
- 소개 시작 을(를) 받았을 때 아래 명령어 실행하기
- 배경을 날씨 (으)로 바꾸기

주인공 알고리즘

- 을 클릭하였을 때 아래 명령어 실행하기
- 숨기기
- 소개 시작 을(를) 받았을 때 아래 명령어 실행하기
- 보이기
- 안녕하세요? 을(를) 1초 동안 말하기
- 저의 이름은 오드리 헵번입니다. 을(를) 1초 동안 말하기
- 저는 추운 겨울에 해가 쨍쨍한 날씨를 좋아합니다. 을(를) 2초 동안 말하기
- 아이스크림 신호 보내기

프로그래밍하기 스크래치

화면 구성

예제 주소_ https://scratch.mit.edu/projects/105993836/ ※ 프로그램은 크롬 브라우저에서 실행됩니다.

'주인공' 스프라이트와 배경을 화면에 배치한 후, 자기소개하기 프로그램을 만들어 봅시다.

사전 작업 스프라이트와 배경 만들기

❶ 스크래치에서는 무대에 보이는 캐릭터들을 '스프라이트'라고 부른다.
스프라이트 업로드하기 버튼을 눌러 자기 사진을 불러온다.

❷ 무대에 사용할 배경을 그리기를 이용해 그리거나, 배경 업로드하기로 추가한다.

〈배경1〉 〈날씨〉 〈아이스크림〉

〈취미〉 〈꿈〉

프로그래밍

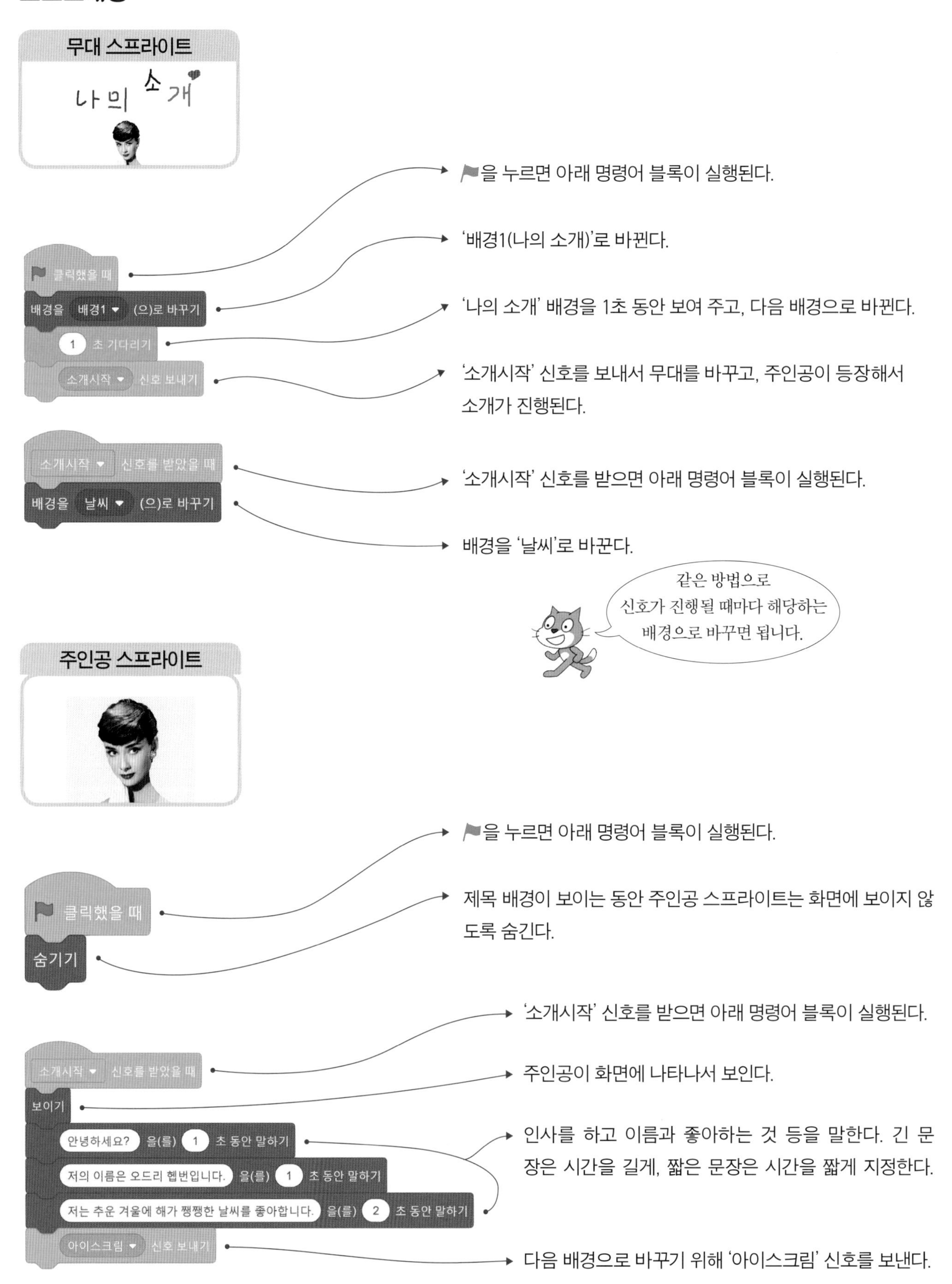
무대 스프라이트
나의 소개
클릭했을 때
배경을 배경1 (으)로 바꾸기
1 초 기다리기
소개시작 신호 보내기
을 누르면 아래 명령어 블록이 실행된다.
'배경1(나의 소개)'로 바뀐다.
'나의 소개' 배경을 1초 동안 보여 주고, 다음 배경으로 바뀐다.
'소개시작' 신호를 보내서 무대를 바꾸고, 주인공이 등장해서 소개가 진행된다.
소개시작 신호를 받았을 때
배경을 날씨 (으)로 바꾸기
'소개시작' 신호를 받으면 아래 명령어 블록이 실행된다.
배경을 '날씨'로 바꾼다.
같은 방법으로 신호가 진행될 때마다 해당하는 배경으로 바꾸면 됩니다.
주인공 스프라이트
클릭했을 때
숨기기
을 누르면 아래 명령어 블록이 실행된다.
제목 배경이 보이는 동안 주인공 스프라이트는 화면에 보이지 않도록 숨긴다.
소개시작 신호를 받았을 때
보이기
안녕하세요? 을(를) 1 초 동안 말하기
저의 이름은 오드리 헵번입니다. 을(를) 1 초 동안 말하기
저는 추운 겨울에 해가 쨍쨍한 날씨를 좋아합니다. 을(를) 2 초 동안 말하기
아이스크림 신호 보내기
'소개시작' 신호를 받으면 아래 명령어 블록이 실행된다.
주인공이 화면에 나타나서 보인다.
인사를 하고 이름과 좋아하는 것 등을 말한다. 긴 문장은 시간을 길게, 짧은 문장은 시간을 짧게 지정한다.
다음 배경으로 바꾸기 위해 '아이스크림' 신호를 보낸다.

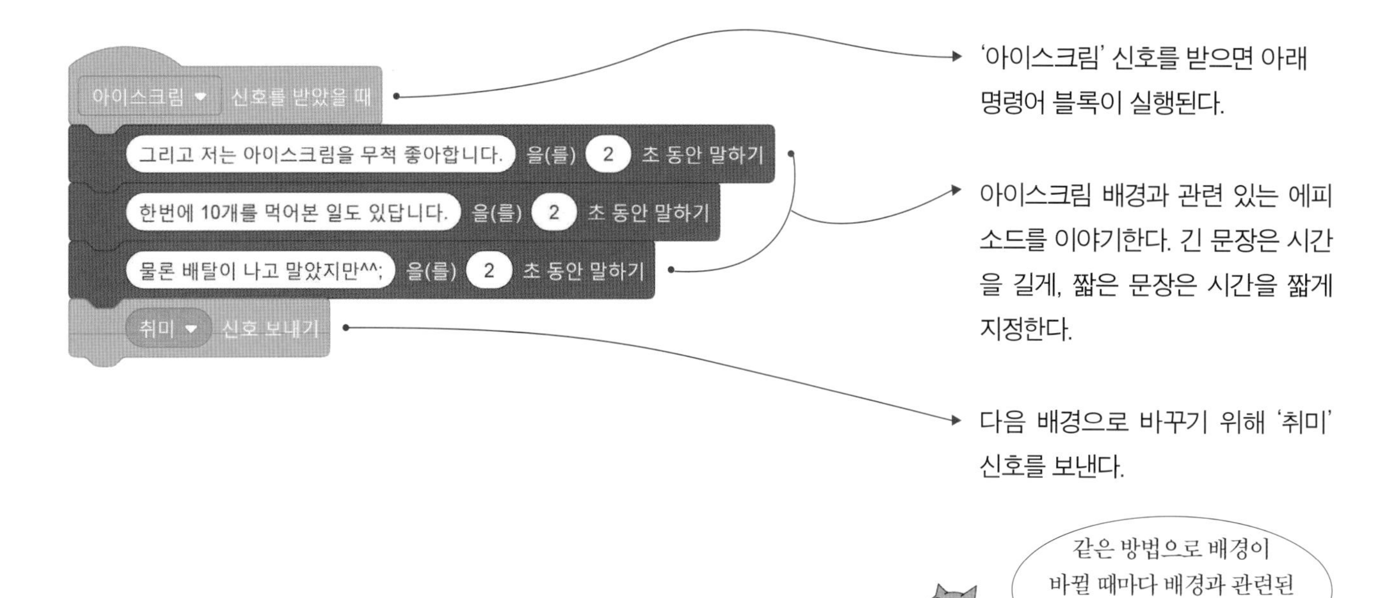

같은 방법으로 배경이 바뀔 때마다 배경과 관련된 이야기를 합니다.

확인해 보기

내가 만든 프로그램이 정상적으로 실행되는지 확인해 봅시다.

확인 내용	○, ×
1. 프로그램이 실행될 때 배경이 보이는 동안 주인공이 화면에서 보이지 않는가?	
2. '배경1'이 1초 후에 '날씨' 배경으로 바뀌고, 주인공이 화면에 보이는가?	
3. 각 배경과 관련된 자기소개를 하는가?	
4. 소개 글은 보는 사람들이 읽기에 적절한 시간 동안 보이는가?	

더하기

첫 화면에 아래 버튼을 만들어 클릭하면 해당하는 배경과 소리가 나오도록 프로그램을 수정해 봅시다.

예제 주소_ https://scratch.mit.edu/projects/107346134/

프로그래밍하기 엔트리

화면 구성

예제 주소_ http://naver.me/FUw8lo85

'주인공' 오브젝트와 배경을 화면에 배치한 후, 자기소개 프로그램을 만들어 봅시다.

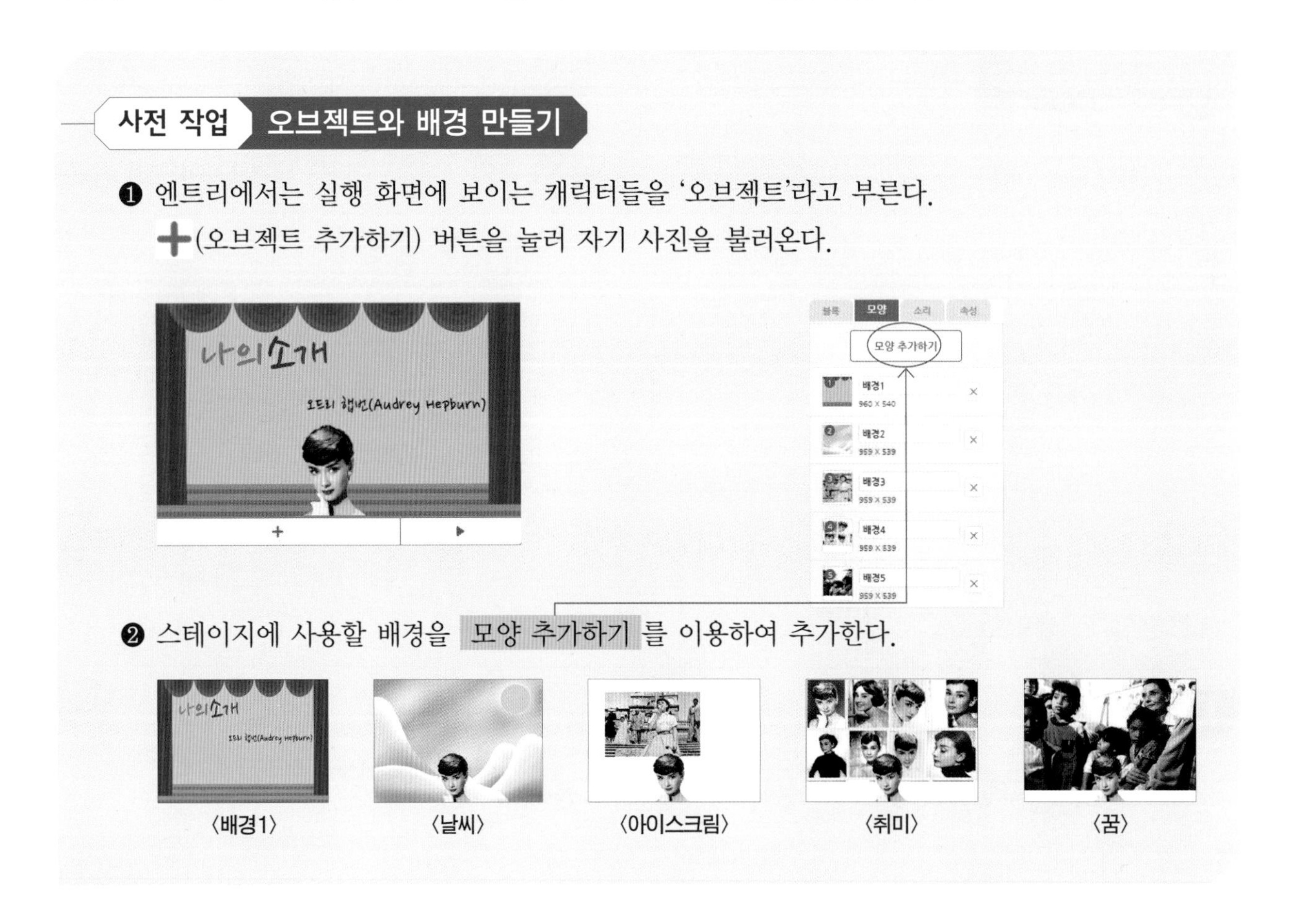

프로그래밍

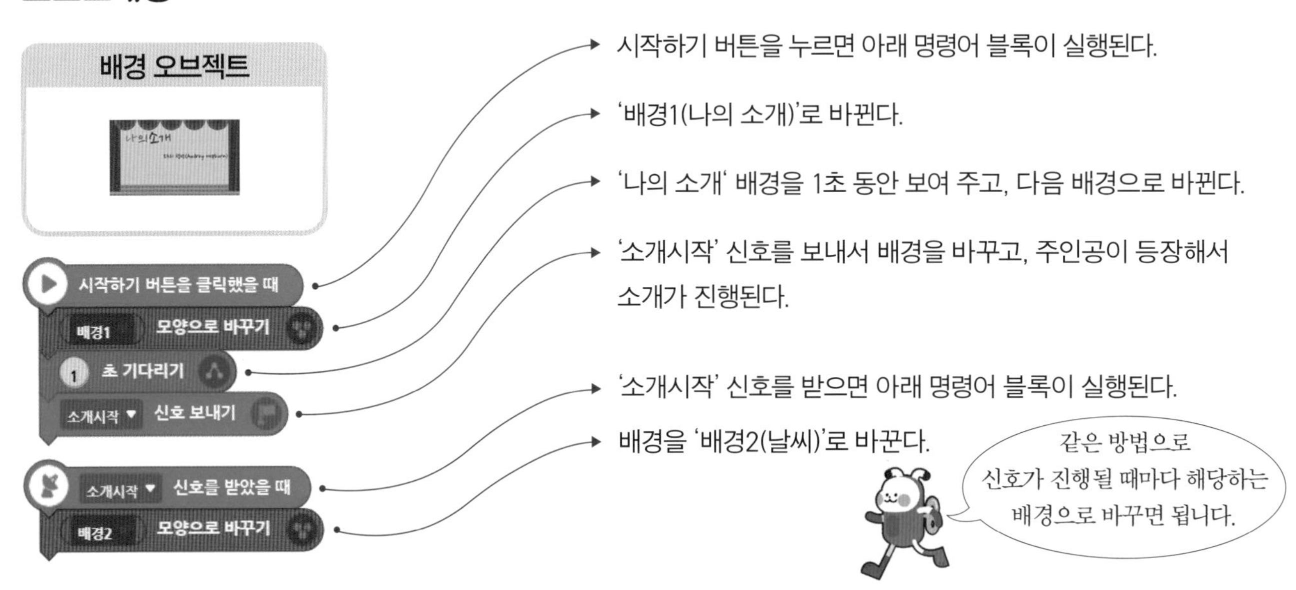

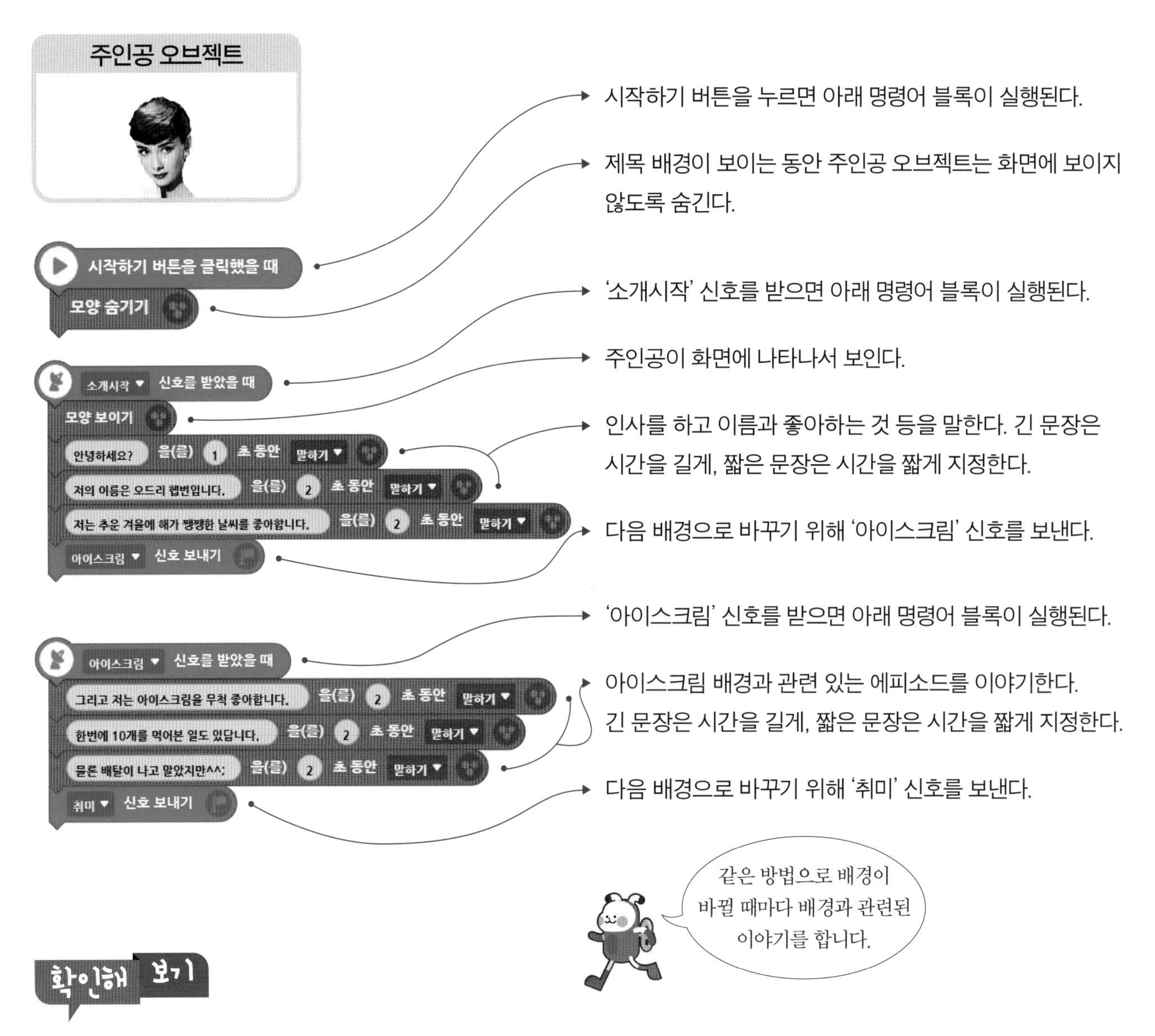

같은 방법으로 배경이 바뀔 때마다 배경과 관련된 이야기를 합니다.

확인해 보기

내가 만든 프로그램이 정상적으로 실행되는지 확인해 봅시다.

확인 내용	○, ×
1. 프로그램이 실행될 때 배경이 보이는 동안 주인공이 화면에서 보이지 않는가?	
2. '배경1'이 1초 후에 '날씨' 배경으로 바뀌고, 주인공이 화면에 보이는가?	
3. 각 배경과 관련된 자기소개를 하는가?	
4. 소개 글은 보는 사람들이 읽기에 적절한 시간 동안 보이는가?	

더하기

첫 화면에 아래 버튼을 만들어 클릭하면 해당하는 배경과 소리가 나오도록 프로그램을 수정해 봅시다.

취미 에피소드

예제 주소_ http://naver.me/5Zullq9m

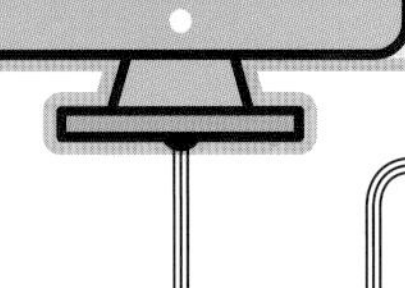

구조 신호 보내기 프로그램 만들기

이 활동을 하고 나면

- 구조 신호 보내기 프로그램을 만들 수 있다.
- 소리 메뉴로 장음과 단음을 구분하여 모양과 소리를 표현할 수 있다.

문제를 찾아서

◎ 다음을 보고, 해결해야 할 문제가 무엇인지 알아봅시다.

1. 위에서 발생한 문제와 문제 해결을 위해 제시한 방법은 무엇인지 적어 봅시다.

2. 위에서 제시한 문제 해결 방법을 실천하기 위해 우리가 할 수 있는 일을 이야기해 봅시다.

알고리즘으로 표현하기

알고리즘 살펴보기

◎ 구조 신호 보내기 프로그램이 올바르게 작동하도록 보기에서 알맞은 말을 찾아서 써 봅시다.

- 화면에 신호 기호를 보여 주고, 신호음을 보낸다.
- 선생님이나 친구들이 신호 기호를 보거나 듣는다.
- 시작 버튼을 누른다.

사람이 직접 구조 신호를 보낼 경우

1. 주변에 돌덩이가 있는지 살핀다.

↓

2. 손으로 돌덩이를 한 개 줍는다.

↓

3. 주변에 바위가 있는지 둘러본다.

↓

4. 바위에 돌덩이를 부딪쳐 소리를 낸다.

↓

5. 선생님이나 친구들이 소리를 듣는다.

프로그램으로 구조 신호를 보낼 경우

1. ____________________

↓

2. ____________________

↓

3. ____________________

◎ 구조 신호 보내기 프로그램을 만들어 사용하면, 어떤 점이 좋을지 이야기해 봅시다.

알고리즘 만들기

◎ 다음 그림은 구조 신호 보내기 프로그램입니다. 구조 신호 보내기 프로그램이 작동하는 알고리즘을 만들어 봅시다.

➡

◎ 빈칸에 알맞은 말을 넣어 알고리즘을 완성해 봅시다. 구조 신호 보내기 알고리즘

을 클릭하였을 때 아래 명령어 실행하기

모양 바꾸기(초기화하기)

안내 멘트(산속에서 길을 잃었어! 구조 신호를 보내자!) 하기

단음 신호 보내기 ____________

장음 신호 보내기 ____________

단음 신호를 받았을 때 아래 명령어 실행하기	장음 신호를 받았을 때 아래 명령어 실행하기
모양 바꾸기	모양 바꾸기
______ 재생하기	______ 재생하기

[번개] 알고리즘

을 클릭하였을 때 아래 명령어 실행하기

모양 숨기기

단음 신호를 받았을 때 아래 명령어 실행하기	장음 신호를 받았을 때 아래 명령어 실행하기
모양 ______	모양 ______
번쩍거리게 색깔 바꾸기	번쩍거리게 색깔 바꾸기
모양 숨기기	모양 숨기기

프로그래밍하기 스크래치

화면 구성

예제 주소_ https://scratch.mit.edu/projects/408828469

배경과 'Dan', 'Lightning' 스프라이트를 화면에 배치한 후, 구조 신호 보내기 프로그램을 만들어 봅시다.

사전 작업 스프라이트와 배경 만들기

❶ 무대에 필요한 배경 스트라이프를 선택하여 추가한다. 또는 배경 파일 그리기를 이용해 그리거나 배경 파일 업로드하기로 추가한다.

– [배경 고르기]에서 '판타지'를 클릭해서 'Woods'를 추가한다.

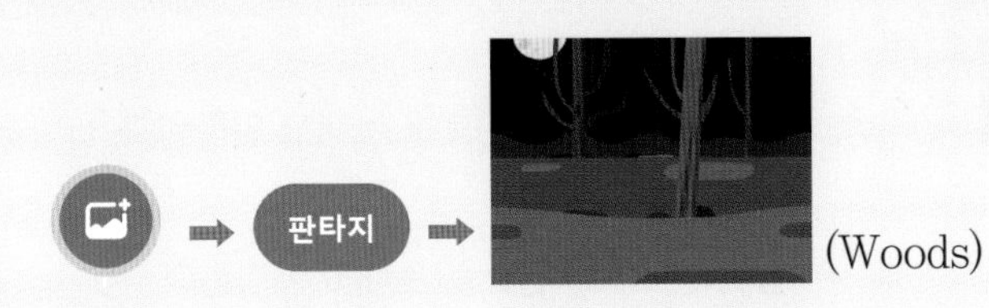

(Woods)

– [스프라이트 고르기]에서 '사람들'을 클릭해서 'Dan'을 추가한다.

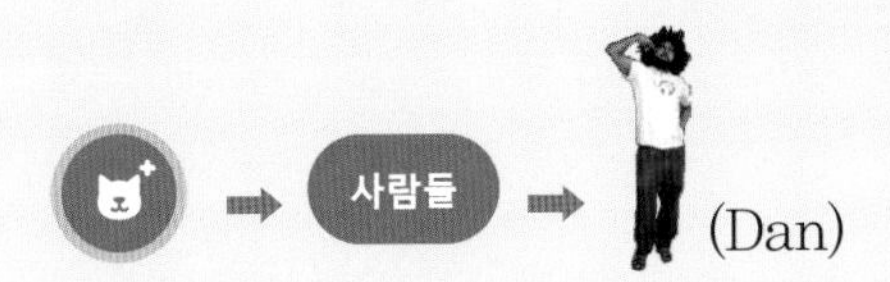

(Dan)

– 신호 전달을 나타내기 위해 [스프라이트 고르기]에서 '판타지'를 클릭한 뒤 'Lightning'을 추가한다.

판타지

'Lightning' 스프라이트를 선택한 뒤 '모양'을 선택하고, (선택)을 클릭하고 'Lightning' 스프라이트를 회전시켜 방향을 변경한다. 'Lightning2' 스프라이트도 같은 방법으로 추가한다.

판타지 → 모양 → (선택)

❷ '소리' 메뉴를 선택하고, 소리 고르기에서 '타악기'를 클릭한 뒤, 'small Cowbell'과 'Hi Tun Tabla'의 소리 이름을 '단음'과 '장음'으로 변경한다.

소리 → 타악기

프로그래밍

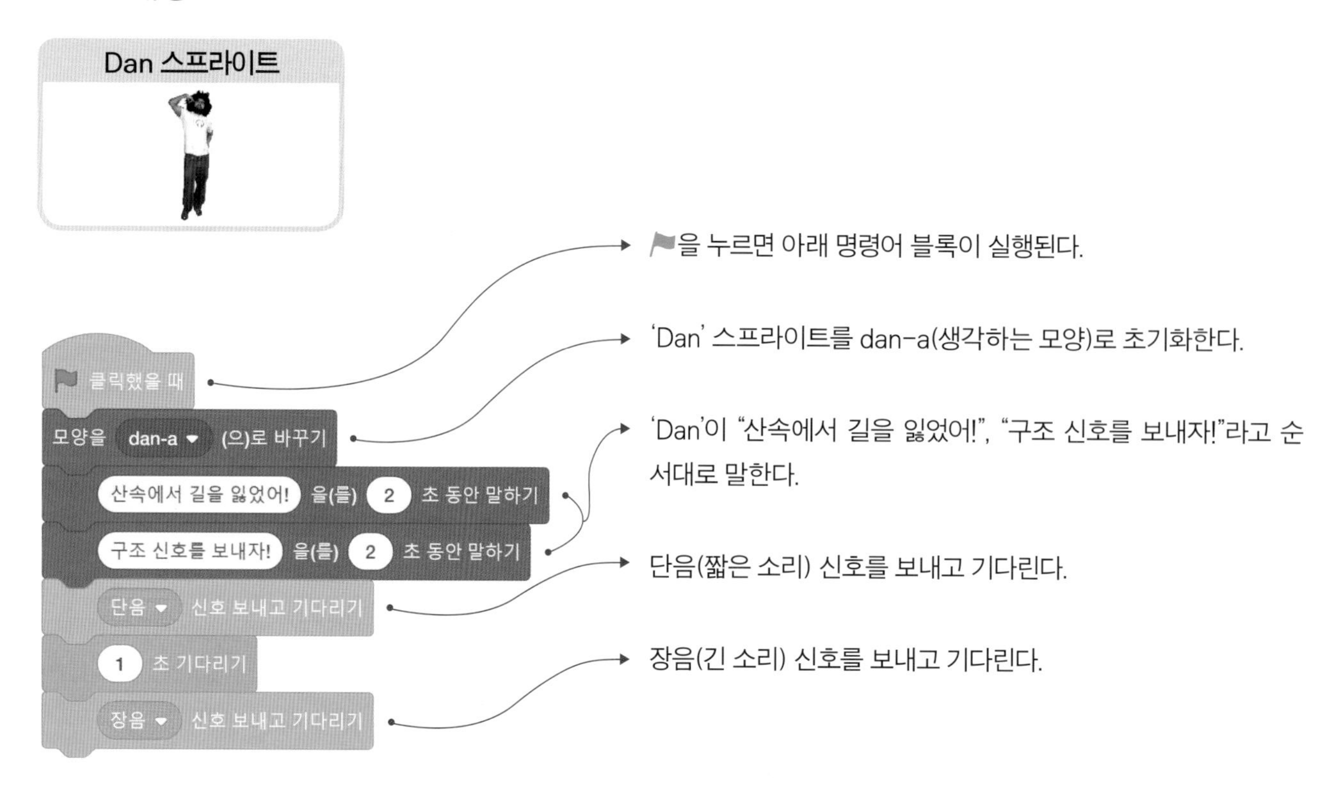
Dan 스프라이트
클릭했을 때
모양을 dan-a (으)로 바꾸기
산속에서 길을 잃었어! 을(를) 2 초 동안 말하기
구조 신호를 보내자! 을(를) 2 초 동안 말하기
단음 신호 보내고 기다리기
1 초 기다리기
장음 신호 보내고 기다리기
을 누르면 아래 명령어 블록이 실행된다.
'Dan' 스프라이트를 dan-a(생각하는 모양)로 초기화한다.
'Dan'이 "산속에서 길을 잃었어!", "구조 신호를 보내자!"라고 순서대로 말한다.
단음(짧은 소리) 신호를 보내고 기다린다.
장음(긴 소리) 신호를 보내고 기다린다.

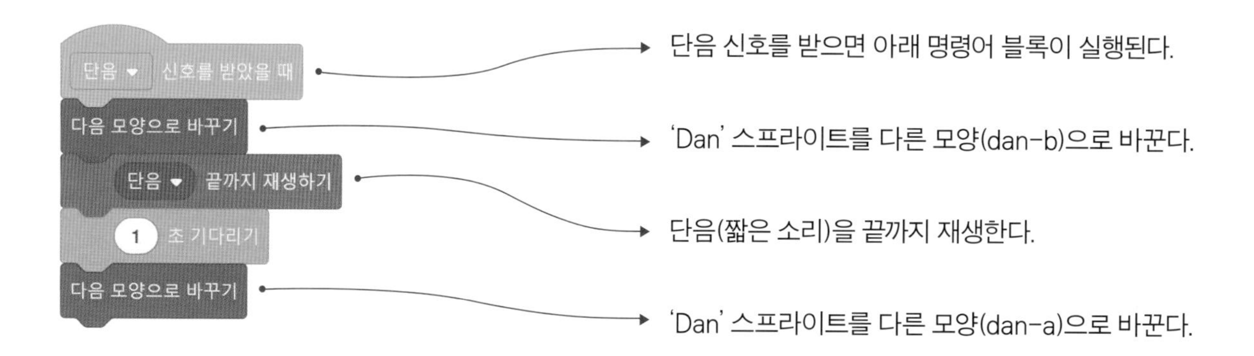
단음 신호를 받았을 때
다음 모양으로 바꾸기
단음 끝까지 재생하기
1 초 기다리기
다음 모양으로 바꾸기
단음 신호를 받으면 아래 명령어 블록이 실행된다.
'Dan' 스프라이트를 다른 모양(dan-b)으로 바꾼다.
단음(짧은 소리)을 끝까지 재생한다.
'Dan' 스프라이트를 다른 모양(dan-a)으로 바꾼다.

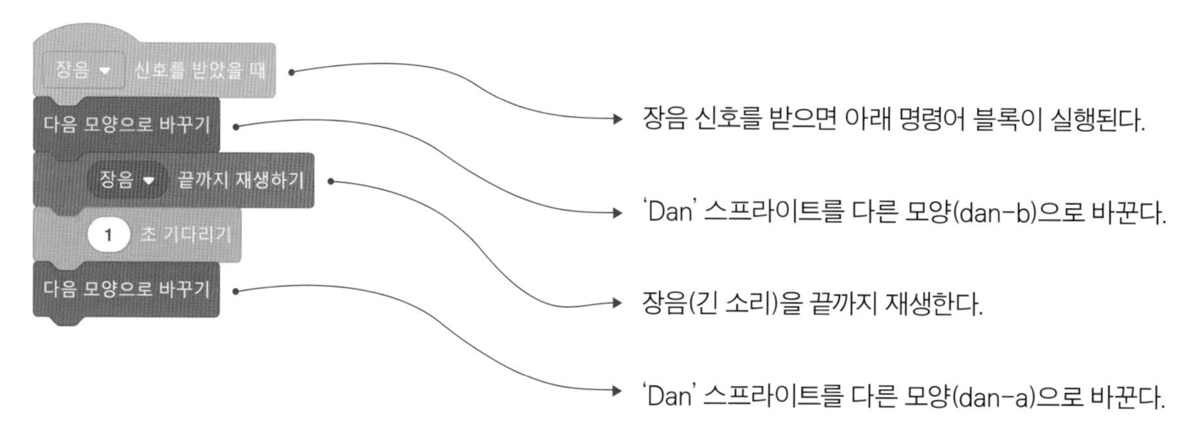
장음 신호를 받았을 때
다음 모양으로 바꾸기
장음 끝까지 재생하기
1 초 기다리기
다음 모양으로 바꾸기
장음 신호를 받으면 아래 명령어 블록이 실행된다.
'Dan' 스프라이트를 다른 모양(dan-b)으로 바꾼다.
장음(긴 소리)을 끝까지 재생한다.
'Dan' 스프라이트를 다른 모양(dan-a)으로 바꾼다.

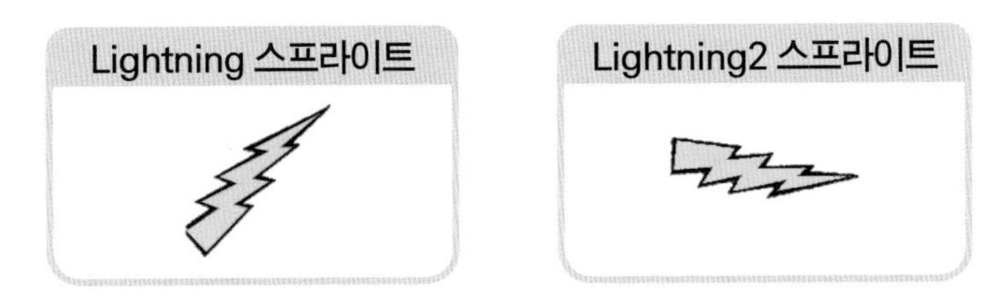

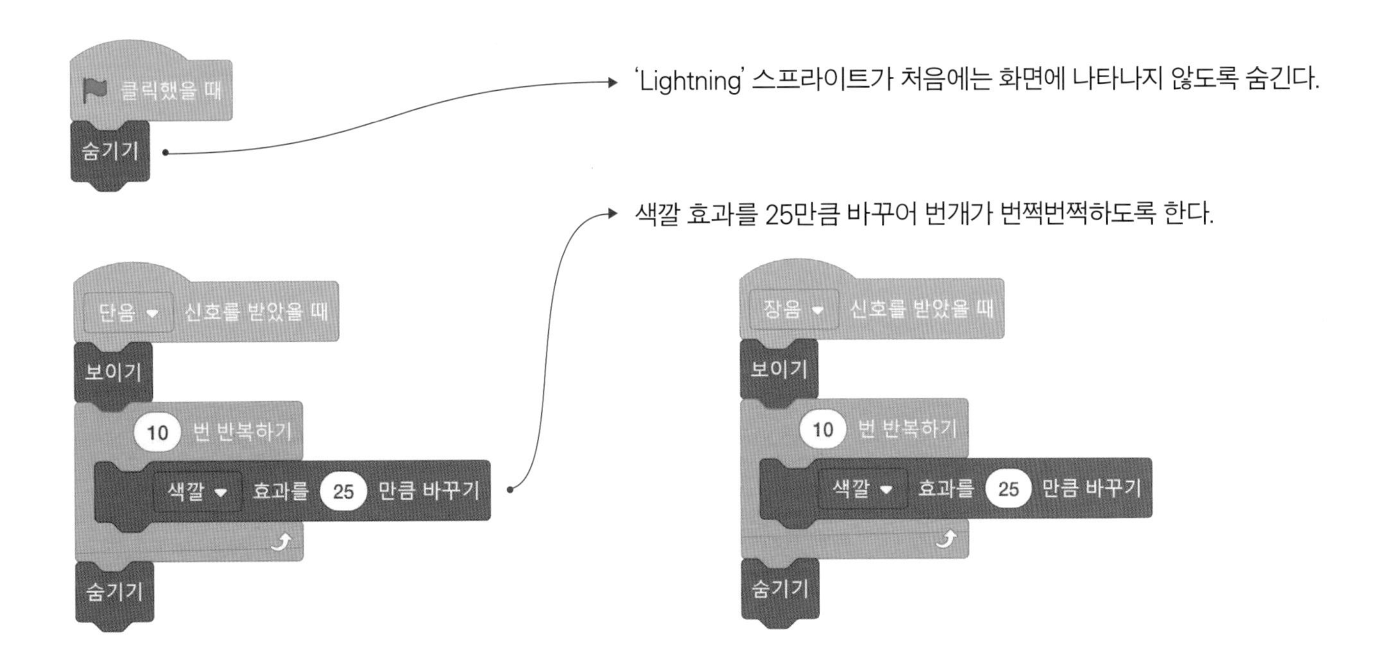

확인해 보기

내가 만든 프로그램이 정상적으로 실행되는지 확인해 봅시다.

확인 내용	○, ×
1. 시작하기 버튼을 클릭하면 프로그램이 실행되는가?	
2. "산속에서 길을 잃었어!", "구조 신호를 보내자!"를 차례대로 말하는가?	
3. 'Dan'이 말할 때 'Lightning' 스프라이트가 나타나지 않는가?	
4. 'Dan'이 손을 쳐들 때마다 'Lightning' 스프라이트가 나타나는가?	
5. 'Lightning' 스프라이트가 나타날 때 색깔이 바뀌면서 번쩍이는가?	

Dan이 구조 신호를 보내는 행동을 계속 반복하도록 프로그램을 수정해 봅시다.

예제 주소_ https://scratch.mit.edu/projects/408846790

프로그래밍하기 엔트리

화면 구성

예제 주소_ http://naver.me/FLS8dJj3

배경과 '만세하는 사람', '번개' 오브젝트를 화면에 배치한 후, 구조 신호 보내기 프로그램을 만들어 봅시다.

사전 작업 오브젝트와 배경 만들기

❶ 무대에 필요한 배경과 오브젝트는 [오브젝트 추가하기]를 눌러서 추가한다. 또는 '파일 올리기' 나 '새로 그리기' 등을 이용해 추가한다.

– [오브젝트 선택], '배경', '자연'을 차례대로 클릭해서 '별이 빛나는 숲'을 선택하여 추가한다.

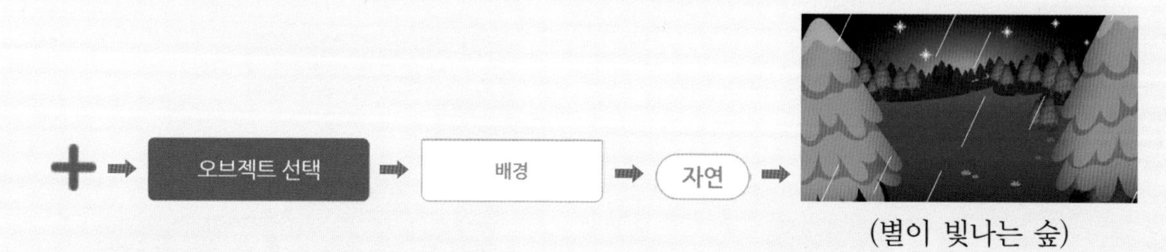

(별이 빛나는 숲)

– [오브젝트 선택]에서 '사람'을 클릭해서 '만세하는 사람(1)'을 추가한다.

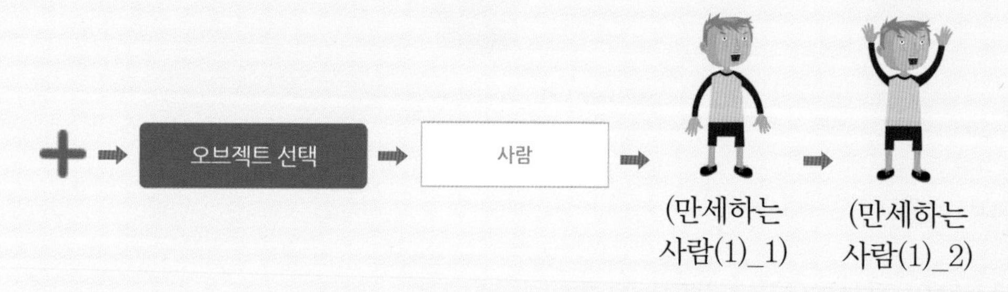

(만세하는 사람(1)_1) (만세하는 사람(1)_2)

– 신호 전달을 나타내기 위해 [오브젝트 선택]에서 '환경', '자연'을 차례대로 클릭해서 '번개(1)'을 추가한다.

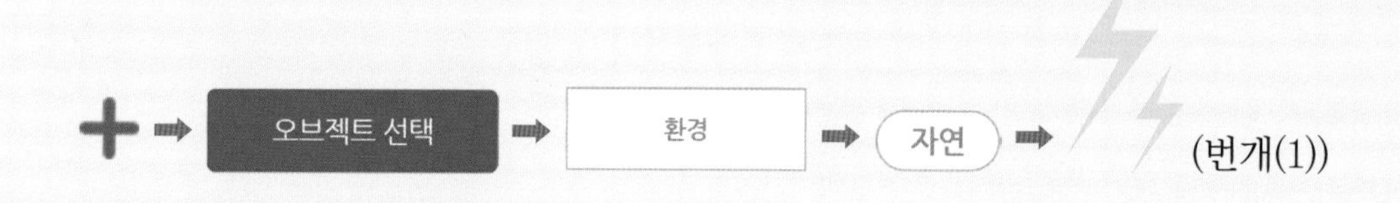

(번개(1))

❷ '번개(1)' 오브젝트를 선택하고 '소리' – '소리 추가하기' – '호루라기'를 클릭하여 추가한다.

프로그래밍

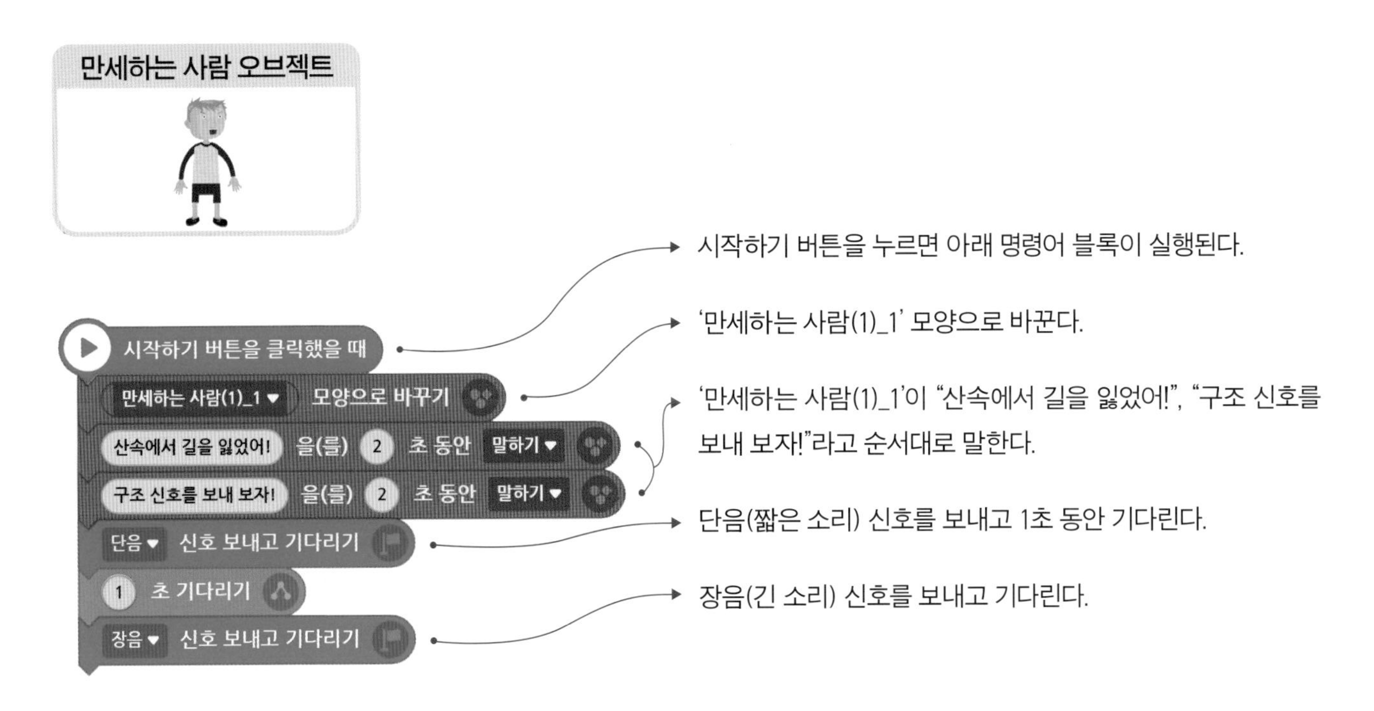

만세하는 사람 오브젝트
시작하기 버튼을 클릭했을 때
만세하는 사람(1)_1 모양으로 바꾸기
산속에서 길을 잃었어! 을(를) 2 초 동안 말하기
구조 신호를 보내 보자! 을(를) 2 초 동안 말하기
단음 신호 보내고 기다리기
1 초 기다리기
장음 신호 보내고 기다리기
시작하기 버튼을 누르면 아래 명령어 블록이 실행된다.
'만세하는 사람(1)_1' 모양으로 바꾼다.
'만세하는 사람(1)_1'이 "산속에서 길을 잃었어!", "구조 신호를 보내 보자!"라고 순서대로 말한다.
단음(짧은 소리) 신호를 보내고 1초 동안 기다린다.
장음(긴 소리) 신호를 보내고 기다린다.

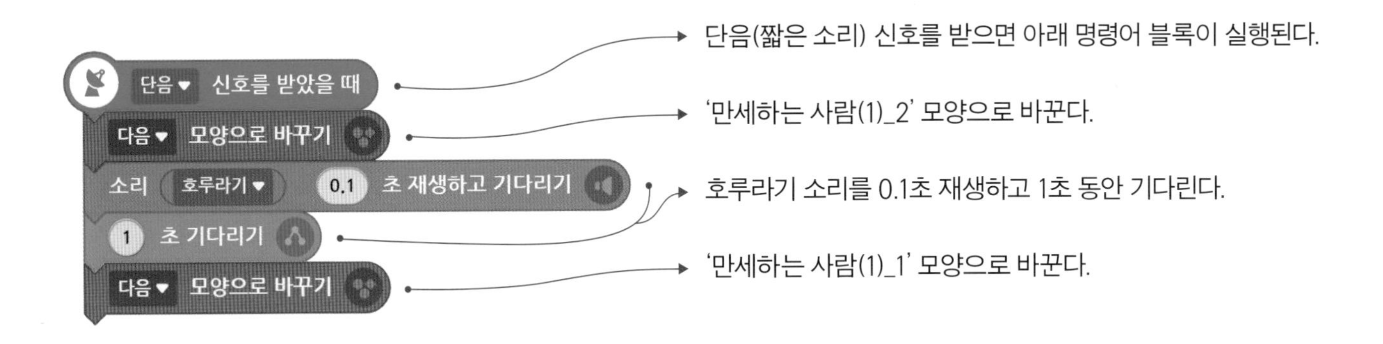

단음 신호를 받았을 때
다음 모양으로 바꾸기
소리 호루라기 0.1 초 재생하고 기다리기
1 초 기다리기
다음 모양으로 바꾸기
단음(짧은 소리) 신호를 받으면 아래 명령어 블록이 실행된다.
'만세하는 사람(1)_2' 모양으로 바꾼다.
호루라기 소리를 0.1초 재생하고 1초 동안 기다린다.
'만세하는 사람(1)_1' 모양으로 바꾼다.

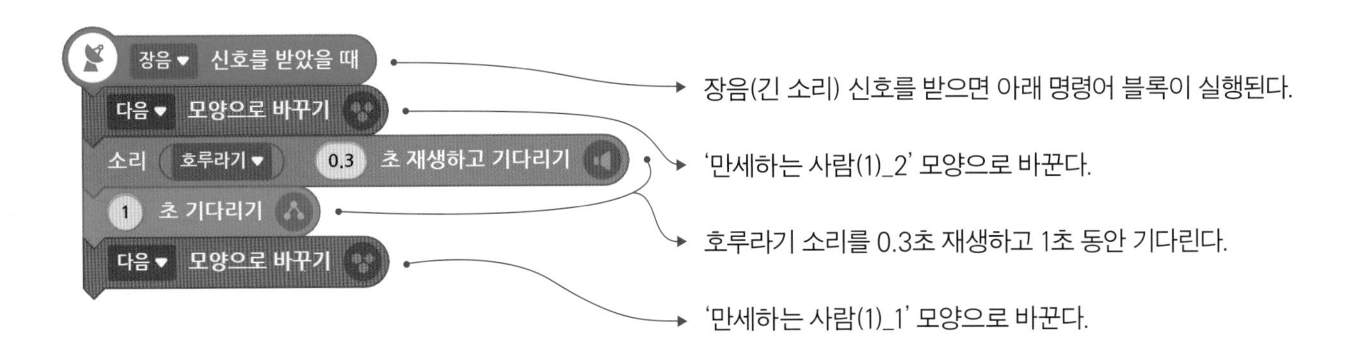

장음 신호를 받았을 때
다음 모양으로 바꾸기
소리 호루라기 0.3 초 재생하고 기다리기
1 초 기다리기
다음 모양으로 바꾸기
장음(긴 소리) 신호를 받으면 아래 명령어 블록이 실행된다.
'만세하는 사람(1)_2' 모양으로 바꾼다.
호루라기 소리를 0.3초 재생하고 1초 동안 기다린다.
'만세하는 사람(1)_1' 모양으로 바꾼다.

'번개' 오브젝트가 처음에는 화면에 나타나지 않도록 숨긴다.

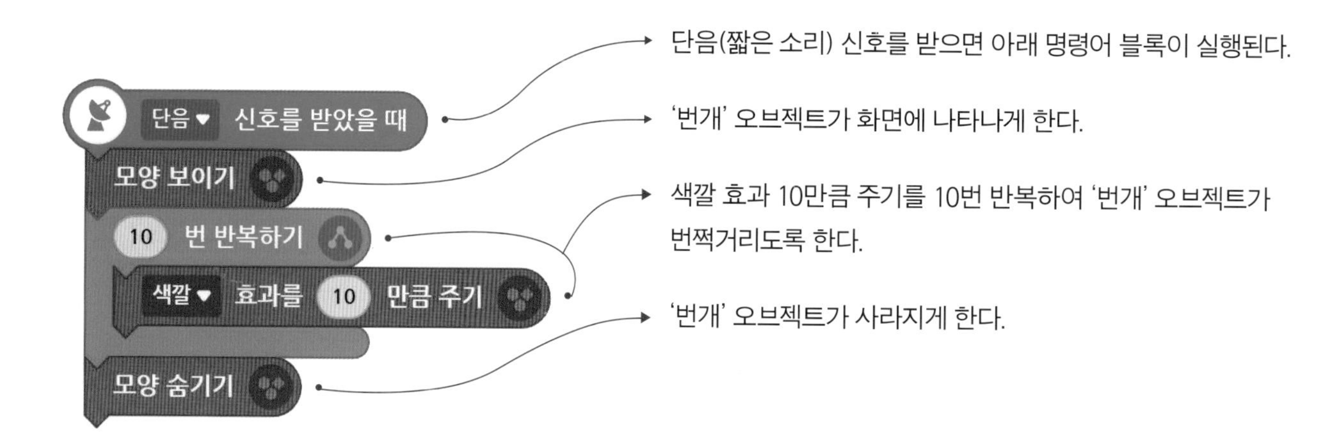

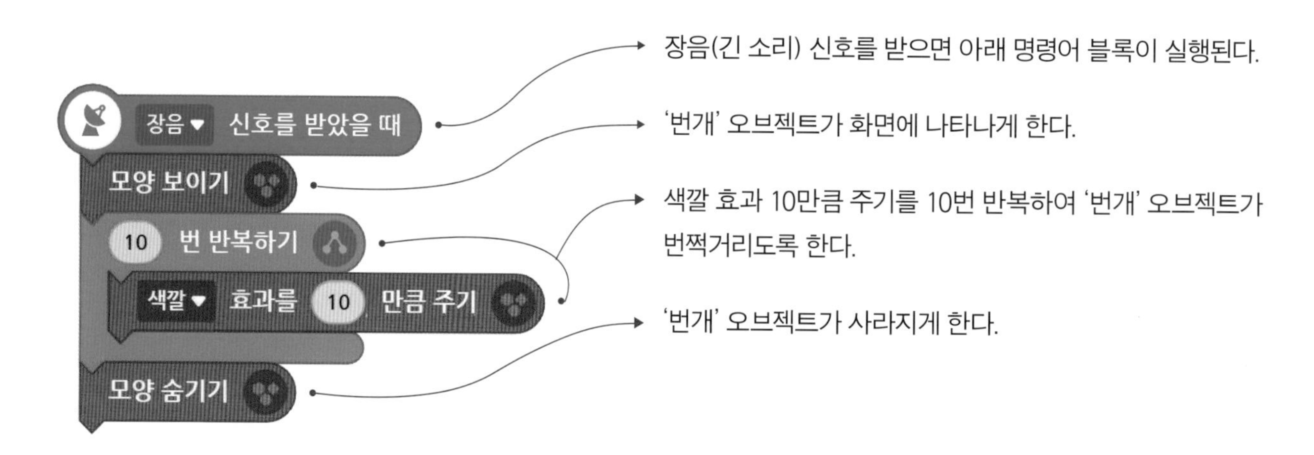

확인해 보기

내가 만든 프로그램이 정상적으로 실행되는지 확인해 봅시다.

확인 내용	○, ×
1. 시작하기 버튼을 클릭하면 프로그램이 실행되는가?	
2. "산속에서 길을 잃었어!", "구조 신호를 보내 보자!"를 차례대로 말하는가?	
3. '만세하는 사람'이 말할 때 '번개' 오브젝트가 나타나지 않는가?	
4. '만세하는 사람'이 손을 쳐들 때마다 '번개' 오브젝트가 나타나는가?	
5. '번개' 오브젝트가 나타날 때 색깔이 바뀌면서 번쩍이는가?	

더하기

만세하는 사람이 구조 신호를 보내는 행동을 계속 반복하도록 프로그램을 수정해 봅시다.

예제 주소_ http://naver.me/5gxCGxdo

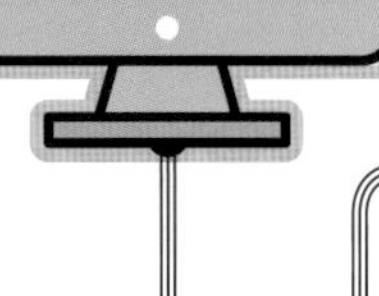

3 놀이 기구 타기 프로그램 만들기

이 활동을 하고 나면

- 키에 따라 놀이 기구의 입장 여부를 판단하는 프로그램을 만들 수 있다.
- 변수와 제어문을 이해하고, 이를 이용하여 알고리즘을 설계하고 표현할 수 있다.

문제를 찾아서

다음을 보고, 해결해야 할 문제가 무엇인지 알아봅시다.

1. 위에서 발생한 문제와 문제 해결을 위해 제시한 방법은 무엇인지 적어 봅시다.

2. 위에서 제시한 문제 해결 방법을 실천하기 위해 우리가 할 수 있는 일을 이야기해 봅시다.

알고리즘으로 표현하기

알고리즘 살펴보기

◎ 놀이 기구 입장 여부를 판단하는 프로그램이 올바르게 작동하도록 보기에서 알맞은 말을 찾아서 써 봅시다.

- 탑승자가 자신의 키를 기계에 입력한다.
- 기준 키보다 키가 큰 사람에게만 문이 열린다.

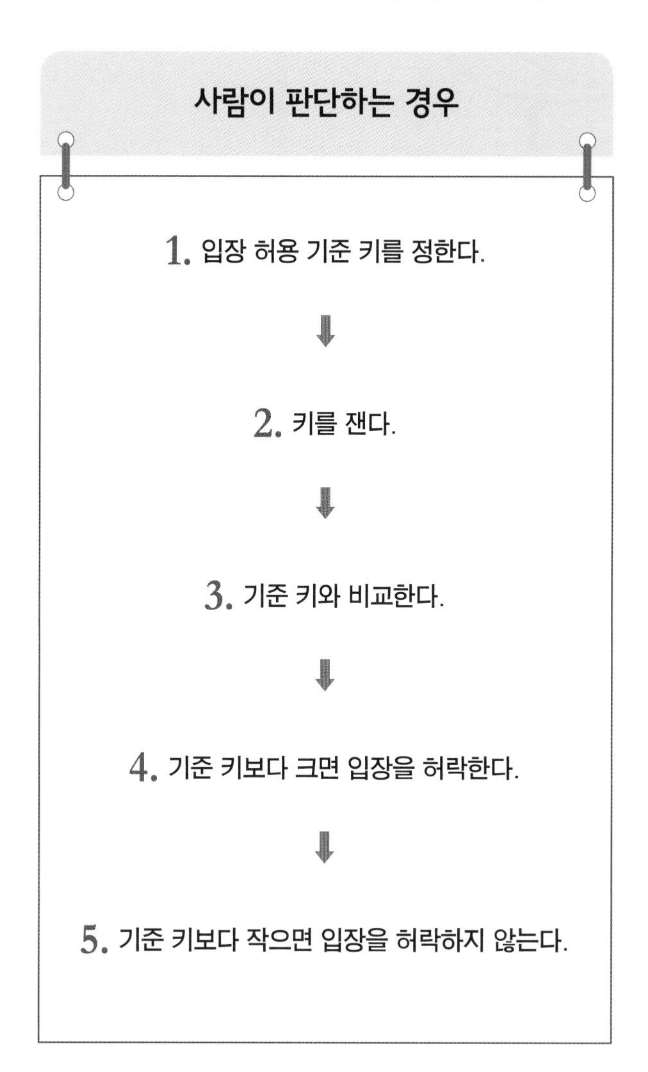

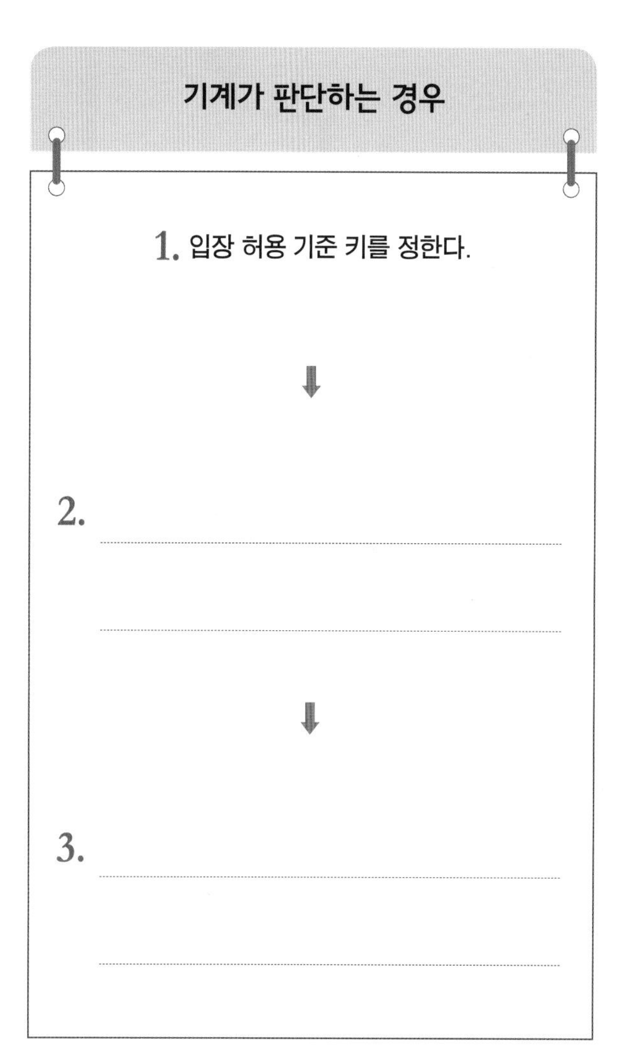

◎ 놀이 기구 입장 여부를 판단하는 프로그램을 만들어 사용하면 어떤 점이 편리할지 이야기해 봅시다.

알고리즘 만들기

◎ 다음 그림은 놀이 기구 타기 프로그램입니다. 놀이 기구 입장 여부를 판단하는 프로그램이 작동하는 알고리즘을 만들어 봅시다.

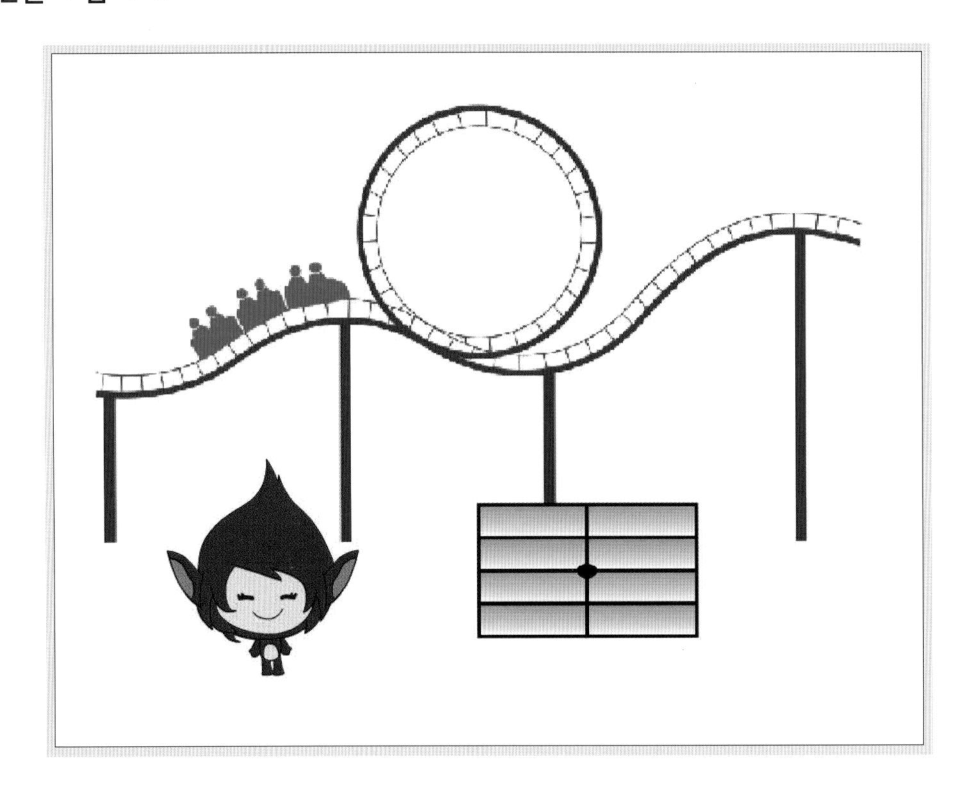

◎ 빈칸에 알맞은 말을 넣어 알고리즘을 완성해 봅시다. 놀이 기구 입장 알고리즘

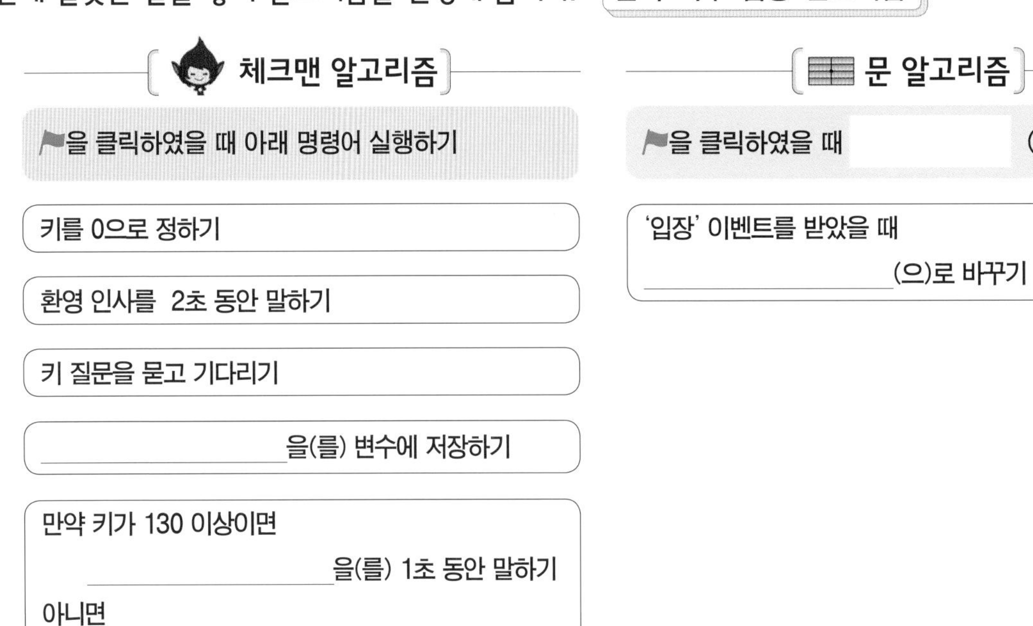

체크맨 알고리즘

- 깃발을 클릭하였을 때 아래 명령어 실행하기
- 키를 0으로 정하기
- 환영 인사를 2초 동안 말하기
- 키 질문을 묻고 기다리기
- ________________ 을(를) 변수에 저장하기
- 만약 키가 130 이상이면
________________ 을(를) 1초 동안 말하기
아니면
________________ 을(를) 1초 동안 말하기

문 알고리즘

- 깃발을 클릭하였을 때 ________________ (으)로 바꾸기
- '입장' 이벤트를 받았을 때
________________ (으)로 바꾸기

프로그래밍하기 스크래치

화면 구성

예제 주소_ https://scratch.mit.edu/projects/98430463/

◎ '롤러코스터' 배경과 '체크맨', '문' 스프라이트를 화면에 배치한 후, 놀이 기구 타기 프로그램을 만들어 봅시다.

사전 작업 1 변수 지정

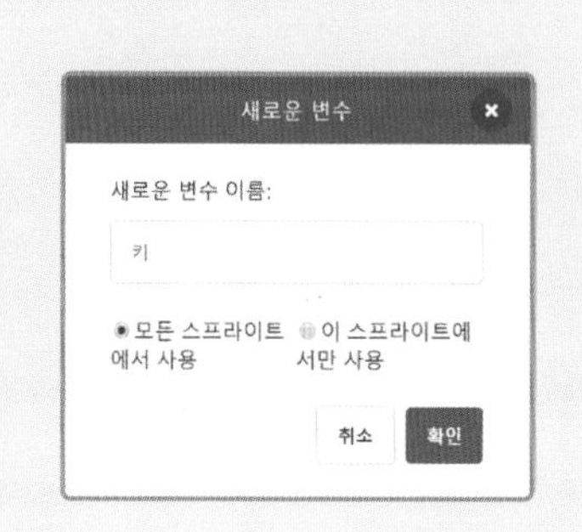

❶ 변수 - 변수 만들기 를 선택한다.

❷ 변수 이름을 '키'라고 입력한다.

❸ 설정한 변수들을 공유하기 위해 '모든 스프라이트에서 사용'에 체크하고(기본 값으로 '모든 스프라이트에서 사용'에 체크되어 있음.), 확인을 누른다.

사전 작업 2 문 스프라이트 그리기

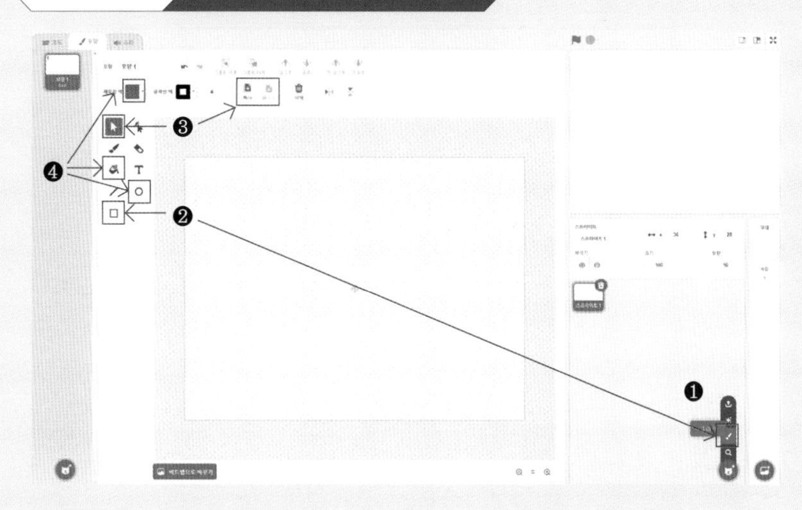

❶ 스프라이트 고르기에서 그리기를 선택한다.

❷ □을 눌러 적당한 크기의 [ ]을 그린다.

❸ 을 누른 뒤, 복사를 눌러 모양을 복사하고 붙이기를 눌러 복사한 모양을 붙여 넣는 과정을 반복하여 문을 그린다.

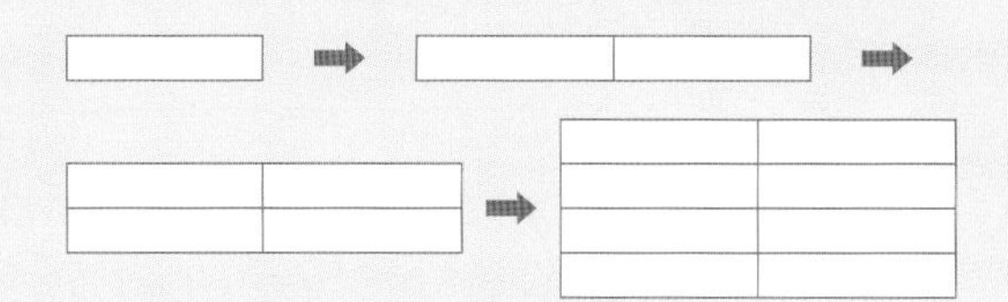

❹ ○을 이용해 손잡이를 그리고 을 눌러 문을 색칠한다.

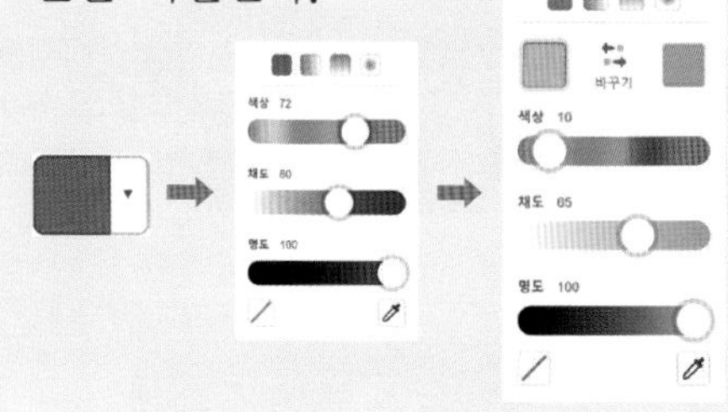

사전 작업 3 문 스프라이트 [모양2] 그리기

❶ 왼쪽의 모양 고르기→그리기를 선택해 모양을 추가하고, 이름을 '모양2'로 수정한다.

❷ '모양1'과 같은 방법으로 '모양2'도 그려 본다.

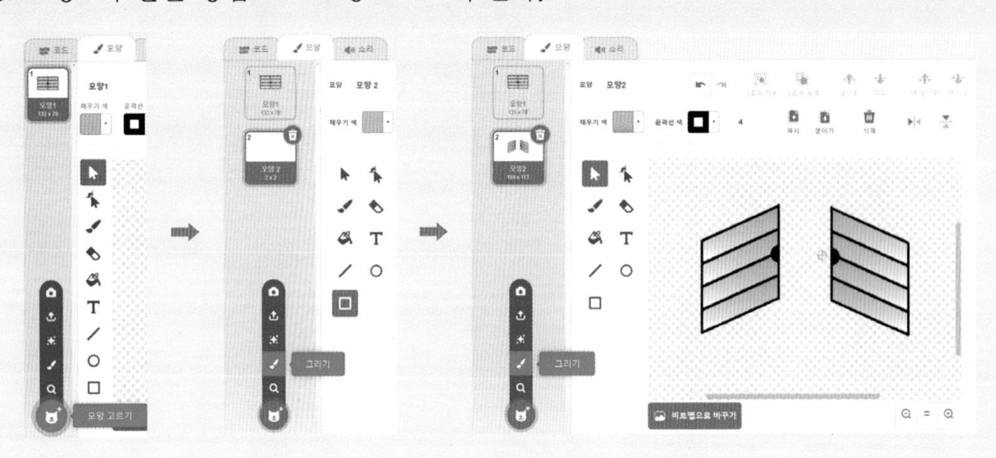

프로그래밍

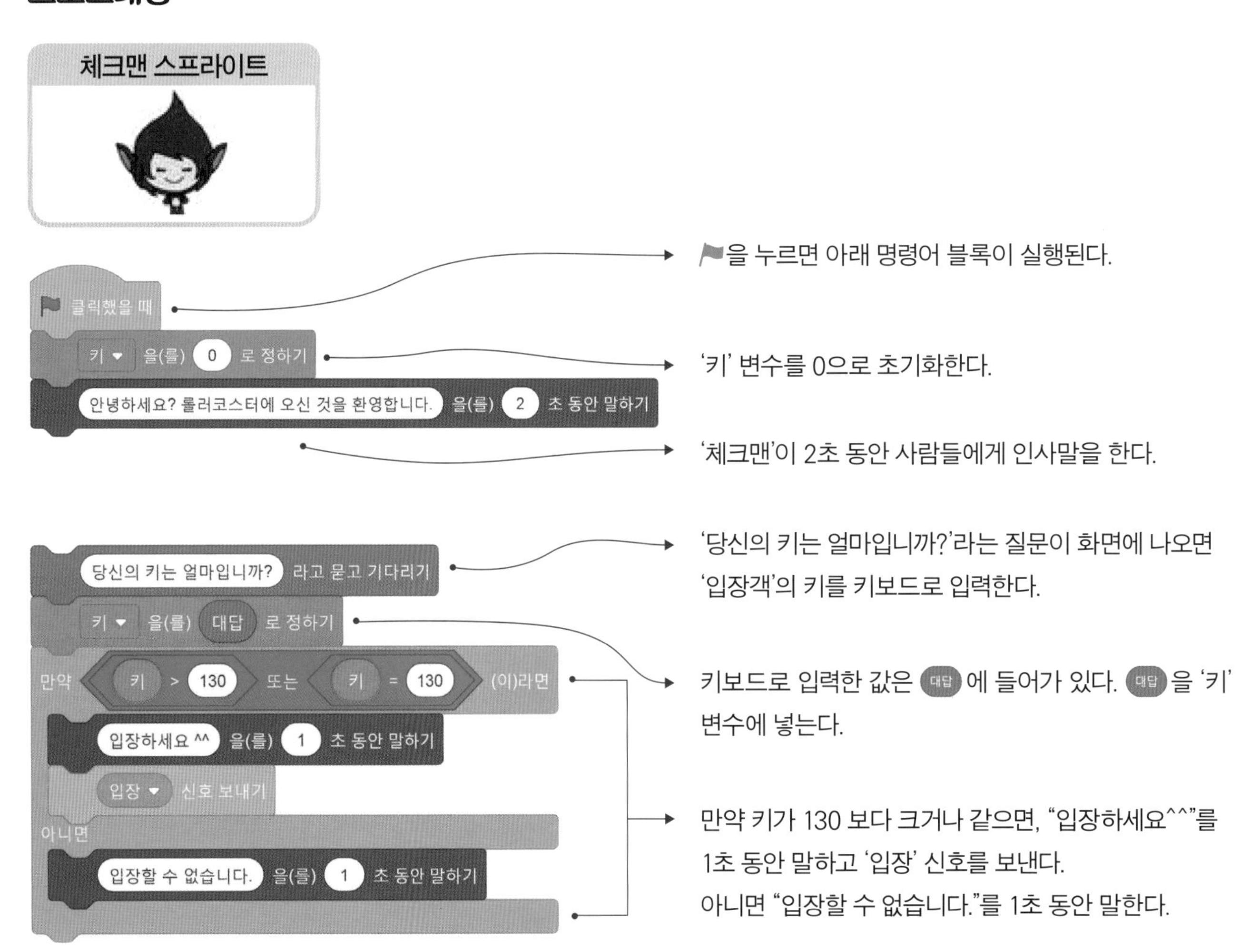

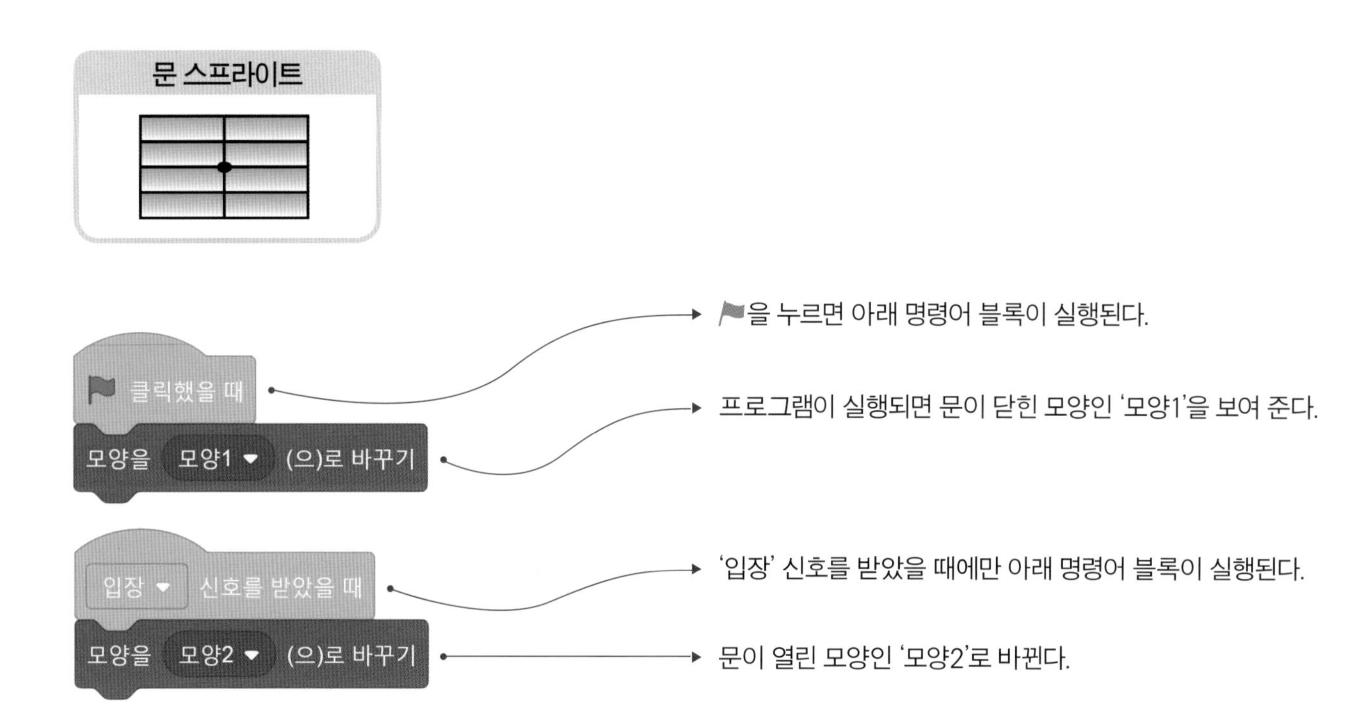

확인해 보기

내가 만든 프로그램이 정상적으로 실행되는지 확인해 봅시다.

확인 내용	○, ×
1. 프로그램이 실행되면 문이 닫힌 모양으로 변하는가?	
2. 프로그램이 실행되면 '체크맨'이 인사를 하는가?	
3. 키를 129로 입력하면 '체크맨'이 "입장할 수 없습니다."를 말하고 문이 닫혀 있는가?	
4. 키를 130으로 입력하면 '체크맨'이 "입장하세요."를 말하고 문이 열리는가?	
5. 키를 131로 입력하면 '체크맨'이 "입장하세요."를 말하고 문이 열리는가?	

더하기

체크맨의 표정이 '인사할 때', '입장을 허락할 때', '입장을 허락하지 않을 때'마다 바뀌도록 프로그램으로 수정해 봅시다.

예제 주소_ https://scratch.mit.edu/projects/106807106/

프로그래밍하기 엔트리

화면 구성

예제 주소_ http://naver.me/GOxSgjbV

'배경과 '자동문', '체크맨', '자동문틀' 오브젝트를 화면에 배치한 후, 놀이 기구 입장 프로그램을 만들어 봅시다.

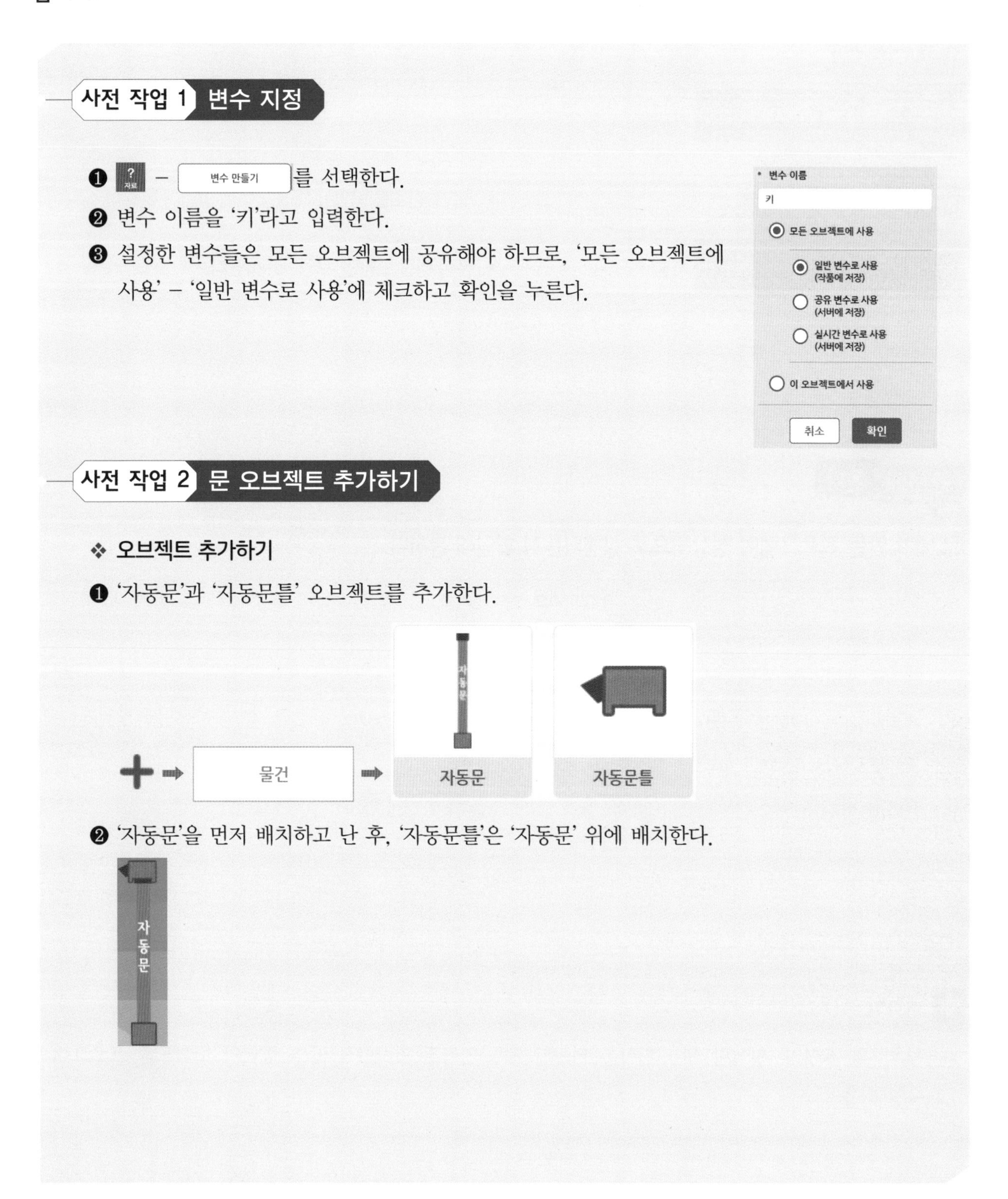

프로그래밍

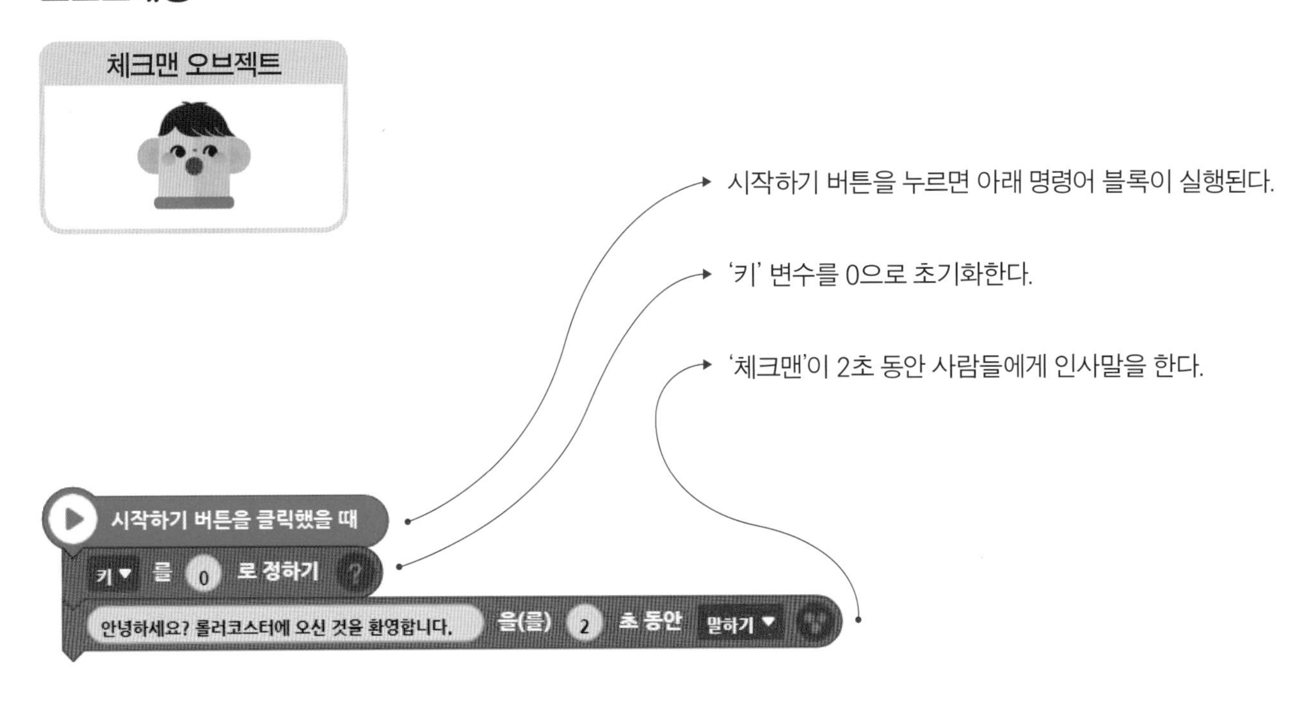

- 시작하기 버튼을 누르면 아래 명령어 블록이 실행된다.
- '키' 변수를 0으로 초기화한다.
- '체크맨'이 2초 동안 사람들에게 인사말을 한다.

> 키를 재는 기계와 프로그램이 연결된다면 키보드로 입력하는 것이 아니라, 기계에서 측정한 값을 바로 입력받아서 사용할 수 있습니다.

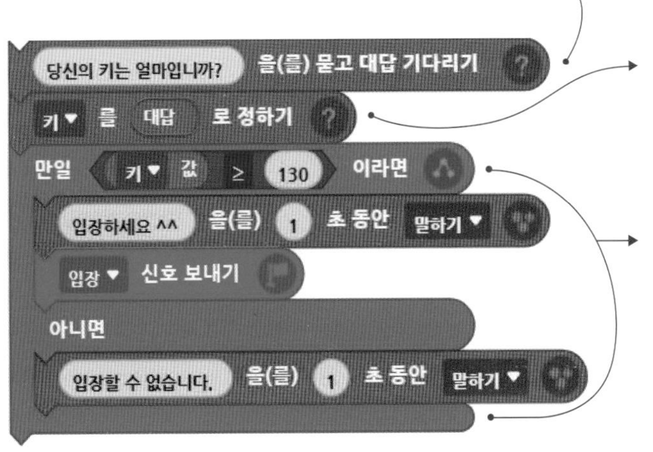

- '당신의 키는 얼마입니까?'라는 질문이 화면에 나오면 '입장객'의 키를 입력한다.
- 키보드로 입력한 값은 대답 에 들어가 있다. 대답 을 '키' 변수에 넣는다.
- 만약 키가 130보다 크거나 같으면, "입장하세요^^"를 1초 동안 말하고 '입장' 신호를 보낸다. 아니면 "입장할 수 없습니다."를 1초 동안 말한다.

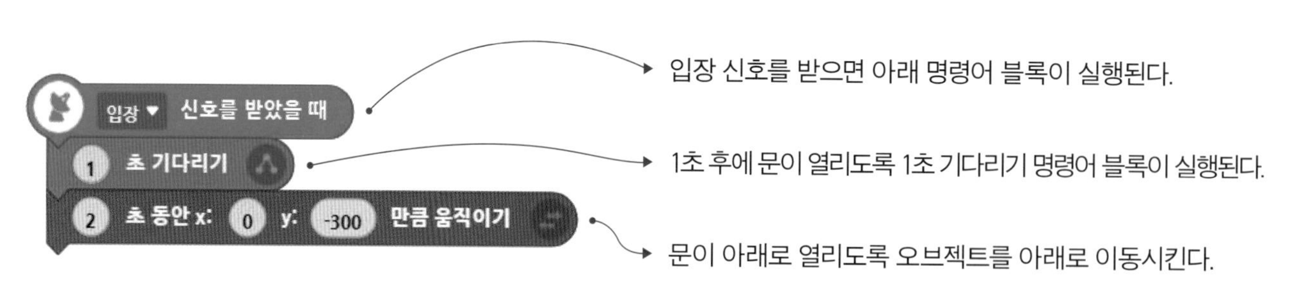

확인해 보기

내가 만든 프로그램이 정상적으로 실행되는지 확인해 봅시다.

확인 내용	○, ×
1. 프로그램이 실행되면 문이 닫힌 모양으로 변하는가?	
2. 프로그램이 실행되면 '체크맨'이 인사를 하는가?	
3. 키를 129로 입력하면 '체크맨'이 "입장할 수 없습니다."를 말하고 문이 닫혀 있는가?	
4. 키를 130으로 입력하면 '체크맨'이 "입장하세요."를 말하고 문이 열리는가?	
5. 키를 131로 입력하면 '체크맨'이 "입장하세요."를 말하고 문이 열리는가?	

더하기

체크맨의 표정이 '인사할 때', '입장을 허락할 때', '입장을 허락하지 않을 때'마다 바뀌도록 프로그램을 수정해 봅시다.

예제 주소_ http://naver.me/57pAD1tk

나만의 응용 도형 그리기 프로그램 만들기

나만의 응용 도형을 그리는 프로그램을 엔트리로 만들어 봅시다.

예제 주소_ http://naver.me/xe2ZOxcj

화면 구성

프로그래밍

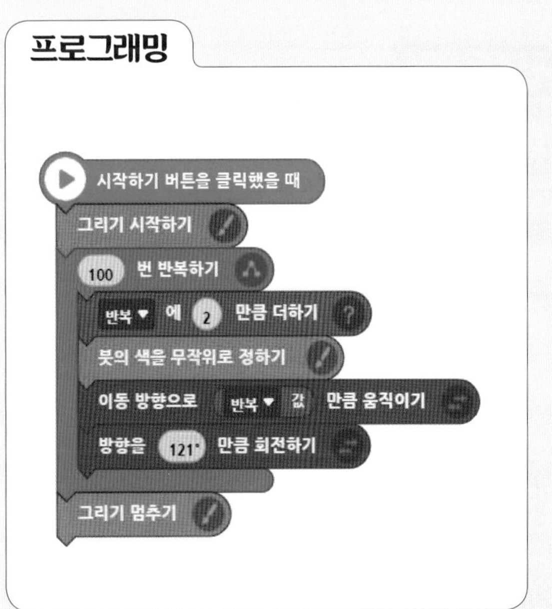

나만의 응용 도형 그리기 프로그램을 스크래치로 만들어 봅시다.

예제 주소_ https://scratch.mit.edu/projects/272427900

4 도레미송 프로그램 만들기

이 활동을 하고 나면
- 키보드의 키를 눌러 도레미 소리를 내는 프로그램을 만들 수 있다.
- 소리를 추가하여 음계를 연주하는 프로그램을 만들 수 있다.

문제를 찾아서

다음을 보고, 해결해야 할 문제가 무엇인지 알아봅시다.

1. 위에서 발생한 문제와 문제 해결을 위해 제시한 방법은 무엇인지 적어 봅시다.

2. 위에서 제시한 문제 해결 방법을 실천하기 위해 우리가 할 수 있는 일을 이야기해 봅시다.

알고리즘으로 표현하기

알고리즘 살펴보기

도레미 송 프로그램이 올바르게 작동하도록 보기 에서 알맞은 말을 찾아서 써 봅시다.

- 내가 정한 악기의 도, 레, 미 음계의 소리를 낸다.
- 소리가 날 때마다 등장한 캐릭터가 폴짝 뛰어오른다.
- 키보드의 a, s, d키를 누른다.

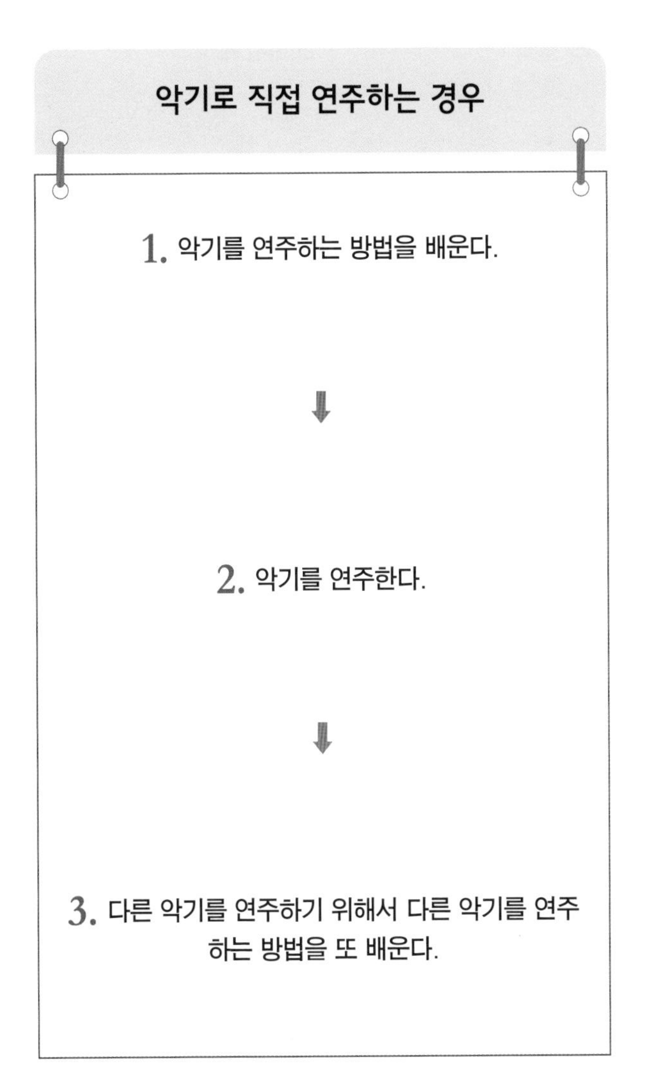

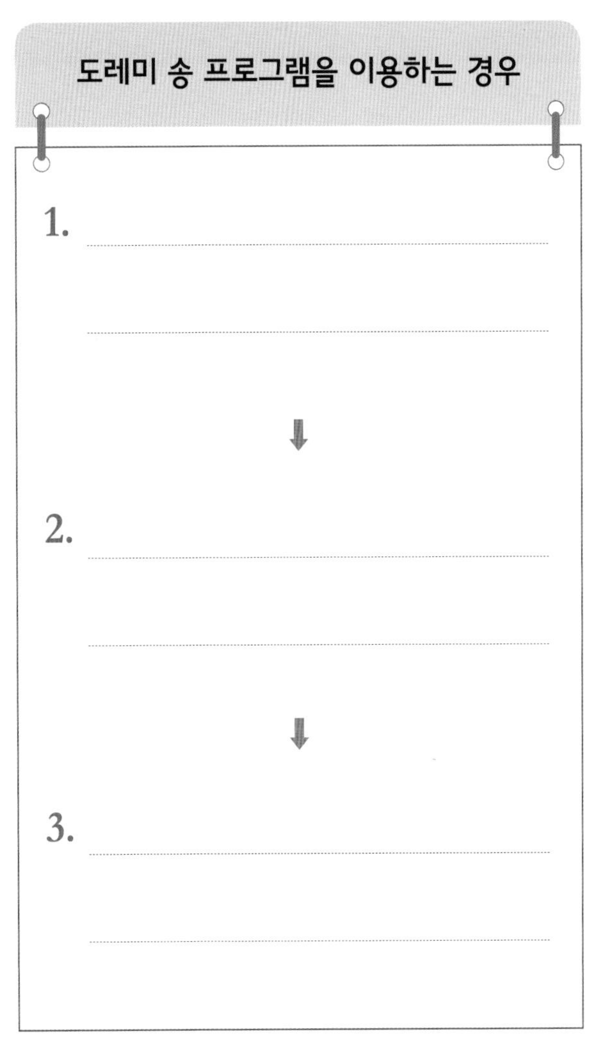

도레미 송 프로그램을 만들어 사용하면 어떤 점이 좋을지 이야기해 봅시다.

알고리즘 만들기

다음 그림은 도레미 송 프로그램입니다. 도레미 송 프로그램이 작동하는 알고리즘을 만들어 봅시다.

빈칸에 알맞은 말을 넣어 알고리즘을 완성해 봅시다. 도레미송 알고리즘

(나비) 알고리즘	(여우) 알고리즘	(벌) 알고리즘
(깃발)을 클릭하였을 때 아래 명령어 실행하기	(깃발)을 클릭하였을 때 아래 명령어 실행하기	(깃발)을 클릭하였을 때 아래 명령어 실행하기
계속 반복하기	계속 반복하기	계속 반복하기
만약 a키를 눌렀다면 _______ 소리 재생하기 y: 110 위치로 이동하기 1초 기다리기	만약 s키를 눌렀다면 _______ 소리 재생하기 이동 방향으로 30만큼 이동하기 1초 기다리기	만약 d키를 눌렀다면 _______ 소리 재생하기 1초 동안 x: 30, y: 110 위치로 이동하기 1초 기다리기
x: -150, y: 30 위치로 이동하기	x: -50, y: -100 위치로 이동하기	x: 180, y: 30 위치로 이동하기

(깃발)을 클릭하였을 때 아래 명령어 실행하기	(깃발)을 클릭하였을 때 아래 명령어 실행하기	(깃발)을 클릭하였을 때 아래 명령어 실행하기
계속 반복하기	계속 반복하기	계속 반복하기
_______(으)로 바꾸기	_______(으)로 바꾸기	_______(으)로 바꾸기
0.2초 기다리기	0.2초 기다리기	0.2초 기다리기

프로그래밍하기 스크래치

화면 구성

예제 주소_ https://scratch.mit.edu/projects/396748120

◎ 'Moon' 배경을 고르고, 'Monet', 'Ripley', 'Kiran' 스프라이트를 업로드한 후, 화면에 배치합니다. 그리고 스프라이트에 소리를 추가하여, 도레미 송 프로그램을 만들어 봅시다.

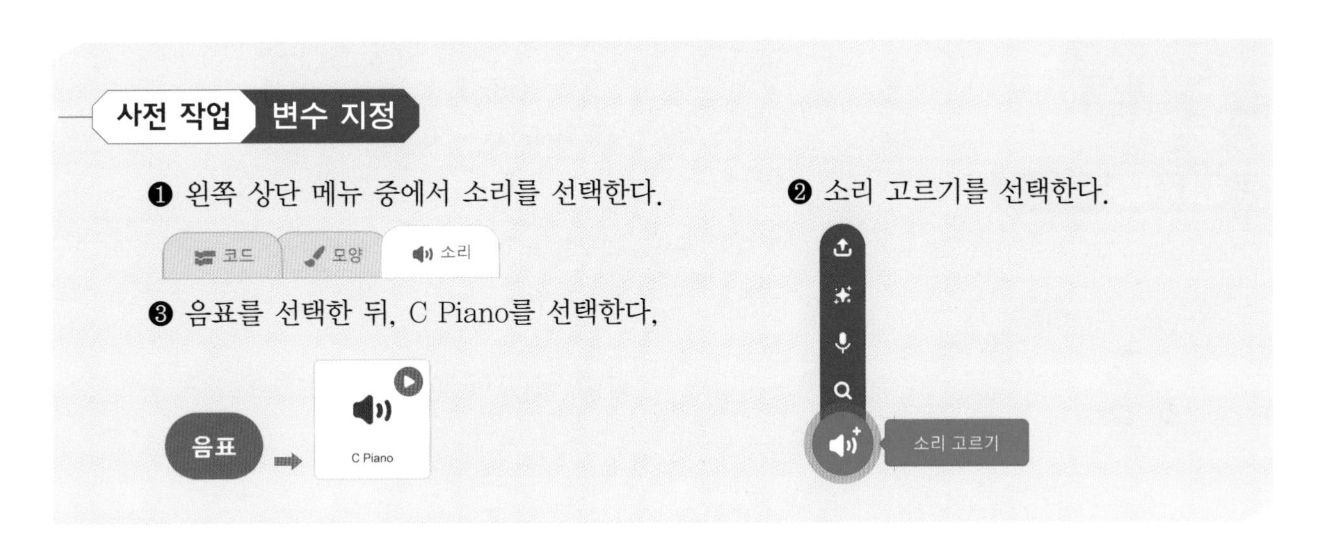

프로그래밍

컴퓨터 환경에 따라 소리가 들리지 않을 수 있으니 소리가 들리지 않는다면 다른 브라우저에서 실행해 보세요.

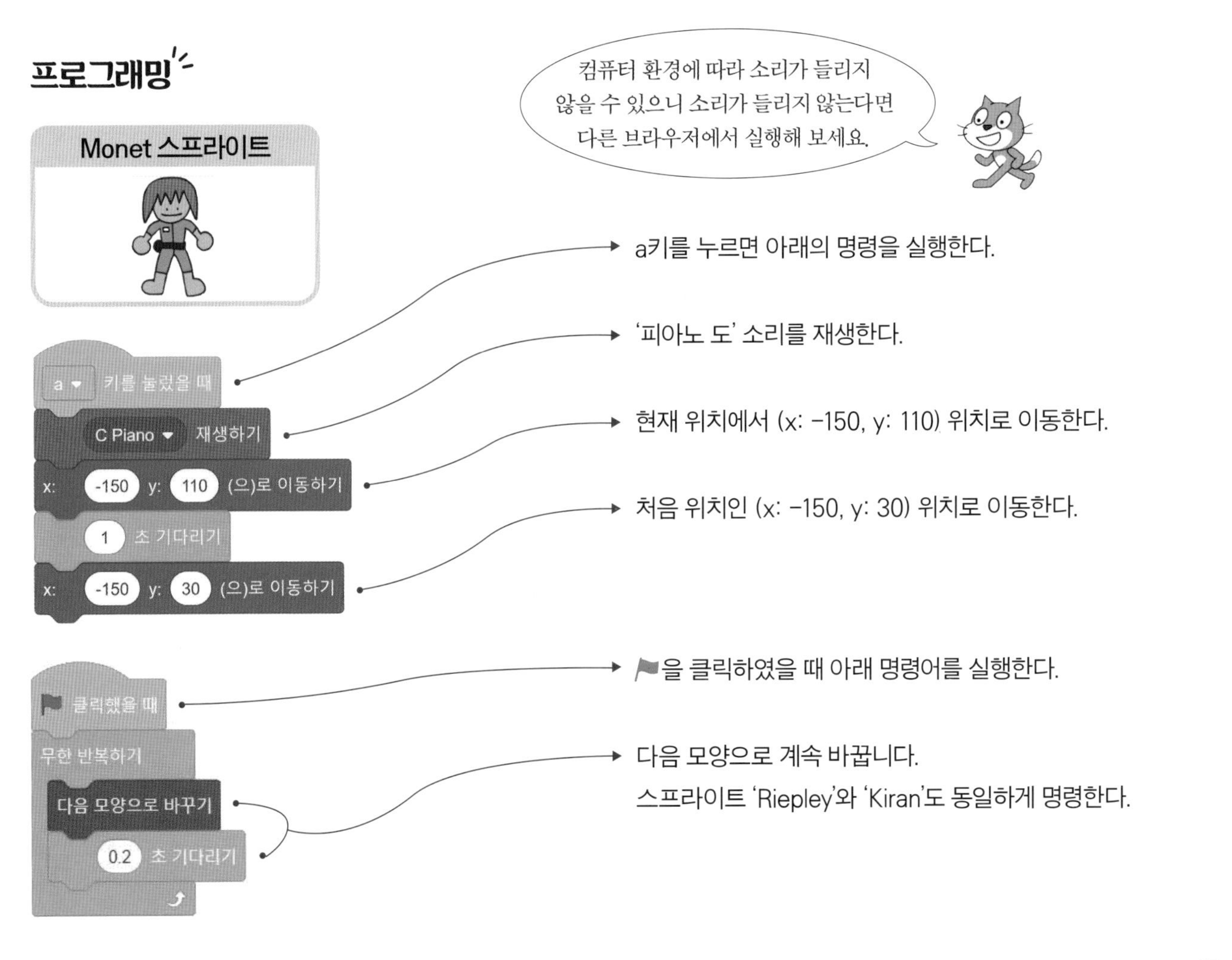

a키를 누르면 아래의 명령을 실행한다.

'피아노 도' 소리를 재생한다.

현재 위치에서 (x: −150, y: 110) 위치로 이동한다.

처음 위치인 (x: −150, y: 30) 위치로 이동한다.

🏁을 클릭하였을 때 아래 명령어를 실행한다.

다음 모양으로 계속 바꿉니다.
스프라이트 'Riepley'와 'Kiran'도 동일하게 명령한다.

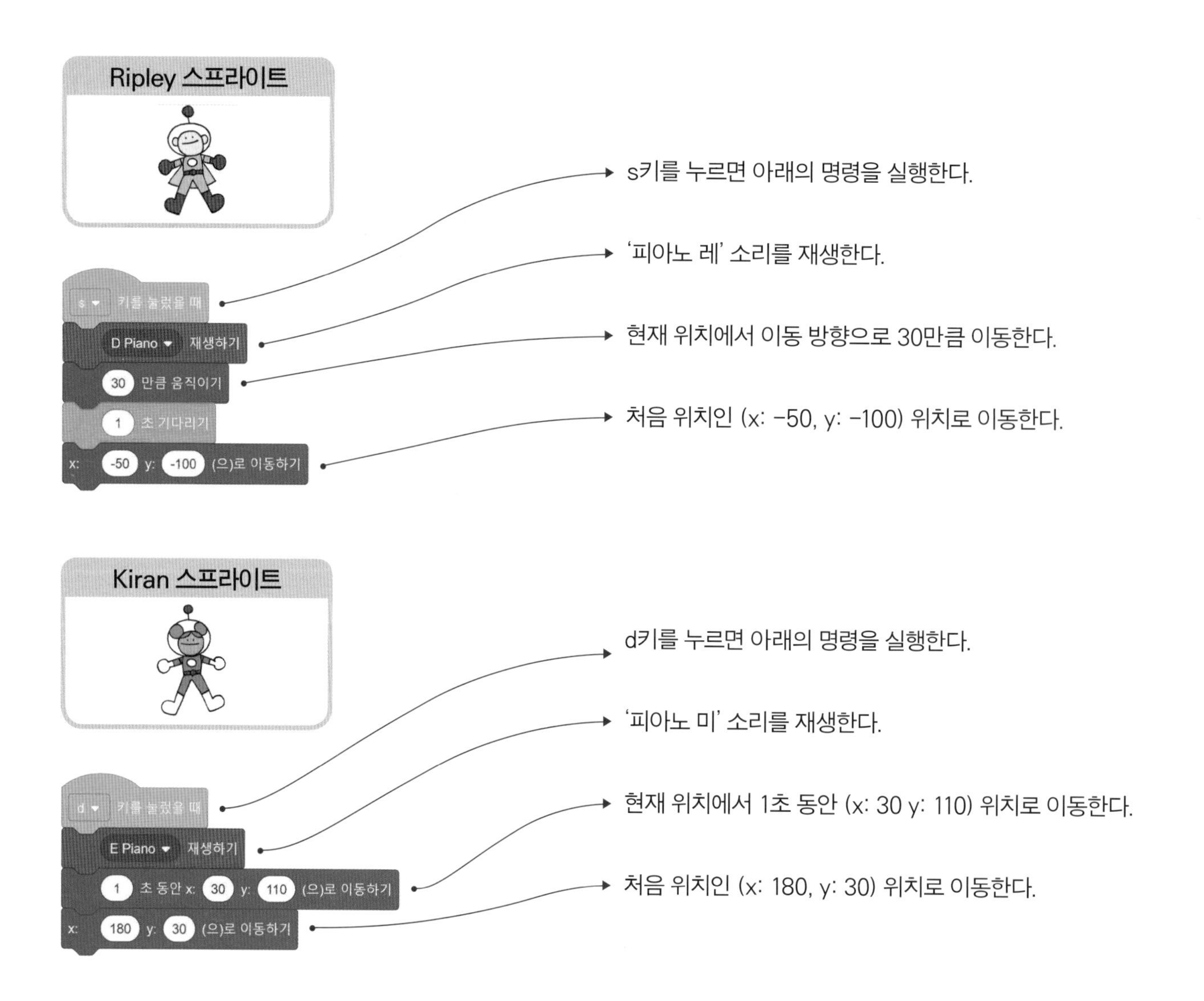

확인해 보기

내가 만든 프로그램이 정상적으로 실행되는지 확인해 봅시다.

확인 내용	○, ×
1. a키를 누르면 '피아노 도' 소리가 나는가?	
2. s키를 누르면 '피아노 레' 소리가 나는가?	
3. d키를 누르면 '피아노 미' 소리가 나는가?	
4. a, s, d키를 누르면 원하는 위치로 스프라이트가 이동했다가 처음 위치로 돌아오는가?	

피아노 외의 다른 악기 또는 다른 음계를 연주하도록 프로그램을 수정해 봅시다.

예제 주소_ https://scratch.mit.edu/projects/396754523

프로그래밍하기 엔트리

화면 구성

예제 주소_ http://naver.me/GqHtYx6b

'숲속(1)' 배경, '나비(1)', '여우', '꿀벌' 오브젝트를 화면에 배치합니다. 그리고 오브젝트에 소리를 추가하여, 도레미 송 프로그램을 만들어 봅시다.

사전 작업 변수 만들기

❶ 소리를 선택한다.
❷ 소리 추가하기를 선택한다.
❸ 악기를 선택하고, 소리를 추가한다.

프로그래밍

컴퓨터 환경에 따라 소리가 들리지 않을 수 있으니 소리가 들리지 않는다면 다른 브라우저에서 실행해 보세요.

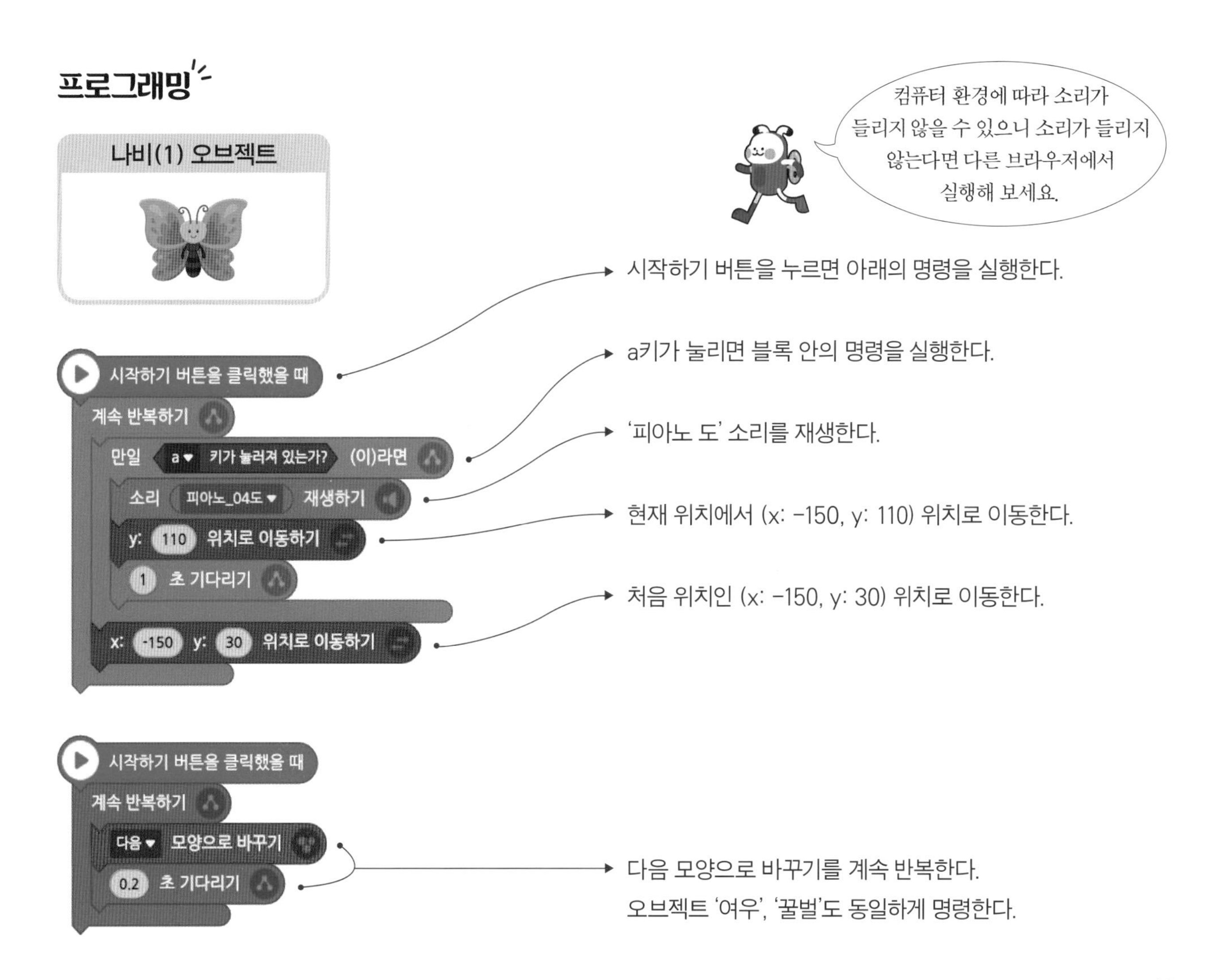

여우 오브젝트

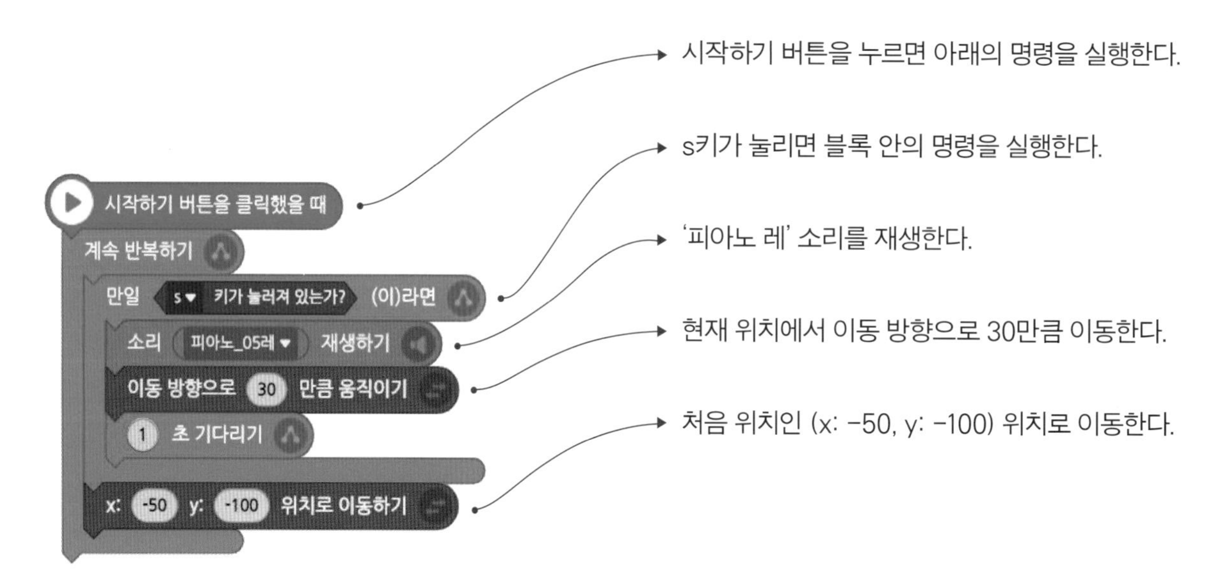
시작하기 버튼을 클릭했을 때
계속 반복하기
만일 s 키가 눌러져 있는가? (이)라면
소리 피아노_05레 재생하기
이동 방향으로 30 만큼 움직이기
1 초 기다리기
x: -50 y: -100 위치로 이동하기
시작하기 버튼을 누르면 아래의 명령을 실행한다.
s키가 눌리면 블록 안의 명령을 실행한다.
'피아노 레' 소리를 재생한다.
현재 위치에서 이동 방향으로 30만큼 이동한다.
처음 위치인 (x: −50, y: −100) 위치로 이동한다.

꿀벌

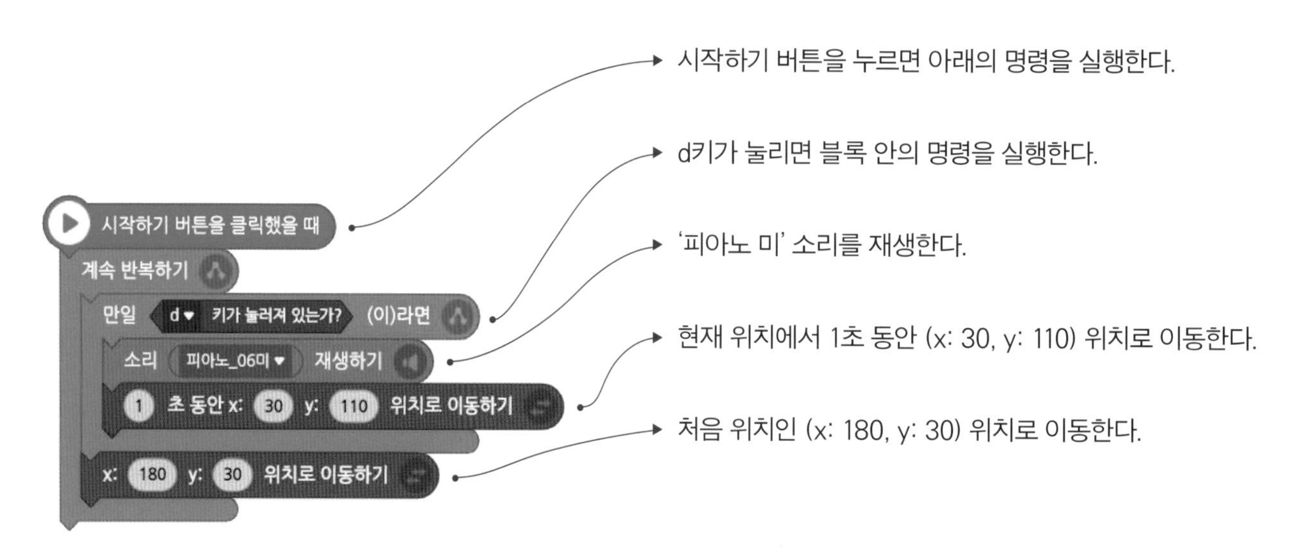
시작하기 버튼을 클릭했을 때
계속 반복하기
만일 d 키가 눌러져 있는가? (이)라면
소리 피아노_06미 재생하기
1 초 동안 x: 30 y: 110 위치로 이동하기
x: 180 y: 30 위치로 이동하기
시작하기 버튼을 누르면 아래의 명령을 실행한다.
d키가 눌리면 블록 안의 명령을 실행한다.
'피아노 미' 소리를 재생한다.
현재 위치에서 1초 동안 (x: 30, y: 110) 위치로 이동한다.
처음 위치인 (x: 180, y: 30) 위치로 이동한다.

확인해 보기

내가 만든 프로그램이 정상적으로 실행되는지 확인해 봅시다.

확인 내용	○, ×
1. a키를 누르면 '피아노 도' 소리가 나는가?	
2. s키를 누르면 '피아노 레' 소리가 나는가?	
3. d키를 누르면 '피아노 미' 소리가 나는가?	
4. a, s, d키를 누르면 원하는 위치로 오브젝트가 이동했다가 처음 위치로 돌아오는가?	

더하기

피아노 외의 다른 악기 또는 다른 음계를 연주하도록 프로그램을 수정해 봅시다.

예제 주소_ http://naver.me/xEg7RwzS

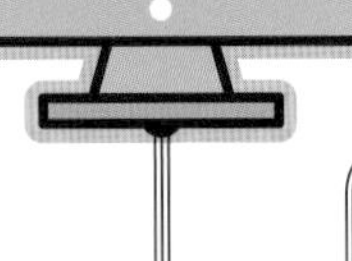

구구단 외우기 프로그램 만들기

이 활동을 하고 나면

- 구구단 외우기 프로그램을 만들 수 있다.
- 변수와 제어문(만약 ~라면, ~ 아니면)을 이해하고, 이를 이용하여 알고리즘을 설계하고 표현할 수 있다.

문제를 찾아서

다음을 보고, 해결해야 할 문제가 무엇인지 알아봅시다.

엄마 심정이 이해가 된다.
내가 엄마라도 속이 터질 것 같다.

아이고, 속 터져!

분명히 외웠는데, 왜 기억이 안 나는 거지?

1. 위에서 발생한 문제와 문제 해결을 위해 제시한 방법은 무엇인지 적어 봅시다.

2. 위에서 제시한 문제 해결 방법을 실천하기 위해 우리가 할 수 있는 일을 이야기해 봅시다.

알고리즘으로 표현하기

알고리즘 살펴보기

◎ 구구단 외우기 프로그램이 올바르게 작동하도록 보기에서 알맞은 말을 찾아서 써 봅시다.

- 답을 쓴다.
- 몇 단을 공부할지 선택한다.
- 구구단 문제를 묻는다.

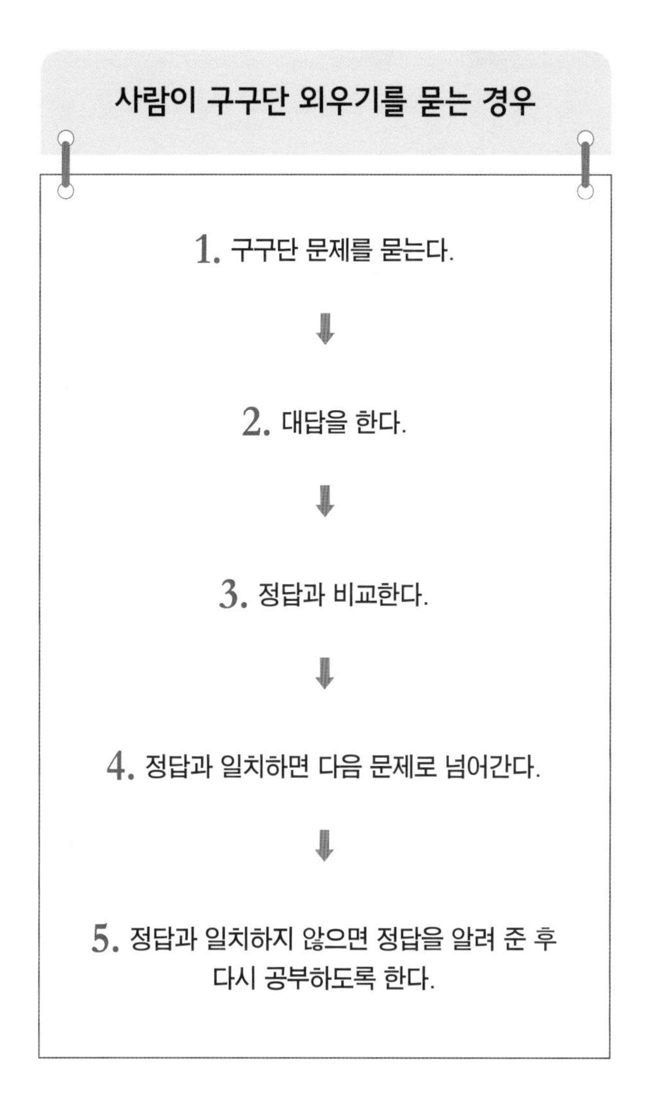

사람이 구구단 외우기를 묻는 경우

1. 구구단 문제를 묻는다.

↓

2. 대답을 한다.

↓

3. 정답과 비교한다.

↓

4. 정답과 일치하면 다음 문제로 넘어간다.

↓

5. 정답과 일치하지 않으면 정답을 알려 준 후 다시 공부하도록 한다.

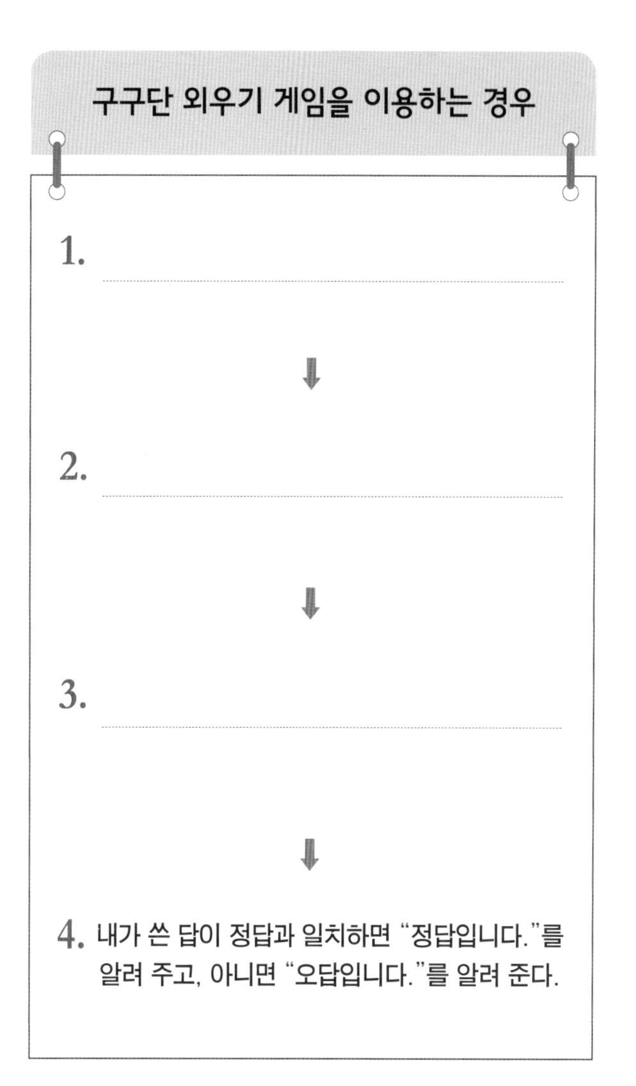

구구단 외우기 게임을 이용하는 경우

1. ______________

↓

2. ______________

↓

3. ______________

↓

4. 내가 쓴 답이 정답과 일치하면 "정답입니다."를 알려 주고, 아니면 "오답입니다."를 알려 준다.

◎ 구구단 외우기 프로그램을 만들어 구구단을 외우면, 어떤 점이 편리할지 이야기해 봅시다.

알고리즘 만들기

◎ 다음 그림은 구구단 외우기 프로그램입니다. 구구단 외우기 프로그램이 작동하는 알고리즘을 만들어 봅시다.

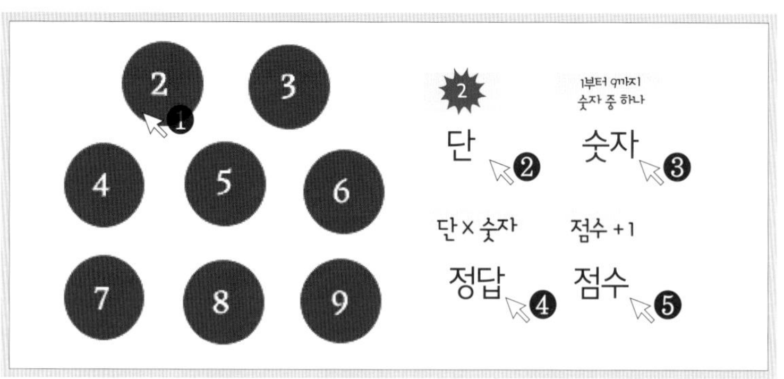

◎ 빈칸에 알맞은 말을 넣어 알고리즘을 완성해 봅시다. 구구단 외우기 알고리즘

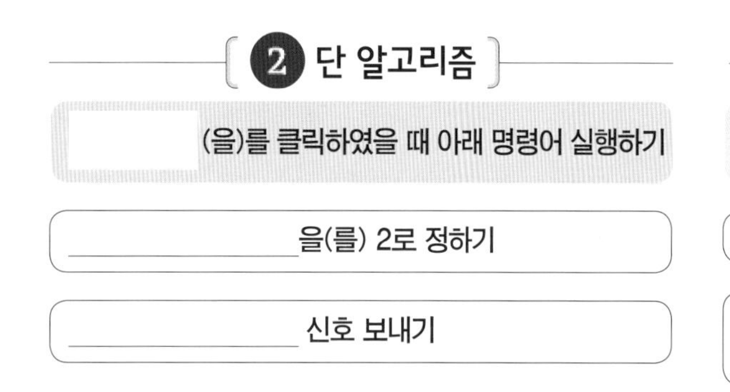

[2 단 알고리즘]

- ______ (을)를 클릭하였을 때 아래 명령어 실행하기
- ______ 을(를) 2로 정하기
- ______ 신호 보내기

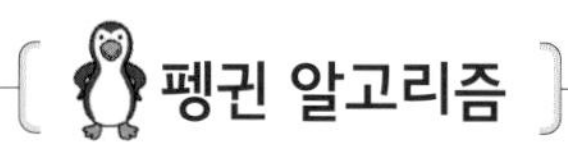

[펭귄 알고리즘]

- 을 클릭하였을 때 아래 명령어 실행하기
- 점수를 0으로 정하기
- 안내 멘트(구구단을 외자!! 구구단을 외자!! 공부할 단을 마우스로 선택하세요)하기

- ______ 을(를) 받았을 때 아래 명령어 실행하기

______ 번 반복하기
　　숫자를 ______ (으)로 정하기
　　______ 을(를) 묻고 기다리기
　　정답을 ______ (으)로 정하기
　　만약 ______ 이면
　　　　"정답입니다." 1초 동안 말하기
　　아니면
　　　　"오답입니다." 1초 동안 말하기

프로그래밍하기 스크래치

화면 구성

예제 주소_ https://scratch.mit.edu/projects/106001762/

'2단' ~ '9단', '펭귄' 스프라이트를 화면에 배치한 후, 구구단 외우기 프로그램을 만들어 봅시다.

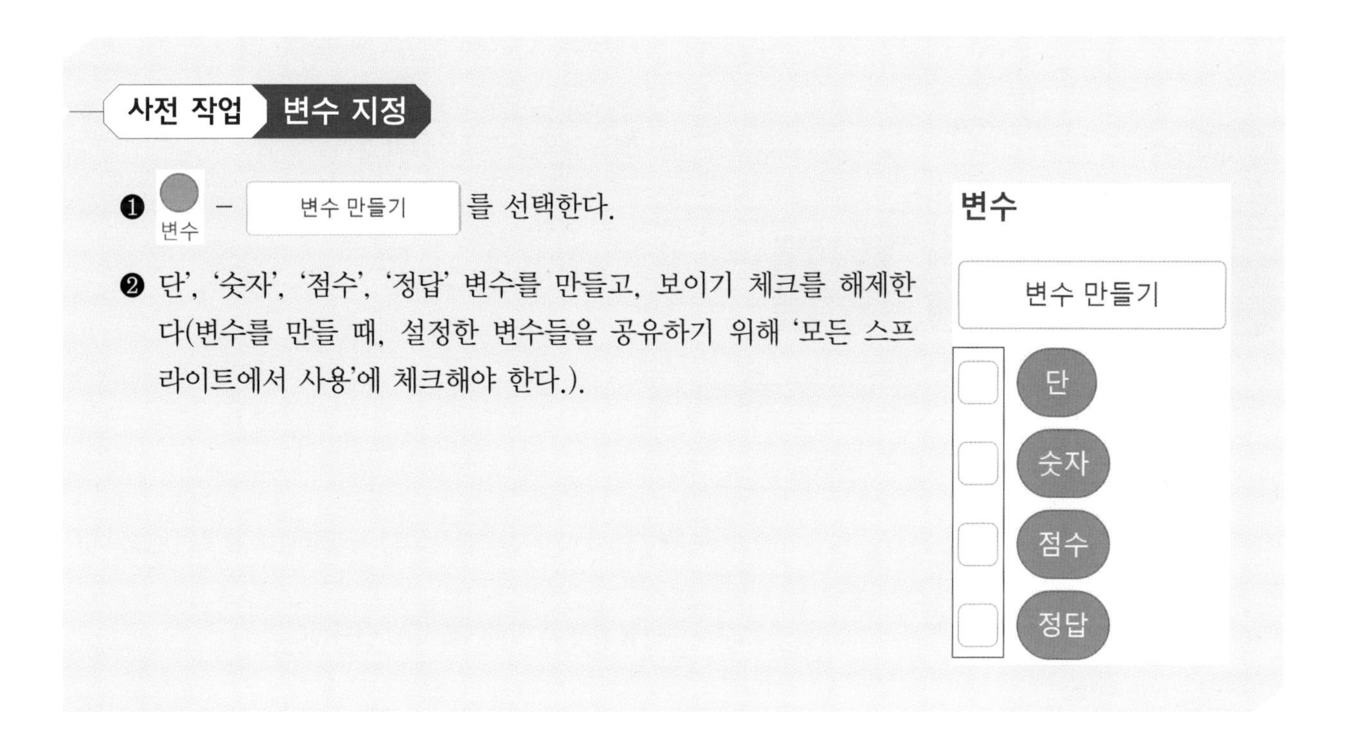

❶ (변수) – 변수 만들기 를 선택한다.

❷ 단', '숫자', '점수', '정답' 변수를 만들고, 보이기 체크를 해제한다(변수를 만들 때, 설정한 변수들을 공유하기 위해 '모든 스프라이트에서 사용'에 체크해야 한다.).

프로그래밍

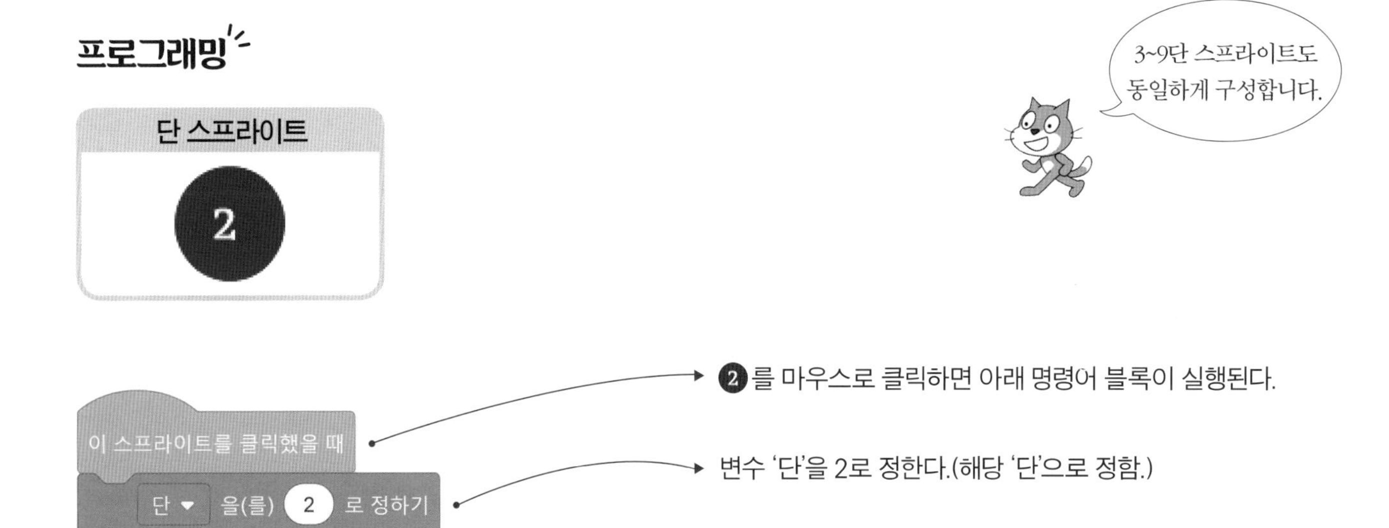

❷를 마우스로 클릭하면 아래 명령어 블록이 실행된다.

변수 '단'을 2로 정한다.(해당 '단'으로 정함.)

'문제 시작' 신호를 보내서 펭귄이 문제를 내도록 한다.

펭귄 스프라이트

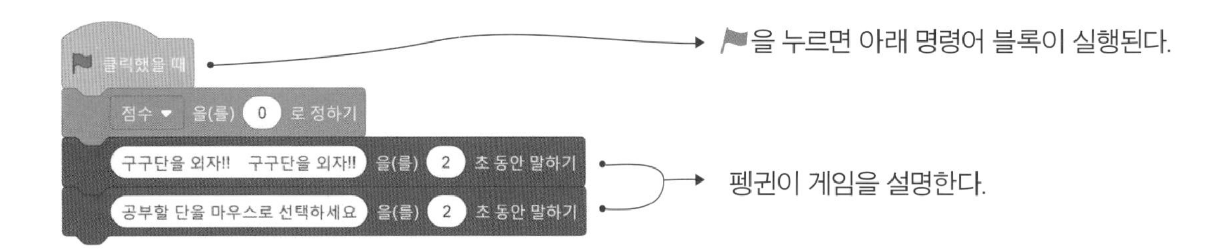
클릭했을 때
점수 을(를) 0 로 정하기
구구단을 외자!! 구구단을 외자!! 을(를) 2 초 동안 말하기
공부할 단을 마우스로 선택하세요 을(를) 2 초 동안 말하기
을 누르면 아래 명령어 블록이 실행된다.
펭귄이 게임을 설명한다.

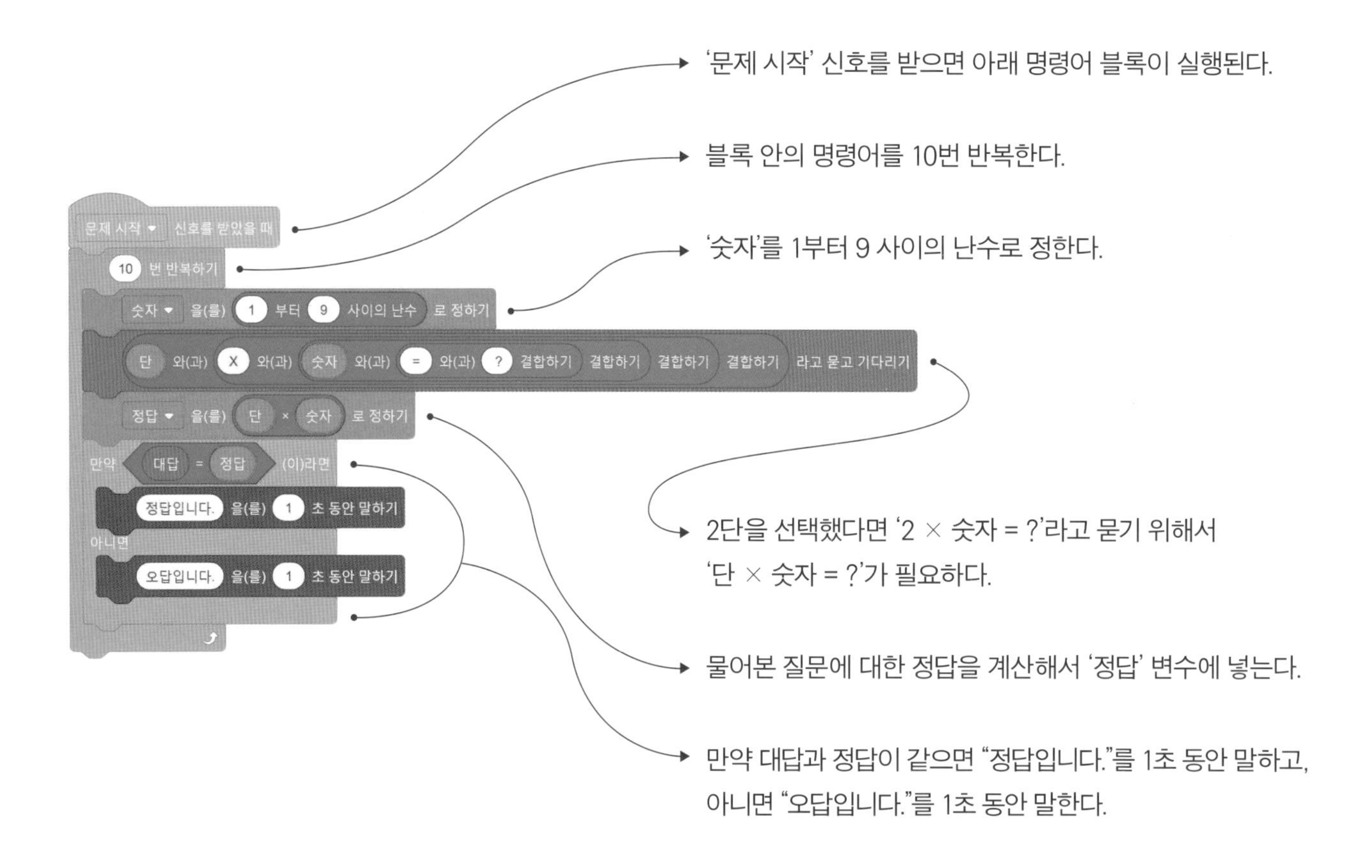
문제 시작 신호를 받았을 때
10 번 반복하기
숫자 을(를) 1 부터 9 사이의 난수 로 정하기
단 와(과) X 와(과) 숫자 와(과) = 와(과) ? 결합하기 결합하기 결합하기 결합하기 라고 묻고 기다리기
정답 을(를) 단 × 숫자 로 정하기
만약 대답 = 정답 (이)라면
정답입니다. 을(를) 1 초 동안 말하기
아니면
오답입니다. 을(를) 1 초 동안 말하기
'문제 시작' 신호를 받으면 아래 명령어 블록이 실행된다.
블록 안의 명령어를 10번 반복한다.
'숫자'를 1부터 9 사이의 난수로 정한다.
2단을 선택했다면 '2 × 숫자 = ?'라고 묻기 위해서 '단 × 숫자 = ?'가 필요하다.
물어본 질문에 대한 정답을 계산해서 '정답' 변수에 넣는다.
만약 대답과 정답이 같으면 "정답입니다."를 1초 동안 말하고, 아니면 "오답입니다."를 1초 동안 말한다.

확인해 보기

◎ 내가 만든 프로그램이 정상적으로 실행되는지 확인해 봅시다.

확인 내용	○, ×
1. 프로그램이 실행되면 펭귄이 게임을 설명하는가?	
2. '단' 스프라이트를 클릭하면 해당하는 단의 문제가 나오는가?	
3. 10문제를 물어보고 문제가 끝나는가?	
4. 답이 맞으면 "정답입니다."라고 말하는가?	
5. 답이 틀리면 "오답입니다."라고 말하는가?	

더하기

점수 변수를 만들어 정답을 맞혔을 때 점수가 +1점씩 올라가도록 프로그램을 수정해 봅시다.

예제 주소_ https://scratch.mit.edu/projects/107350139/

프로그래밍하기 엔트리

화면 구성

예제 주소_ http://naver.me/xncpvylV

'2' ~ '9'단, '펭귄' 오브젝트를 화면에 배치한 후, 구구단 외우기 프로그램을 만들어 봅시다.

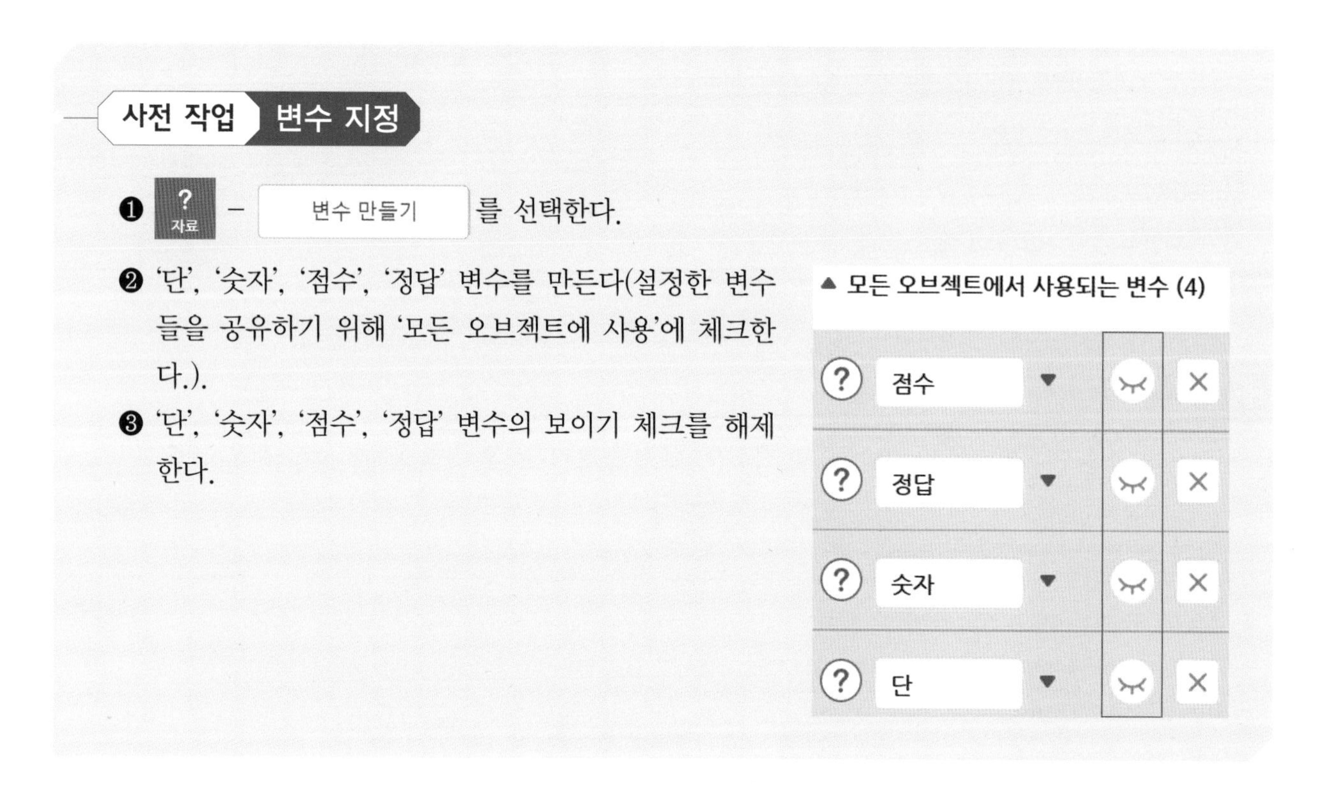

사전 작업 변수 지정

❶ 자료 - 변수 만들기 를 선택한다.

❷ '단', '숫자', '점수', '정답' 변수를 만든다(설정한 변수들을 공유하기 위해 '모든 오브젝트에 사용'에 체크한다.).

❸ '단', '숫자', '점수', '정답' 변수의 보이기 체크를 해제한다.

프로그래밍

단 오브젝트

2

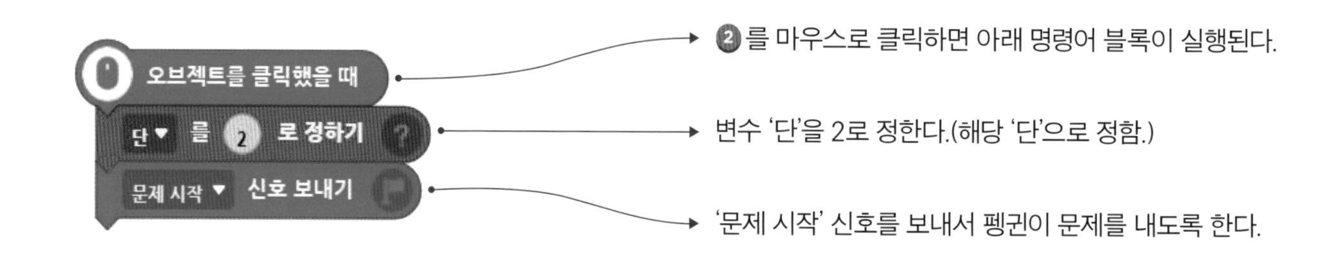

- ❷를 마우스로 클릭하면 아래 명령어 블록이 실행된다.
- 변수 '단'을 2로 정한다.(해당 '단'으로 정함.)
- '문제 시작' 신호를 보내서 펭귄이 문제를 내도록 한다.

펭귄 오브젝트

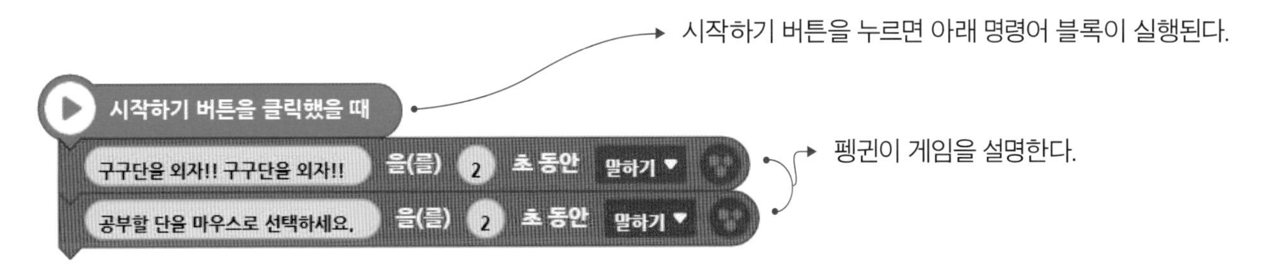
시작하기 버튼을 클릭했을 때
구구단을 외자!! 구구단을 외자!! 을(를) 2 초 동안 말하기
공부할 단을 마우스로 선택하세요. 을(를) 2 초 동안 말하기
시작하기 버튼을 누르면 아래 명령어 블록이 실행된다.
펭귄이 게임을 설명한다.

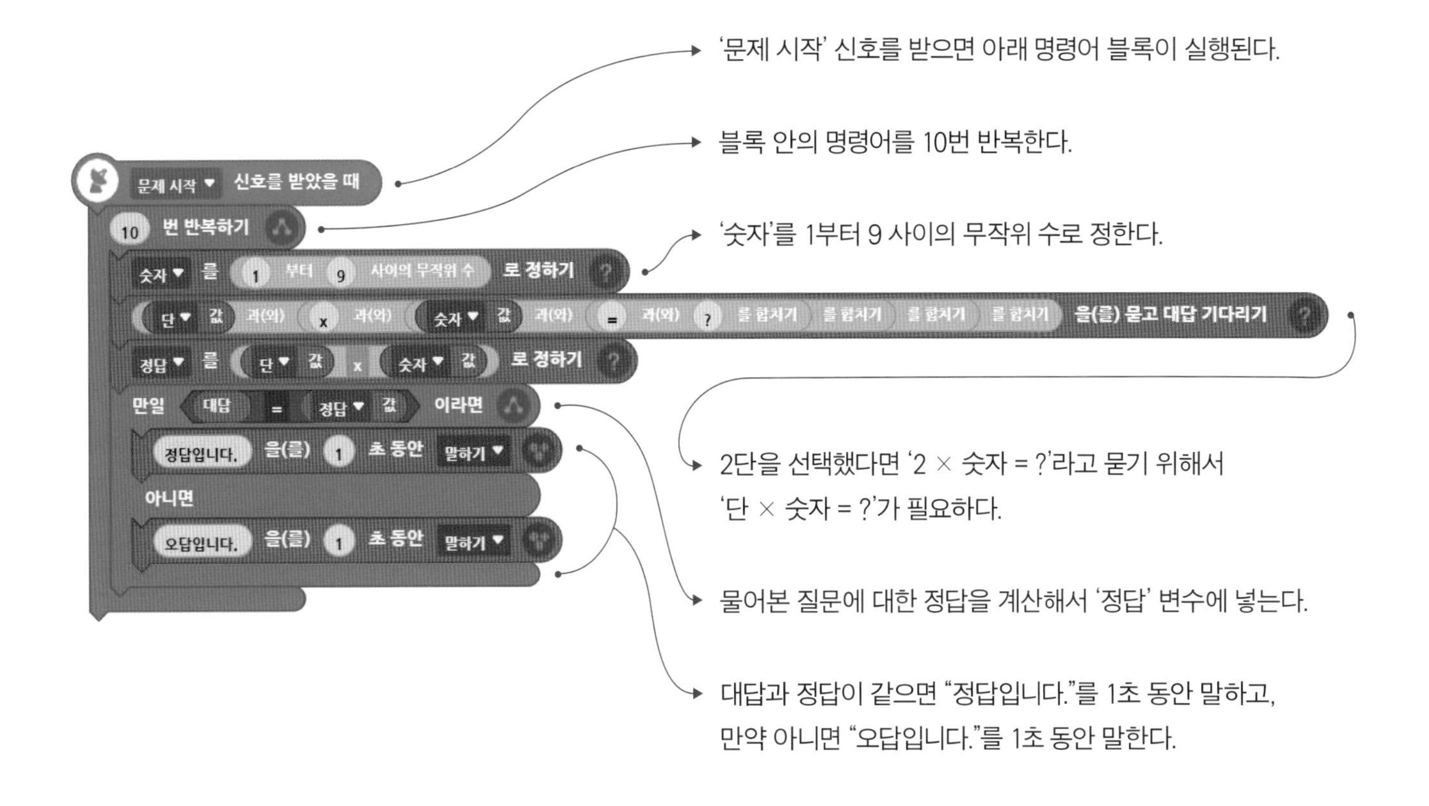
문제 시작 신호를 받았을 때
10 번 반복하기
숫자 를 1 부터 9 사이의 무작위 수 로 정하기
단 값 과(와) x 과(와) 숫자 값 과(와) = 과(와) ? 를 합치기 를 합치기 를 합치기 를 합치기 을(를) 묻고 대답 기다리기
정답 를 단 값 x 숫자 값 로 정하기
만일 대답 = 정답 값 이라면
정답입니다. 을(를) 1 초 동안 말하기
아니면
오답입니다. 을(를) 1 초 동안 말하기
'문제 시작' 신호를 받으면 아래 명령어 블록이 실행된다.
블록 안의 명령어를 10번 반복한다.
'숫자'를 1부터 9 사이의 무작위 수로 정한다.
2단을 선택했다면 '2 × 숫자 = ?'라고 묻기 위해서
'단 × 숫자 = ?'가 필요하다.
물어본 질문에 대한 정답을 계산해서 '정답' 변수에 넣는다.
대답과 정답이 같으면 "정답입니다."를 1초 동안 말하고,
만약 아니면 "오답입니다."를 1초 동안 말한다.

확인해 보기

내가 만든 프로그램이 정상적으로 실행되는지 확인해 봅시다.

확인 내용	○, ×
1. 프로그램이 실행되면 펭귄이 게임을 설명하는가?	
2. '단' 오브젝트를 클릭하면 해당하는 단의 문제가 나오는가?	
3. 10문제를 물어보고 문제가 끝나는가?	
4. 답이 맞으면 "정답입니다."라고 말하는가?	
5. 답이 틀리면 "오답입니다."라고 말하는가?	

더하기

점수 변수를 만들어 정답을 맞혔을 때 점수가 +1점씩 올라가도록 프로그램을 수정해 봅시다.

예제 주소_ http://naver.me/FVU4cr21

구구단 프로그램 만들기

◎ 2단부터 9단까지 구구단을 작성하는 프로그램을 만들어 봅시다.

스크래치 프로그래밍

```
클릭했을 때
i ▾ 을(를) 2 로 정하기
8 번 반복하기
    j ▾ 을(를) 1 로 정하기
    9 번 반복하기
        i 와(과) × 와(과) j 와(과) = 와(과) i × j 결합하기 결합하기 결합하기 결합하기 을(를) 1 초 동안 말하기
        j ▾ 을(를) j + 1 로 정하기
    i ▾ 을(를) i + 1 로 정하기
```

엔트리 프로그래밍

```
시작하기 버튼을 클릭했을 때
i▾ 를 2 로 정하기
8 번 반복하기
    j▾ 를 1 로 정하기
    9 번 반복하기
        i▾ 값 과(와) x 과(와) j▾ 값 과(와) = 과(와) i▾ 값 x j▾ 값 를 합치기 를 합치기 를 합치기 를 합치기 을(를) 1 초 동안 말하기▾
        j▾ 에 1 만큼 더하기
    i▾ 에 1 만큼 더하기
```

◎ 선택 구조를 추가하여 원하는 단의 내용만 출력하는 구구단 프로그램을 만들어 봅시다.

예제 주소_ https://scratch.mit.edu/projects/165299682

예제 주소_ http://naver.me/xMxZblZK

6 우쿨렐레 배우기 프로그램 만들기

이 활동을 하고 나면

- 나비야 음악의 우쿨렐레 코드 손가락 자리표를 알려 주는 프로그램을 만들 수 있다.
- 신호 보내기와 신호 받기를 이해하고, 이를 이용하여 알고리즘을 설계하고 표현할 수 있다.

문제를 찾아서

다음을 보고, 해결해야 할 문제가 무엇인지 알아봅시다.

몇 달 동안 엄마를 졸라서 작고 귀여우면서 기타 같이 생긴 악기인 우쿨렐레를 드디어 갖게 되었다.

와! 엄마 감사합니다. 열심히 연습해서 멋진 음악을 들려 드릴게요.

그래? 기대되는 걸.

아! 그런데 문제가 생겼다. 어떻게 연주하는지를 모르겠다.

도는 이렇게…… 레는 이렇게…… 시……도……

1. 위에서 발생한 문제와 문제 해결을 위해 제시한 방법은 무엇인지 적어 봅시다.

2. 위에서 제시한 문제 해결 방법을 실천하기 위해 우리가 할 수 있는 일을 이야기해 봅시다.

알고리즘으로 표현하기

알고리즘 살펴보기

◎ 우쿨렐레 배우기 프로그램이 올바르게 작동하도록 보기 에서 알맞은 말을 찾아서 써 봅시다.

- 화면을 보고 그대로 연주한다.
- 배우고자 하는 노래를 선택한다.

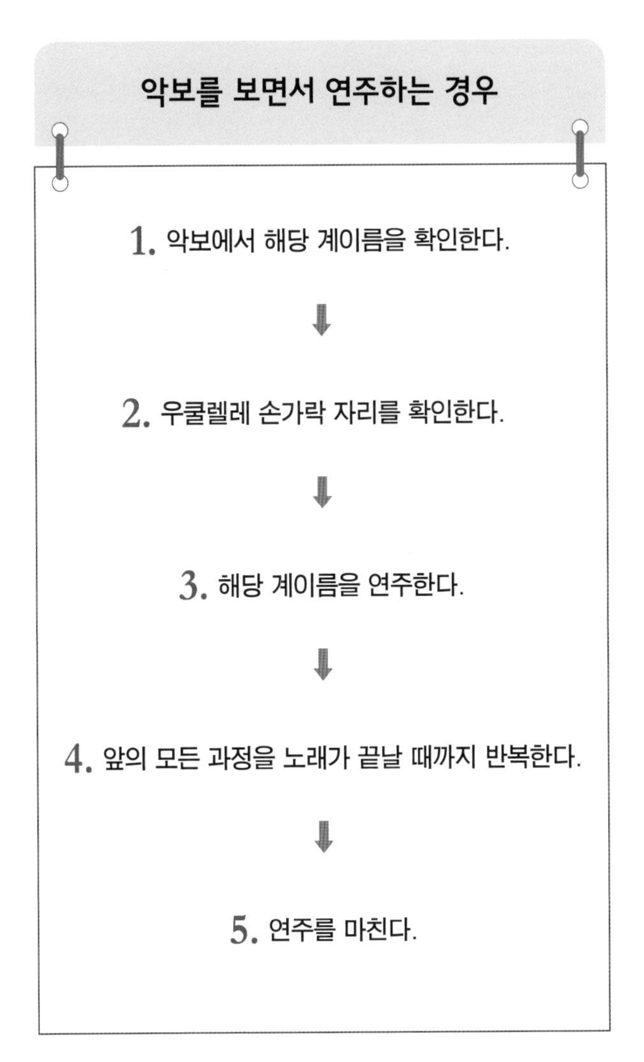

◎ 우쿨렐레 배우기 프로그램을 만들어 연주하면 어떤 점이 편리할지 이야기해 봅시다.

알고리즘 만들기

다음 그림은 우쿨렐레 배우기 프로그램입니다. 우쿨렐레 배우기 프로그램이 작동하는 알고리즘을 만들어 봅시다.

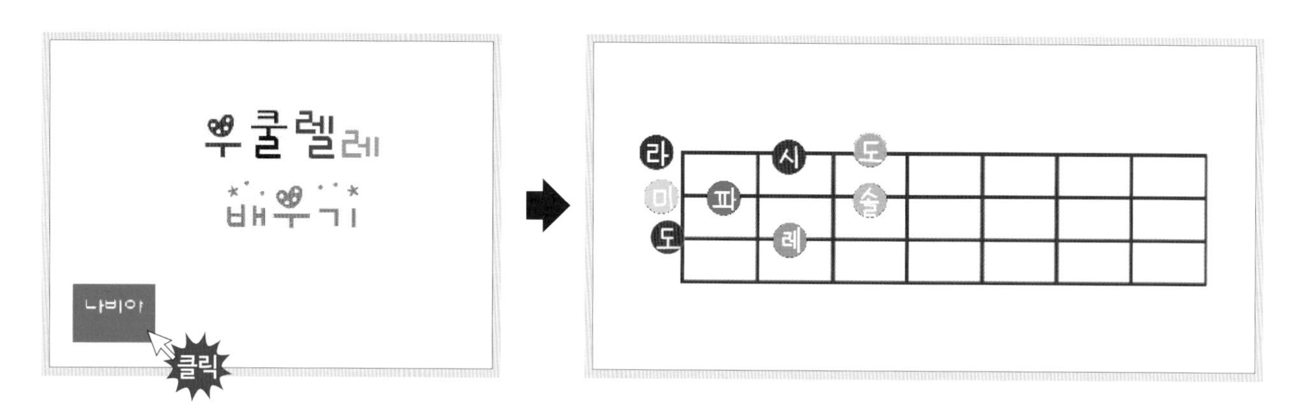

빈칸에 알맞은 말을 넣어 알고리즘을 완성해 봅시다. 우쿨렐레 배우기 알고리즘

[나비야 알고리즘]

- 나비야 를 클릭하였을 때 아래 명령어 실행하기
- ________ 신호 보내기
- ________ 신호 보내기
- ________ 초 기다리기

[도 알고리즘]

- 을 클릭하였을 때 아래 명령어 실행하기
- 숨기기
- 도를 받았을 때
- 보이기
- 0.5초 기다리기
- 숨기기

[우쿨렐레 알고리즘]

- 을 클릭하였을 때 아래 명령어 실행하기
- 숨기기
- '나비야' 신호를 받았을 때 아래 명령어 실행하기
- ________

같은 방법으로 레, 미, 파, 솔, 라, 시, 높은 도 스프라이트도 제작합니다.

프로그래밍하기 스크래치

화면 구성

예제 주소_ https://scratch.mit.edu/projects/105517266/

배경과 '낮은도'~'높은도', '우쿨렐레', '나비야' 스프라이트를 화면에 배치한 후, 우쿨렐레 배우기 프로그램을 만들어 봅시다.

사전 작업 1 배경 만들기

❖ 배경 준비하기

❶ 무대 ➡ 배경 ➡ T를 선택한다.

❷ 그림판 위를 마우스로 누르고 커서가 나오면 '우쿨렐레 배우기'를 입력하고 꾸민다.

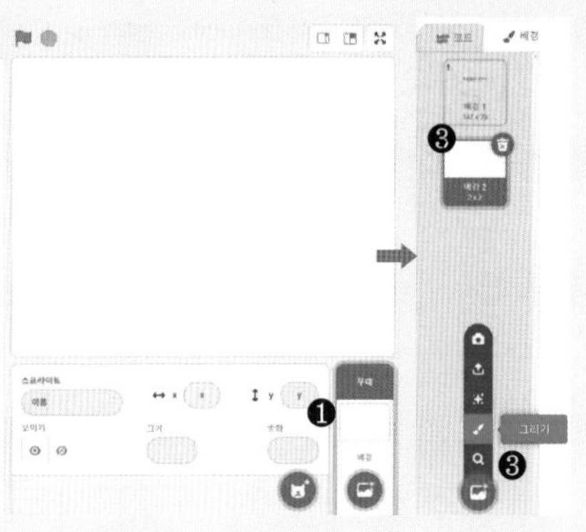

❸ 배경 고르기에서 그리기를 눌러 배경 2를 추가한다.

사전 작업 2 스프라이트 만들기

❖ 나비야 스프라이트 만들기

❶ 스프라이트 고르기에서 그리기를 선택하고 보이기의 ⊘을 눌러 무대에서 보이지 않게 한다.

❷ T를 선택하고 그림판 위를 마우스로 눌렀을 때 커서가 나오면 '나비야'를 입력한다.

❸ □을 눌러 그림판에 사각형을 그리고, 채우기 색을 눌러 색을 채운다.

❹ '뒤로'를 눌러 사각형이 '나비야' 글자 뒤로 가도록 한다.(▶을 누르고, 사각형을 눌러야 활성화된다.)

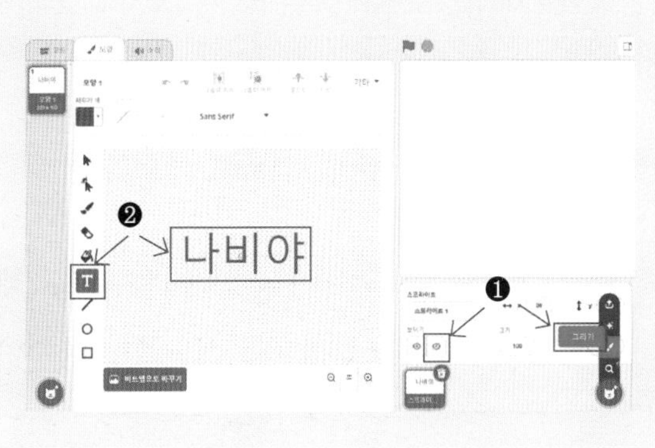

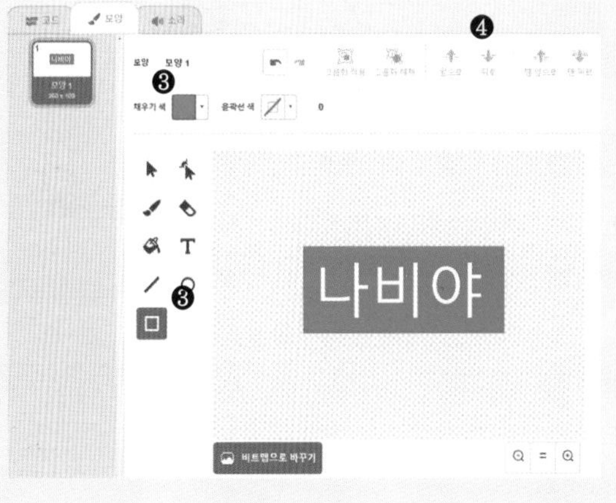

❖ 우쿨렐레 스프라이트 그리기

❶ 스프라이트 고르기에서 그리기를 선택한다.

❷ □을 눌러 적당한 크기의 [　　　　]을 그린다.

❸ 을 누른 뒤, '복사'를 눌러 모양을 복사하고 '붙이기'를 눌러 복사한 모양을 붙여 넣는 과정을 반복하여 손가락 자리표를 그린다.

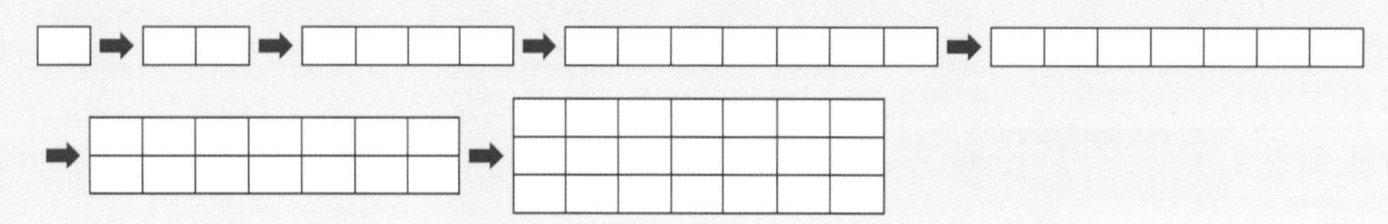

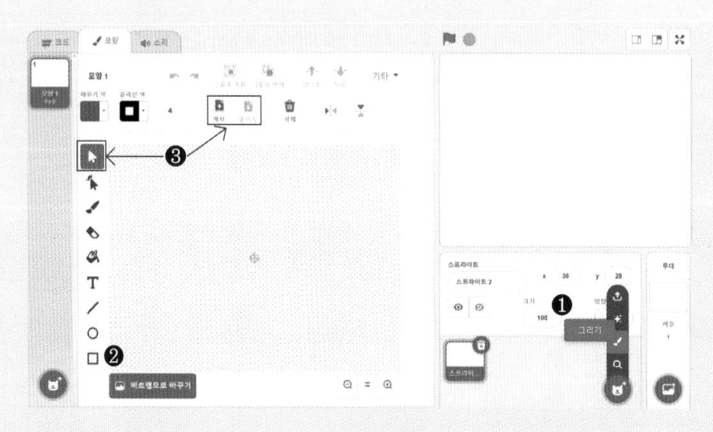

❹ 스프라이트 고르기에서 그리기를 선택하여 그림판에 원을 그린다. T를 누르고 '도'를 입력한다. 스프라이트 '도'를 복사하고 수정하여 '레', '미', '파', '솔', '라', '시', '높은 도' 스프라이트를 만든다.

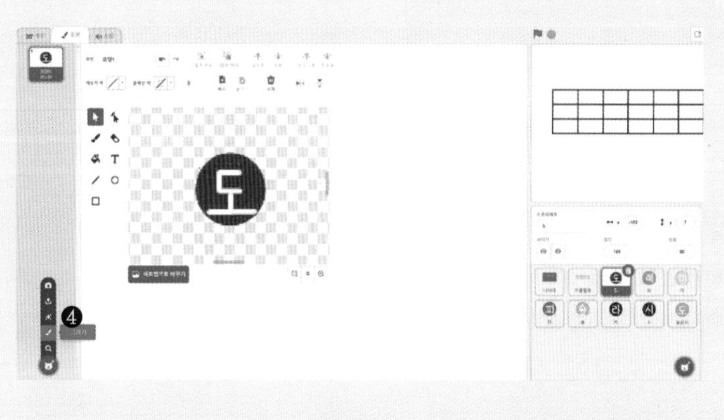

〈나비야 악보〉

프로그래밍

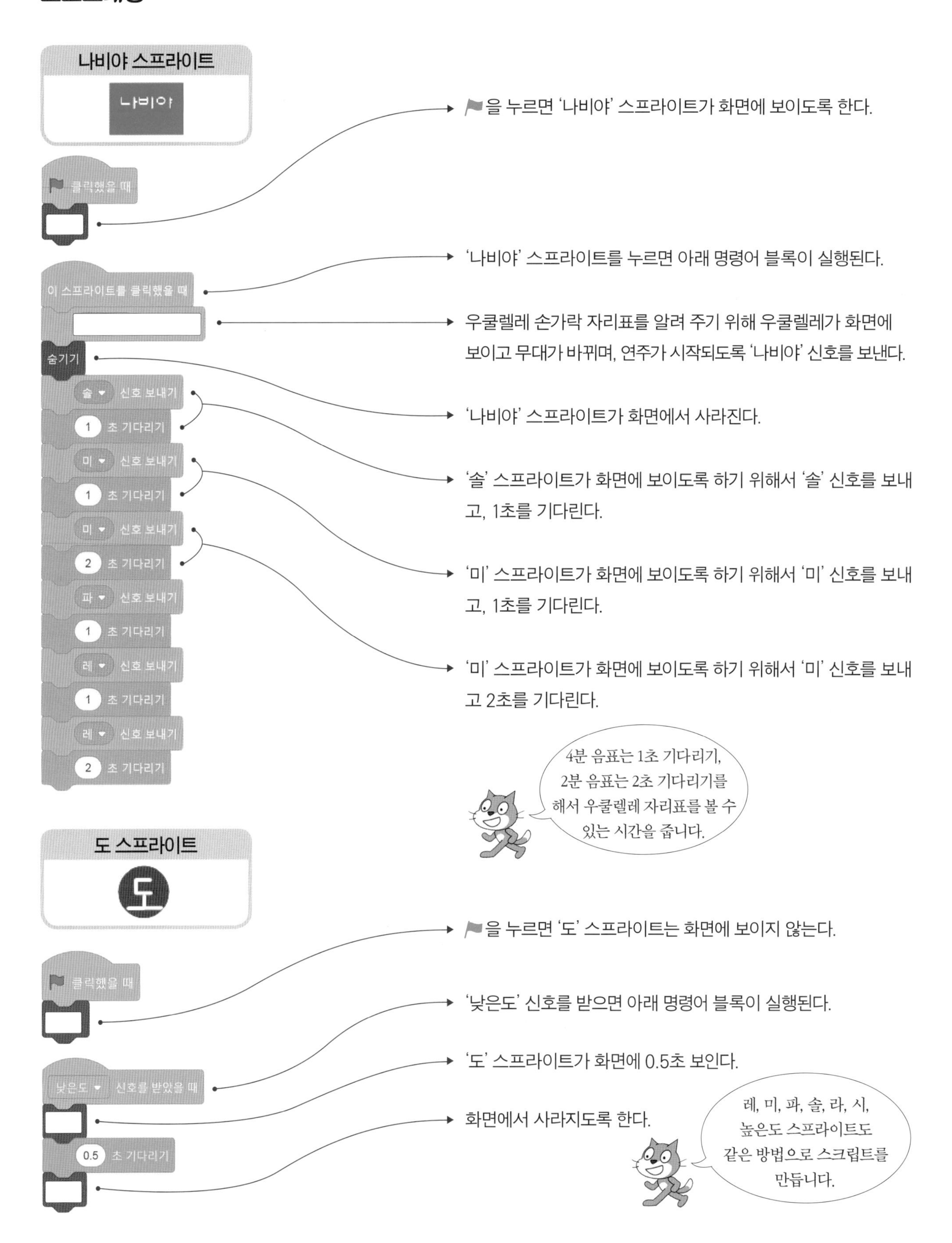

나비야 스프라이트
나비야
클릭했을 때
을 누르면 '나비야' 스프라이트가 화면에 보이도록 한다.
이 스프라이트를 클릭했을 때
'나비야' 스프라이트를 누르면 아래 명령어 블록이 실행된다.
우쿨렐레 손가락 자리표를 알려 주기 위해 우쿨렐레가 화면에 보이고 무대가 바뀌며, 연주가 시작되도록 '나비야' 신호를 보낸다.
숨기기
'나비야' 스프라이트가 화면에서 사라진다.
솔 신호 보내기
1 초 기다리기
'솔' 스프라이트가 화면에 보이도록 하기 위해서 '솔' 신호를 보내고, 1초를 기다린다.
미 신호 보내기
1 초 기다리기
'미' 스프라이트가 화면에 보이도록 하기 위해서 '미' 신호를 보내고, 1초를 기다린다.
미 신호 보내기
2 초 기다리기
'미' 스프라이트가 화면에 보이도록 하기 위해서 '미' 신호를 보내고 2초를 기다린다.
파 신호 보내기
1 초 기다리기
레 신호 보내기
1 초 기다리기
레 신호 보내기
2 초 기다리기
4분 음표는 1초 기다리기, 2분 음표는 2초 기다리기를 해서 우쿨렐레 자리표를 볼 수 있는 시간을 줍니다.
도 스프라이트
도
클릭했을 때
을 누르면 '도' 스프라이트는 화면에 보이지 않는다.
낮은도 신호를 받았을 때
'낮은도' 신호를 받으면 아래 명령어 블록이 실행된다.
'도' 스프라이트가 화면에 0.5초 보인다.
0.5 초 기다리기
화면에서 사라지도록 한다.
레, 미, 파, 솔, 라, 시, 높은도 스프라이트도 같은 방법으로 스크립트를 만듭니다.

우쿨렐레 스프라이트

클릭했을 때
숨기기

→ 을 누르면 손가락 자리표가 화면에서 사라진다.

나비야 ▼ 신호를 받았을 때
보이기

→ '나비야' 신호를 받으면 손가락 자리표가 화면에 보인다.

배경

우쿨렐레 배우기

나비야

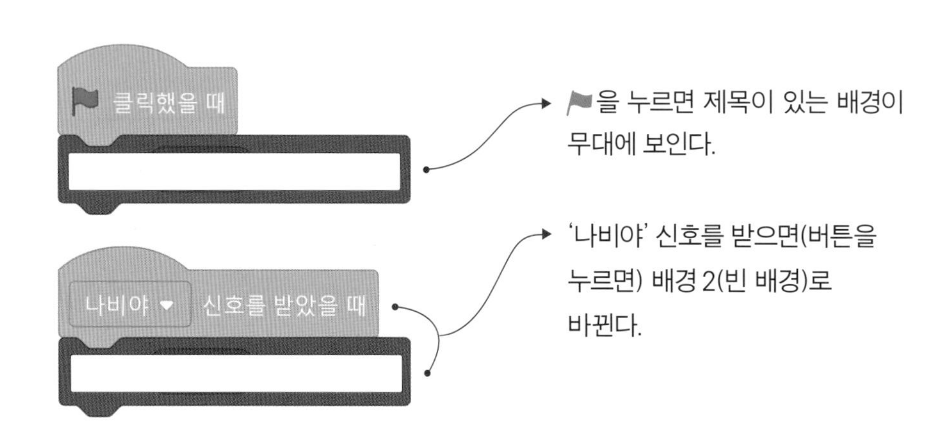

확인해 보기

내가 만든 프로그램이 정상적으로 실행되는지 확인해 봅시다.

확인 내용	○, ×
1. 프로그램이 실행되면 무대에 제목과 '나비야' 버튼이 나오는가?	
2. '나비야' 버튼을 누르면 무대가 바뀌고 버튼이 사라지며, 우쿨렐레 손가락 자리표가 나오는가?	
3. 계이름에 알맞은 우쿨렐레 자리에 '낮은도'~'높은도' 스프라이트가 나오는가?	
4. 4분 음표는 짧게, 2분 음표는 길게 표시되는가?	

더하기

해당 음계 스프라이트가 보일 때 음계 소리도 나도록 프로그램을 수정해 봅시다.

(60 번 음을 0.25 박자로 연주하기 활용)

예제 주소_ https://scratch.mit.edu/projects/107352916

프로그래밍하기 엔트리

화면 구성

예제 주소_ http://naver.me/F4iGt6Wo

◎ '도'~'높은도', '우쿨렐레', '나비야' 오브젝트를 화면에 배치한 후, 우쿨렐레 배우기 프로그램을 만들어 봅시다.

사전 작업 배경과 오브젝트 만들기

❖ 배경 준비하기

❶ 엔트리에서는 [글상자]를 이용하면 한글 사용이 편리하다.

❷ [오브젝트 추가하기] 버튼을 누르고, 상단 맨 오른쪽 [글상자] 기능을 이용하여 글상자 오브젝트를 추가한다.

❖ 오브젝트 준비하기

❶ '도' 오브젝트를 만든다.

❷ ● 을 누르고 그림판에서 원을 만든다.

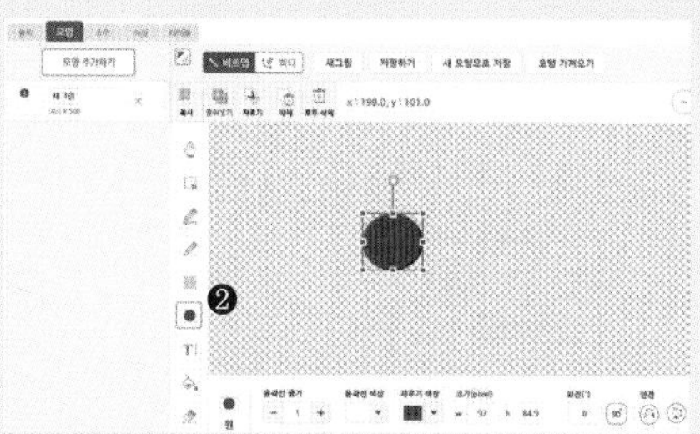

❸ T|를 누르고 '도'를 입력한다.

❹ 같은 방법으로 '레', '미', '파', '솔', '라', '시', '높은 도' 오브젝트를 만든다.

프로그래밍

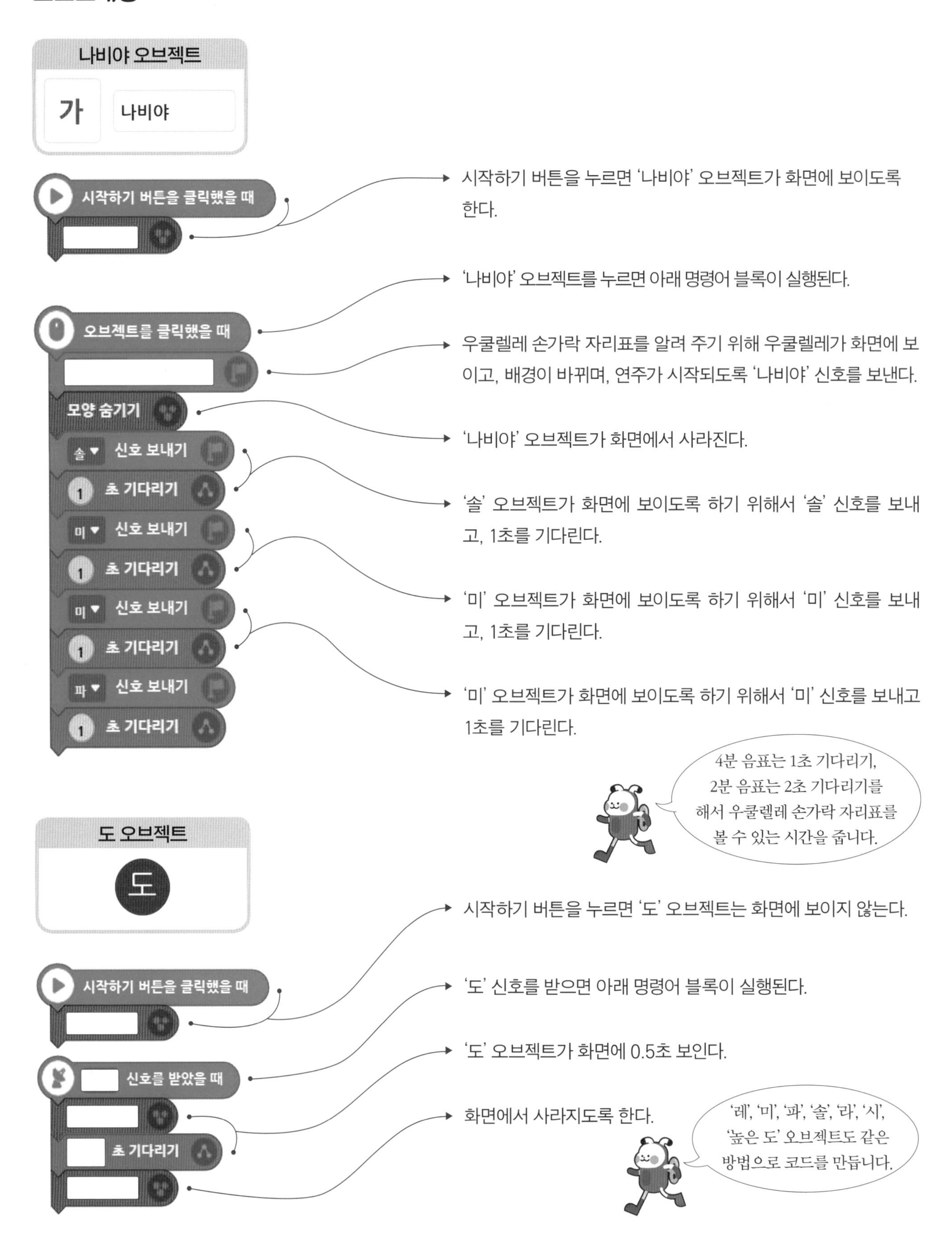

나비야 오브젝트
가
나비야
시작하기 버튼을 클릭했을 때
시작하기 버튼을 누르면 '나비야' 오브젝트가 화면에 보이도록 한다.
'나비야' 오브젝트를 누르면 아래 명령어 블록이 실행된다.
오브젝트를 클릭했을 때
우쿨렐레 손가락 자리표를 알려 주기 위해 우쿨렐레가 화면에 보이고, 배경이 바뀌며, 연주가 시작되도록 '나비야' 신호를 보낸다.
모양 숨기기
'나비야' 오브젝트가 화면에서 사라진다.
솔 신호 보내기
1 초 기다리기
'솔' 오브젝트가 화면에 보이도록 하기 위해서 '솔' 신호를 보내고, 1초를 기다린다.
미 신호 보내기
1 초 기다리기
'미' 오브젝트가 화면에 보이도록 하기 위해서 '미' 신호를 보내고, 1초를 기다린다.
미 신호 보내기
1 초 기다리기
'미' 오브젝트가 화면에 보이도록 하기 위해서 '미' 신호를 보내고 1초를 기다린다.
파 신호 보내기
1 초 기다리기
4분 음표는 1초 기다리기, 2분 음표는 2초 기다리기를 해서 우쿨렐레 손가락 자리표를 볼 수 있는 시간을 줍니다.
도 오브젝트
도
시작하기 버튼을 누르면 '도' 오브젝트는 화면에 보이지 않는다.
시작하기 버튼을 클릭했을 때
'도' 신호를 받으면 아래 명령어 블록이 실행된다.
'도' 오브젝트가 화면에 0.5초 보인다.
신호를 받았을 때
화면에서 사라지도록 한다.
초 기다리기
'레', '미', '파', '솔', '라', '시', '높은 도' 오브젝트도 같은 방법으로 코드를 만듭니다.

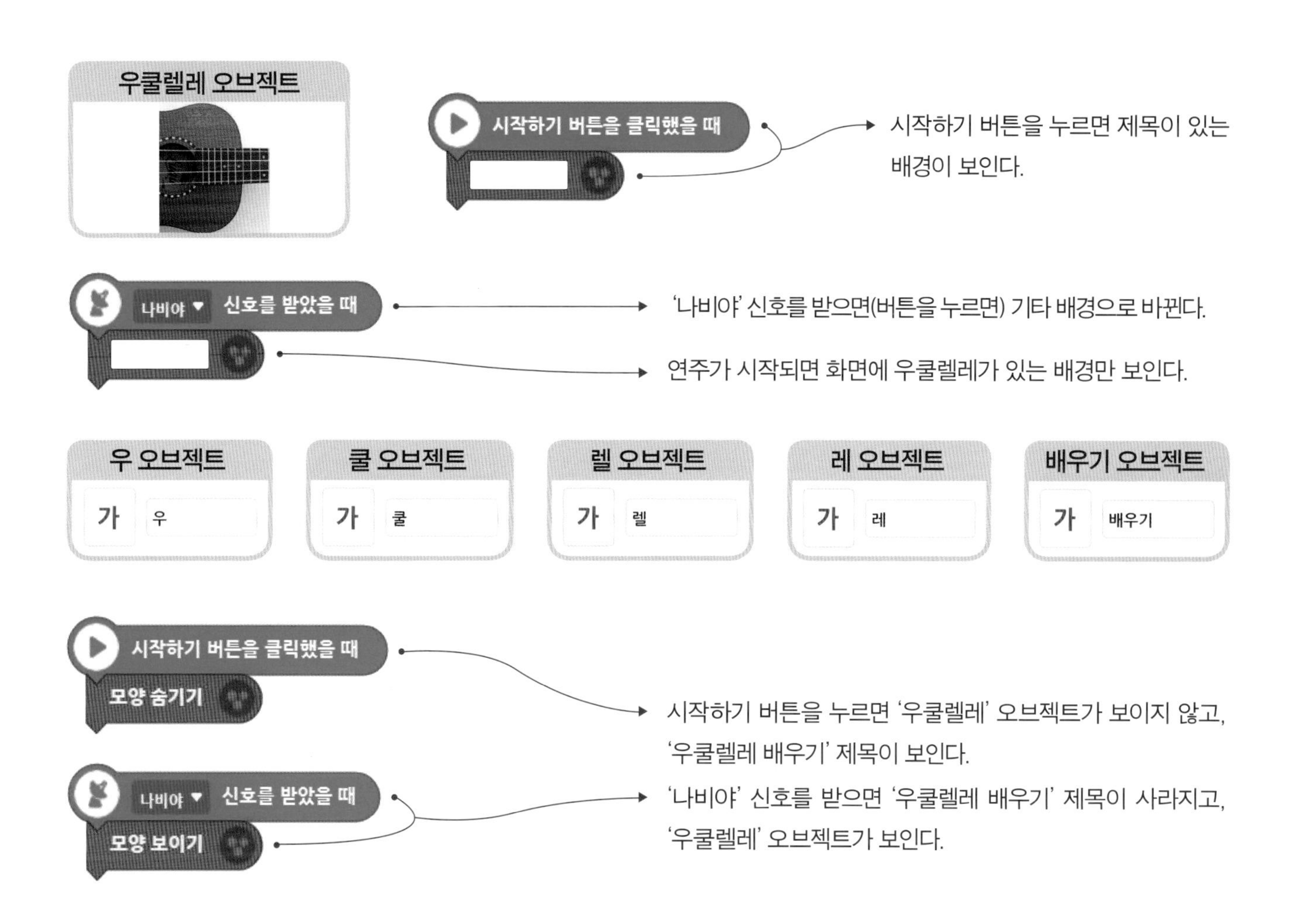

확인해 보기

◎ 내가 만든 프로그램이 정상적으로 실행되는지 확인해 봅시다.

확인 내용	○, ×
1. 프로그램이 실행되면 배경에 제목과 '나비야' 버튼이 나오는가?	
2. '나비야' 버튼을 누르면 무대가 바뀌고 버튼이 사라지며, 우쿨렐레 오브젝트가 나오는가?	
3. 계이름에 알맞은 우쿨렐레 자리에 '도' ~ '높은도' 오브젝트가 나오는가?	
4. 4분 음표는 짧게, 2분 음표는 길게 표시되는가?	

더하기

해당 음계 오브젝트가 보일 때 음계 소리도 나도록 프로그램을 수정해 봅시다.
(

활용)

예제 주소_ http://naver.me/Fcj0g12C

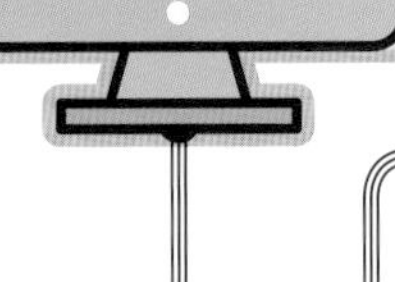

독수리 조종하기 프로그램 만들기

이 활동을 하고 나면

- 키보드의 방향키를 눌러 덤불을 피해 날아다니는 독수리 조종하기 프로그램을 만들 수 있다.
- 변수, 연산자, 입력, 출력, 제어 구조를 종합적으로 활용하여 프로그램을 만들 수 있다.

문제를 찾아서

다음을 보고, 해결해야 할 문제가 무엇인지 알아봅시다.

1. 위에서 발생한 문제와 문제 해결을 위해 제시한 방법은 무엇인지 적어 봅시다.

2. 위에서 제시한 문제 해결 방법을 실천하기 위해 우리가 할 수 있는 일을 이야기해 봅시다.

알고리즘으로 표현하기

알고리즘 살펴보기

◎ 독수리 조종하기 프로그램이 올바르게 작동하도록 보기에서 알맞은 말을 찾아서 써 봅시다.

- 덤불이 무작위의 위치에 연속적으로 나타나 움직이게 한다.
- 독수리가 덤불이나 벽에 닿으면 게임이 끝난다.
- 키보드의 방향키를 눌러 독수리를 위, 아래로 움직이게 한다.

진짜 독수리를 훈련시키는 경우

1. 어린 독수리를 훈련시킨다.

↓

2. 훈련시킨 독수리를 숲에서 날린다.

↓

3. 독수리가 숲에서 나뭇가지와 덤불 등의 장애물을 피해 날아다닌다.

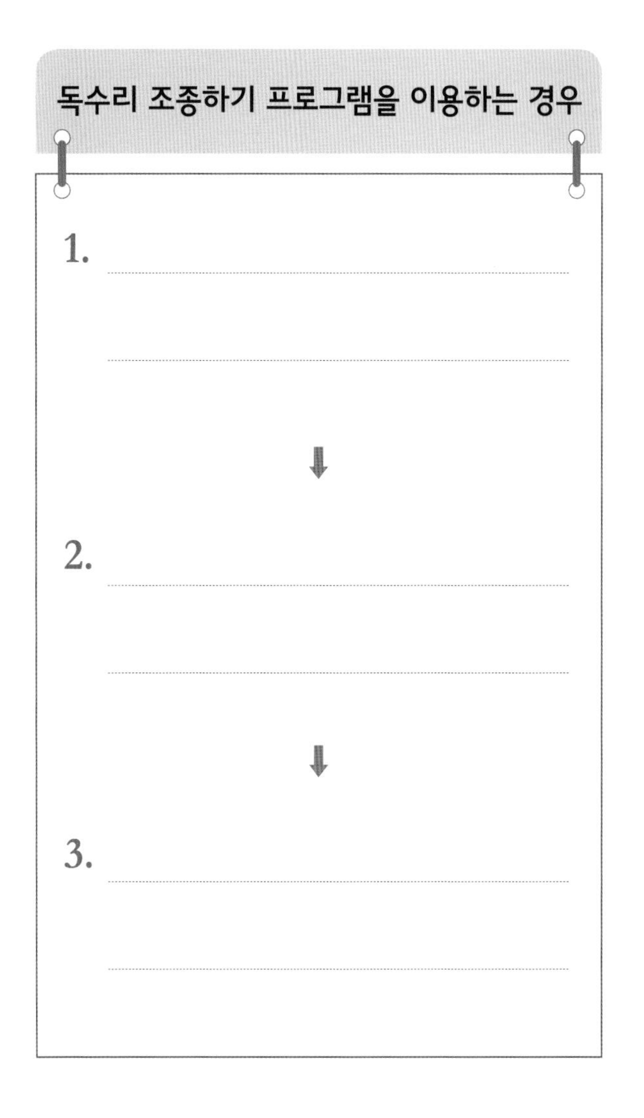

◎ 독수리 조종하기 프로그램을 만들어 사용하면 어떤 점이 좋을지 이야기해 봅시다.

알고리즘 만들기

◎ 다음 그림은 독수리 조종하기 프로그램입니다. 독수리 조종하기 프로그램이 작동하는 알고리즘을 만들어 봅시다.

◎ 빈칸에 알맞은 말을 넣어 알고리즘을 완성해 봅시다. 독수리 조종하기 알고리즘

알고리즘

을 클릭하였을 때 아래 명령어 실행하기

계속 반복하기

만약 위쪽 화살표가 눌려져 있다면
'독수리' 변수를 1로 설정하기
아래쪽 화살표가 눌려져 있다면
'독수리' 변수를 −1로 설정하기

을 클릭하였을 때 아래 명령어 실행하기

계속 반복하기

y좌표를 '독수리' 변수만큼 변경하기

만약 '덤불1'에 닿거나 '덤불2'에 닿으면
_____ 신호 보내기

알고리즘

을 클릭하였을 때 아래 명령어 실행하기

계속 반복하기

0~3 사이의 임의의 난수 초 기다리기

'나 자신' _____

복제되었을 때 아래 명령어 실행하기

임의의 위치에 나타나기

계속 반복하기

x좌표를 -2만큼 변경하기

만약 _____이 왼쪽으로 이동하다가
실행 화면 밖으로 이동하면
이 _____ 삭제하기

프로그래밍하기 스크래치

화면 구성

예제 주소_ https://scratch.mit.edu/projects/399061046

'Savanna' 배경을 고르고, '독수리', '덤불' 스프라이트를 업로드한 후, 화면에 배치합니다. 그리고 프로그램에 사용될 변수를 만든 후, 독수리 조종하기 프로그램을 만들어 봅시다.

사전 작업 1 배경과 스프라이트 만들기

❶ 무대에 필요한 배경 스프라이트를 선택하여 추가한다.

(Savanna)

❷ '독수리' 스프라이트를 업로드한 뒤 (−170, 0)에 배치하고, 크기는 30으로 설정한다.

(독수리)

❸ 상단 '덤불' 스프라이트를 업로드한 뒤 (200, 110)에 배치하고, 크기는 40, 방향은 90으로 설정한다.

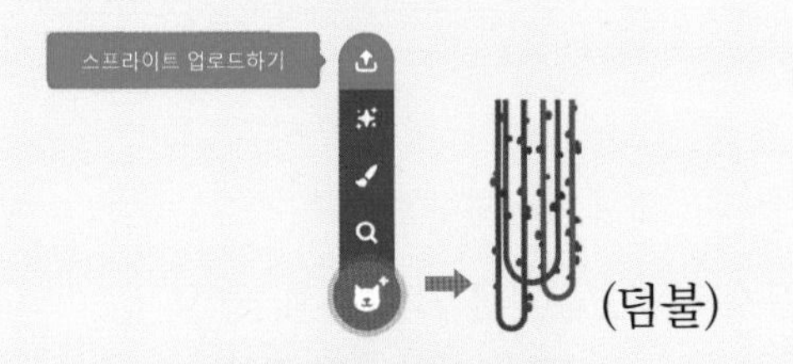

(덤불)

❹ ❸의 덤불을 복사하고, (160, −120)에 배치한다. 크기는 40, 방향은 −90으로 설정하여, 하단 '덤불' 스프라이트를 배치한다.

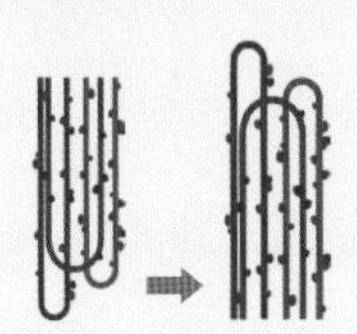

사전 작업 2 변수 만들기

❶ 변수 - 변수 만들기를 선택한다.
❷ 변수 이름을 '독수리'라고 입력하고 확인을 누른다.
❸ 화면에 변수 이름이 표시되지 않도록 체크 박스를 해제한다.

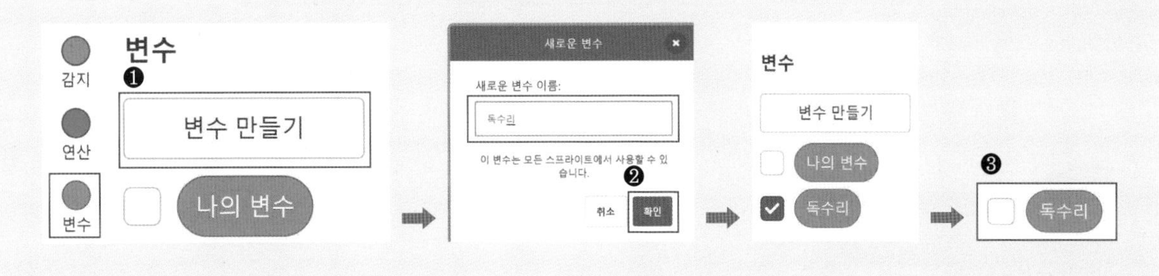

프로그래밍

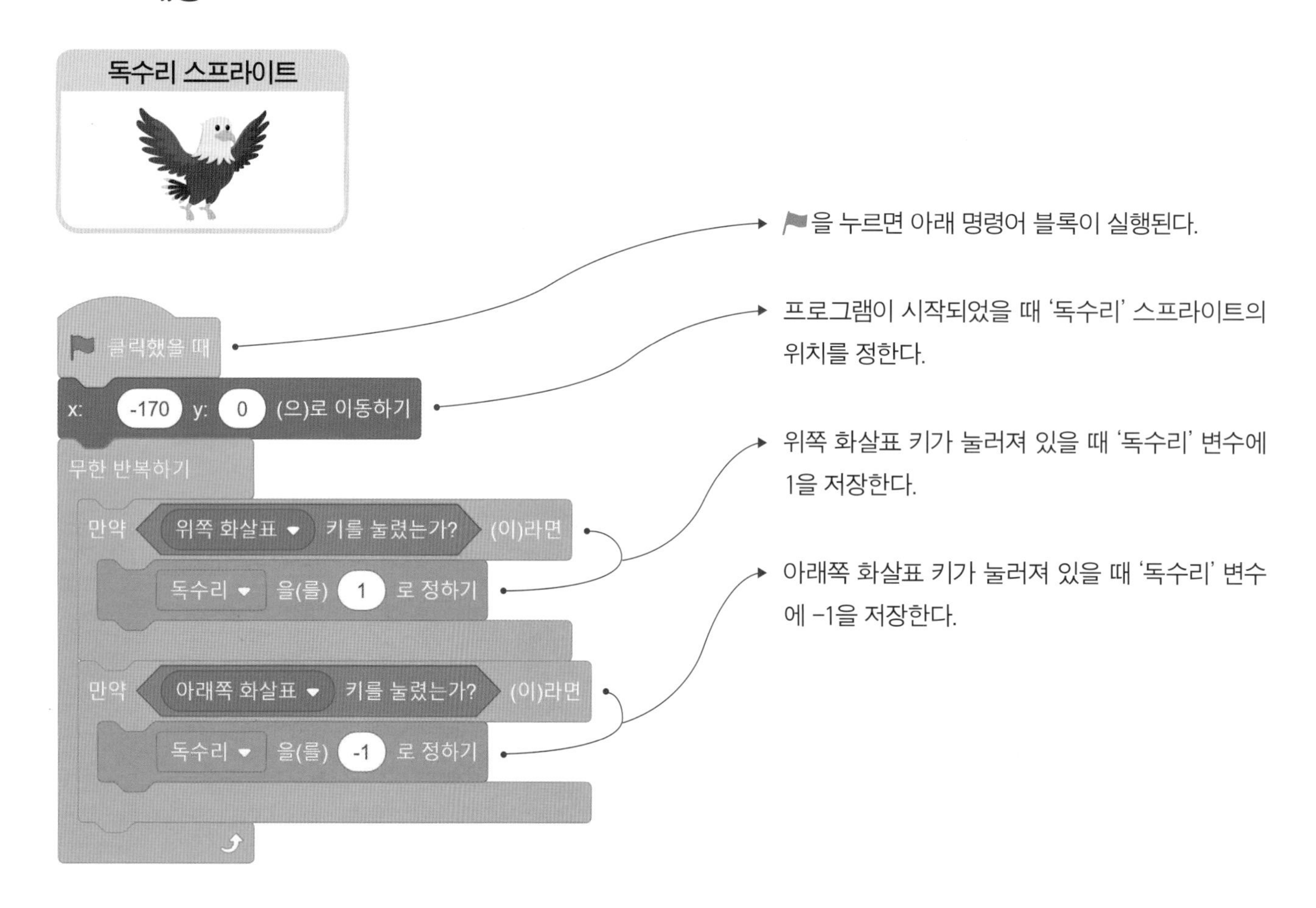
독수리 스프라이트
클릭했을 때
x: -170 y: 0 (으)로 이동하기
무한 반복하기
만약 위쪽 화살표 키를 눌렀는가? (이)라면
독수리 을(를) 1 로 정하기
만약 아래쪽 화살표 키를 눌렀는가? (이)라면
독수리 을(를) -1 로 정하기
을 누르면 아래 명령어 블록이 실행된다.
프로그램이 시작되었을 때 '독수리' 스프라이트의 위치를 정한다.
위쪽 화살표 키가 눌러져 있을 때 '독수리' 변수에 1을 저장한다.
아래쪽 화살표 키가 눌러져 있을 때 '독수리' 변수에 −1을 저장한다.

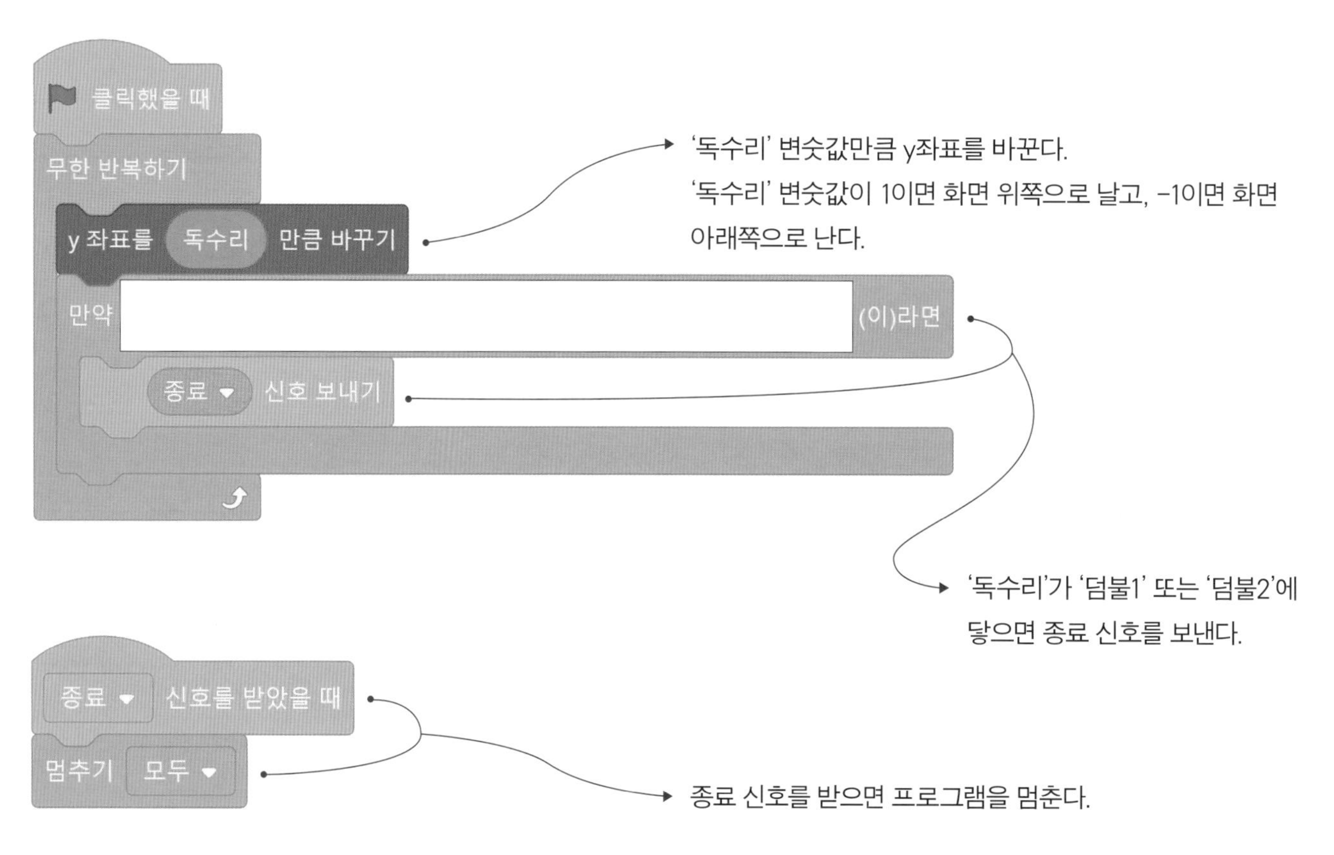
클릭했을 때
무한 반복하기
y 좌표를 독수리 만큼 바꾸기
만약 (이)라면
종료 신호 보내기
종료 신호를 받았을 때
멈추기 모두
'독수리' 변숫값만큼 y좌표를 바꾼다.
'독수리' 변숫값이 1이면 화면 위쪽으로 날고, −1이면 화면 아래쪽으로 난다.
'독수리'가 '덤불1' 또는 '덤불2'에 닿으면 종료 신호를 보낸다.
종료 신호를 받으면 프로그램을 멈춘다.

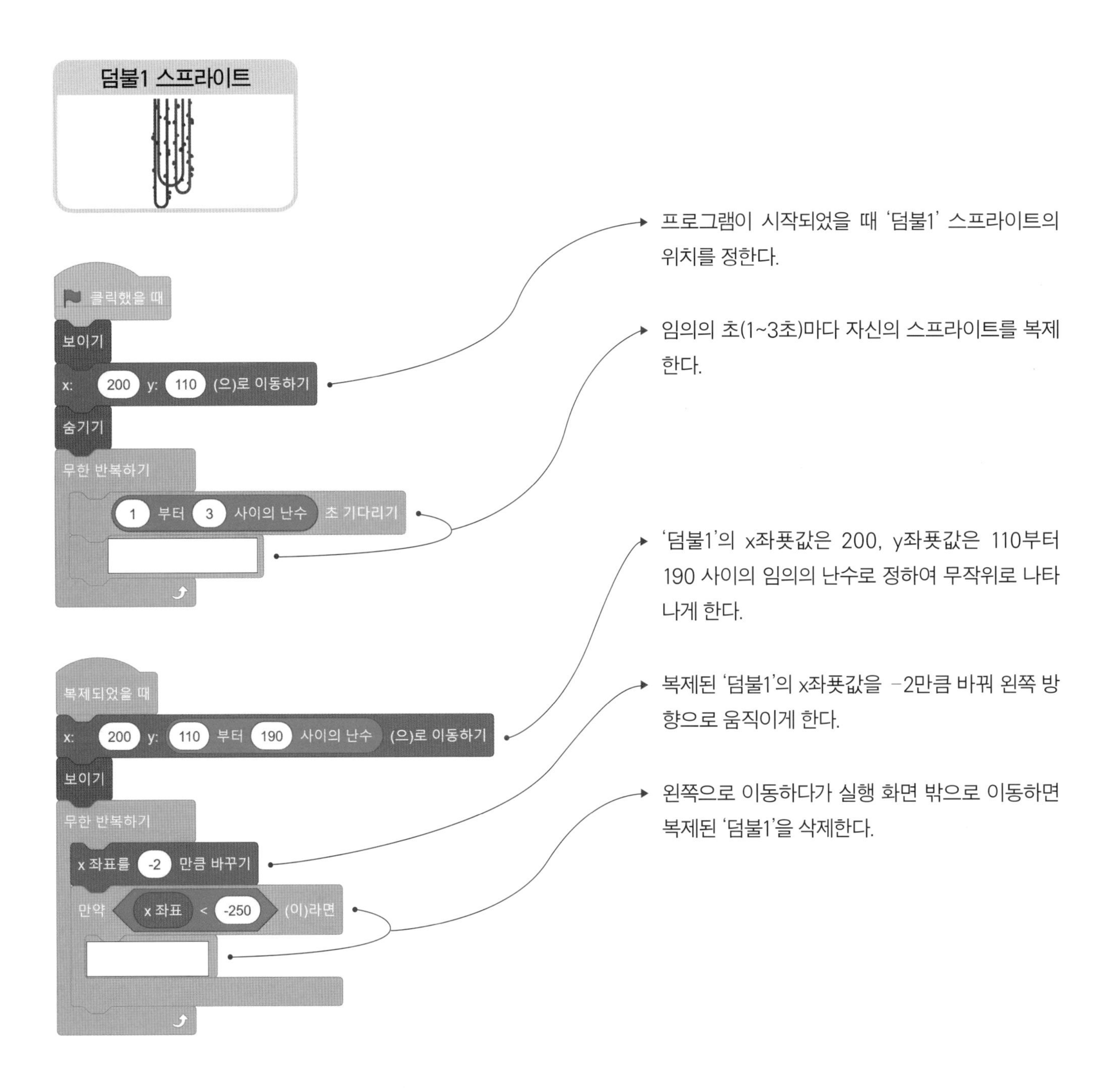
덤불1 스프라이트
클릭했을 때
보이기
x: 200 y: 110 (으)로 이동하기
숨기기
무한 반복하기
1 부터 3 사이의 난수 초 기다리기
복제되었을 때
x: 200 y: 110 부터 190 사이의 난수 (으)로 이동하기
보이기
무한 반복하기
x 좌표를 -2 만큼 바꾸기
만약 x 좌표 < -250 (이)라면
프로그램이 시작되었을 때 '덤불1' 스프라이트의 위치를 정한다.
임의의 초(1~3초)마다 자신의 스프라이트를 복제한다.
'덤불1'의 x좌푯값은 200, y좌푯값은 110부터 190 사이의 임의의 난수로 정하여 무작위로 나타나게 한다.
복제된 '덤불1'의 x좌푯값을 −2만큼 바꿔 왼쪽 방향으로 움직이게 한다.
왼쪽으로 이동하다가 실행 화면 밖으로 이동하면 복제된 '덤불1'을 삭제한다.

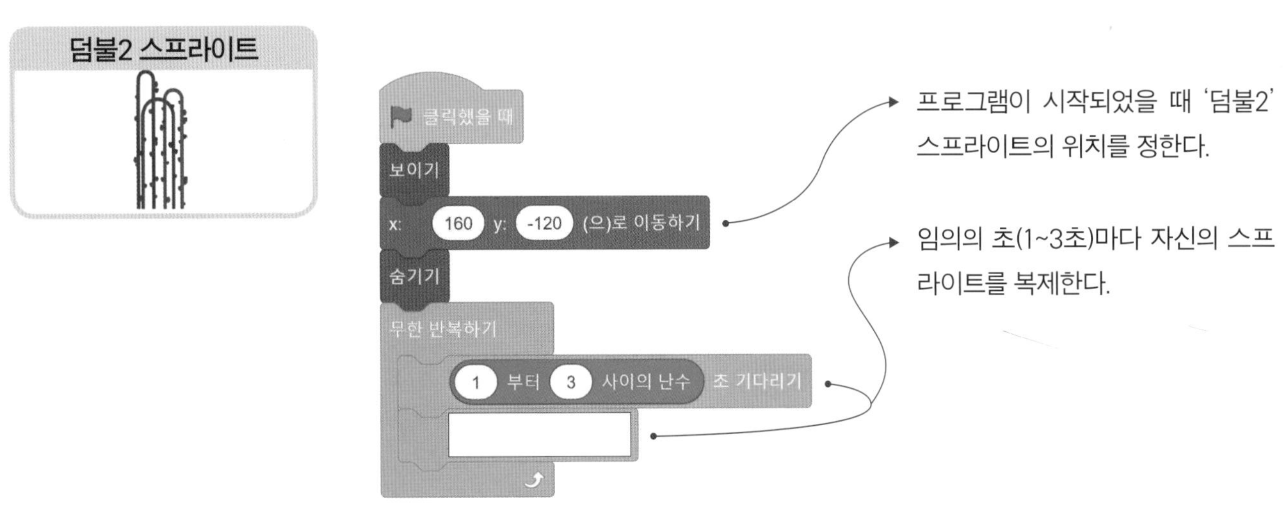
덤불2 스프라이트
클릭했을 때
보이기
x: 160 y: -120 (으)로 이동하기
숨기기
무한 반복하기
1 부터 3 사이의 난수 초 기다리기
프로그램이 시작되었을 때 '덤불2' 스프라이트의 위치를 정한다.
임의의 초(1~3초)마다 자신의 스프라이트를 복제한다.

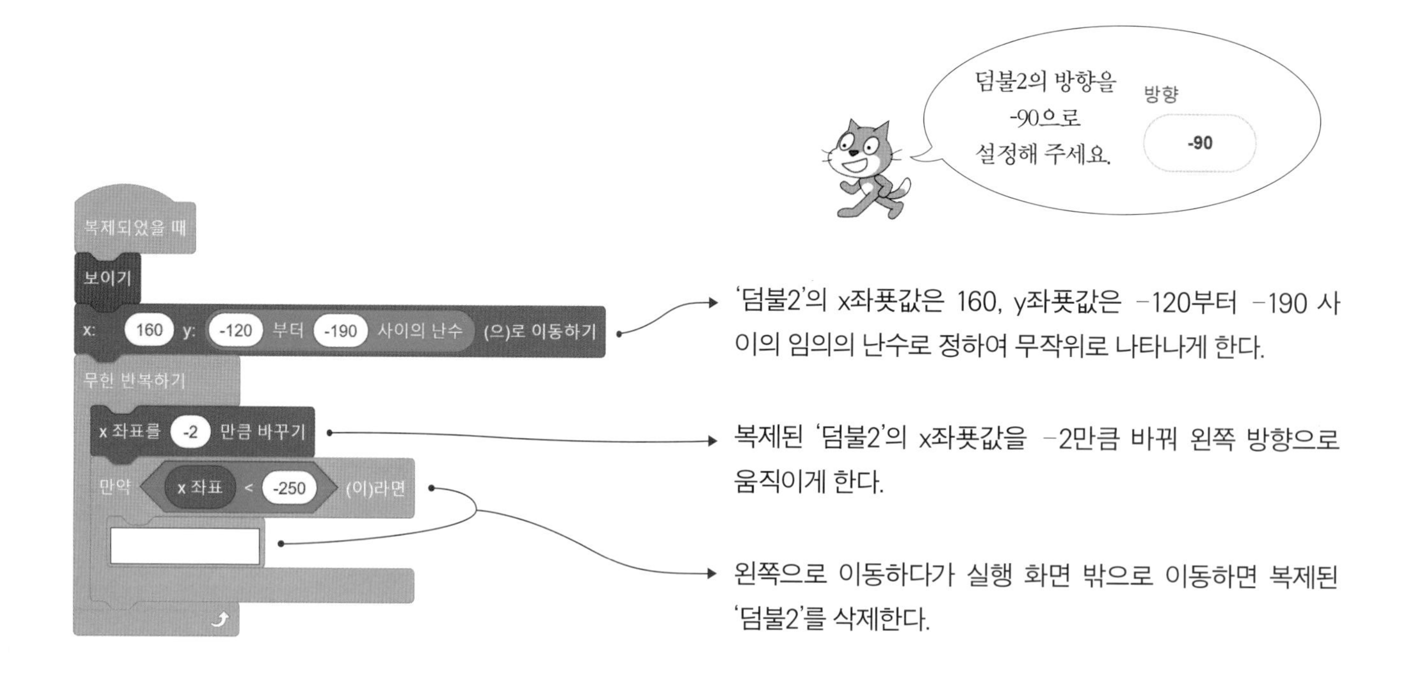

확인해 보기

내가 만든 프로그램이 정상적으로 실행되는지 확인해 봅시다.

확인 내용	O, X
1. 위쪽 화살표 키를 누르면 '독수리'가 위로 이동하는가?	
2. 아래쪽 화살표 키를 누르면 '독수리'가 아래로 이동하는가?	
3. '덤불1'과 '덤불2'가 각각 위, 아래에서 무작위로 나타나는가?	
4. '독수리'가 '덤불1'이나 '덤불2'에 닿으면 게임이 종료되는가?	

더하기

'독수리 먹이' 스프라이트와 '점수' 변수를 만들어 독수리가 먹이를 먹었을 때 점수가 +1점씩 올라가도록 프로그램을 수정해 봅시다.

예제 주소_ https://scratch.mit.edu/projects/399064592

프로그래밍하기 엔트리

화면 구성

예제 주소_ http://naver.me/5KlheNAe

'사막(1)' 배경, '독수리(2)', '덤불' 오브젝트를 화면에 배치하고 프로그램에 사용될 변수를 만든 후, 독수리 조종하기 프로그램을 만들어 봅시다.

사전 작업 1 배경과 오브젝트 만들기

❶ 스테이지에 필요한 배경 오브젝트를 선택하여 추가한다.

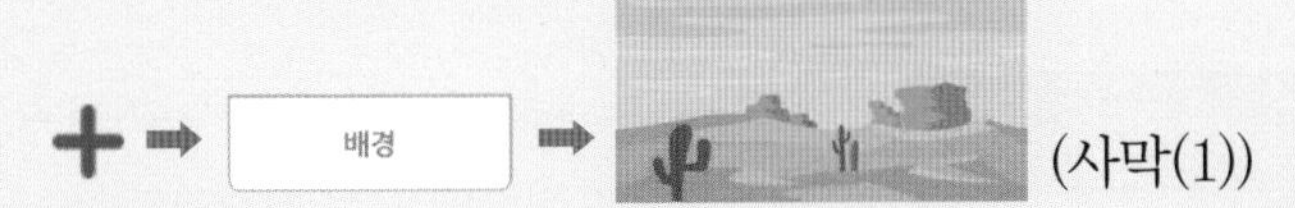

❷ '독수리' 오브젝트를 (-190, 0)에 배치하고, 크기는 85로 설정한다.

❸ 상단 '덤불' 오브젝트를 (220, 100)에 배치하고, 크기는 80으로 설정한다.

❹ ❸의 덤불을 복사하고, 모양 – (반전)을 선택한 뒤 저장한다. 하단 '덤불' 오브젝트를 (220, -100)에 배치하고, 크기는 80으로 설정한다.

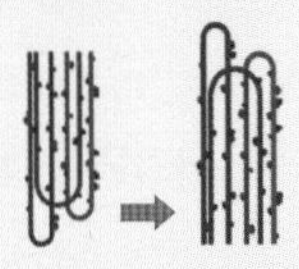

사전 작업 2 변수 만들기

❶ 자료 – 변수 만들기를 선택한다.
❷ 변수 이름을 '독수리'라고 입력한다.
❸ 설정한 변수는 모든 오브젝트에서 사용하기 때문에, '모든 오브젝트에서 사용'에 체크한 뒤 확인을 누른다.

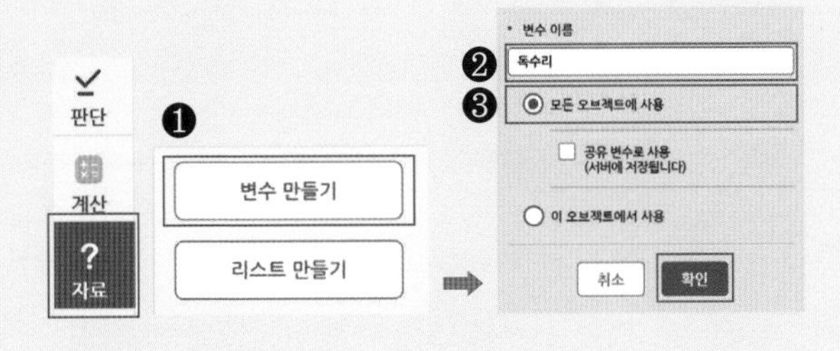

프로그래밍

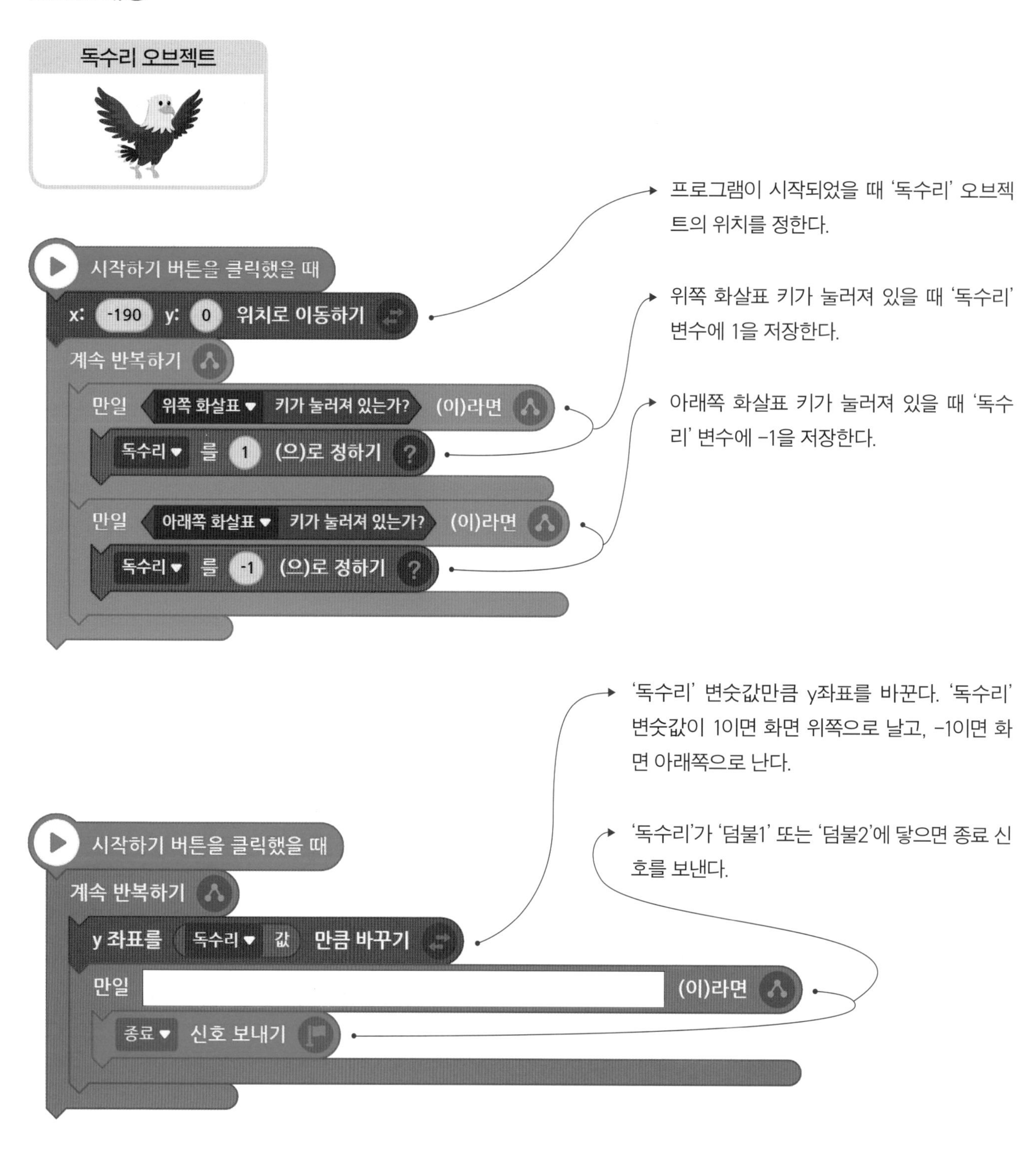
독수리 오브젝트
시작하기 버튼을 클릭했을 때
x: -190 y: 0 위치로 이동하기
계속 반복하기
만일 위쪽 화살표 ▼ 키가 눌러져 있는가? (이)라면
독수리 ▼ 를 1 (으)로 정하기
만일 아래쪽 화살표 ▼ 키가 눌러져 있는가? (이)라면
독수리 ▼ 를 -1 (으)로 정하기
프로그램이 시작되었을 때 '독수리' 오브젝트의 위치를 정한다.
위쪽 화살표 키가 눌러져 있을 때 '독수리' 변수에 1을 저장한다.
아래쪽 화살표 키가 눌러져 있을 때 '독수리' 변수에 -1을 저장한다.
시작하기 버튼을 클릭했을 때
계속 반복하기
y 좌표를 독수리 ▼ 값 만큼 바꾸기
만일 (이)라면
종료 ▼ 신호 보내기
'독수리' 변숫값만큼 y좌표를 바꾼다. '독수리' 변숫값이 1이면 화면 위쪽으로 날고, -1이면 화면 아래쪽으로 난다.
'독수리'가 '덤불1' 또는 '덤불2'에 닿으면 종료 신호를 보낸다.

종료 ▼ 신호를 받았을 때
모든 ▼ 코드 멈추기
종료 신호를 받으면 프로그램을 멈춘다.

덤불1 오브젝트

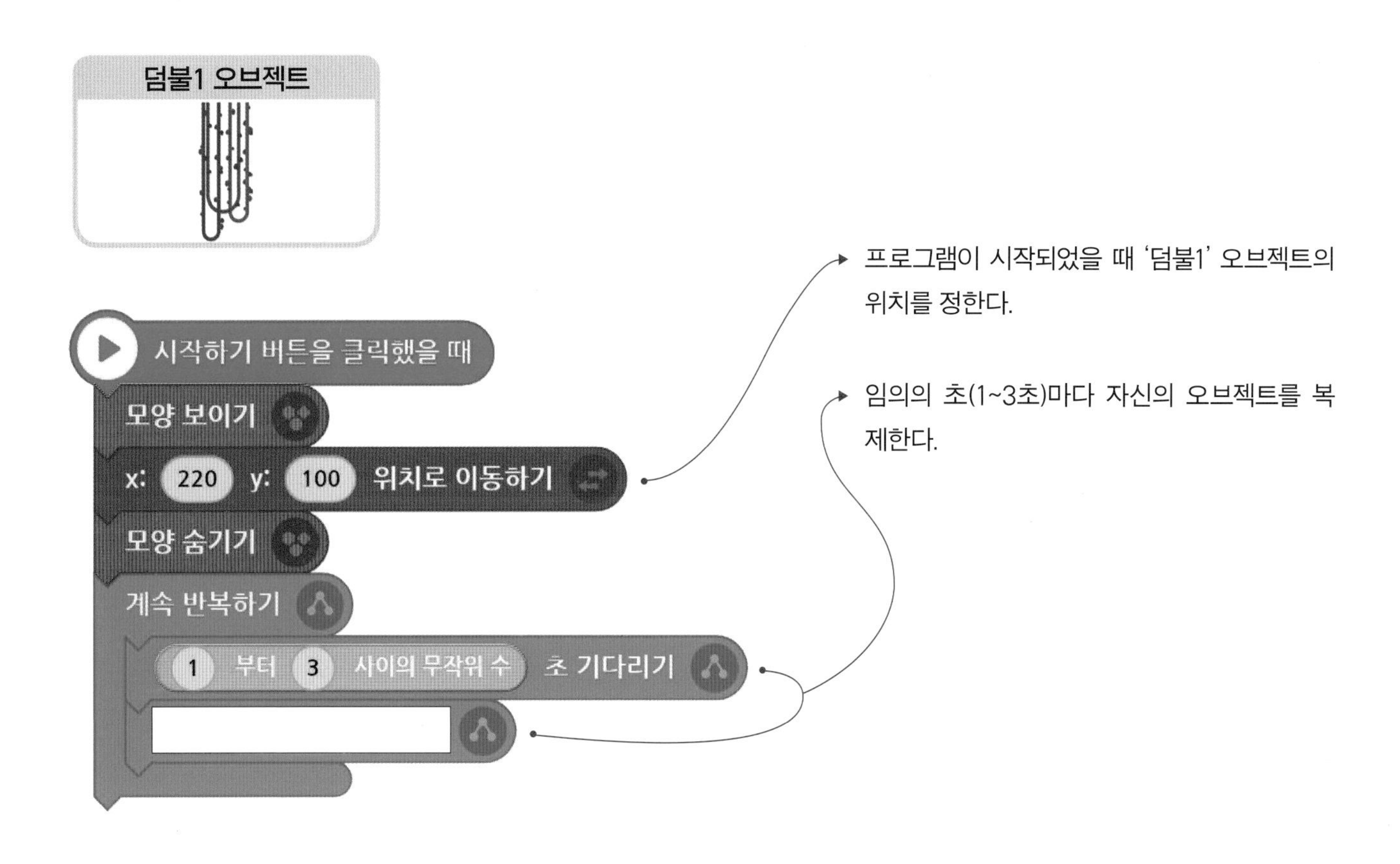

프로그램이 시작되었을 때 '덤불1' 오브젝트의 위치를 정한다.

임의의 초(1~3초)마다 자신의 오브젝트를 복제한다.

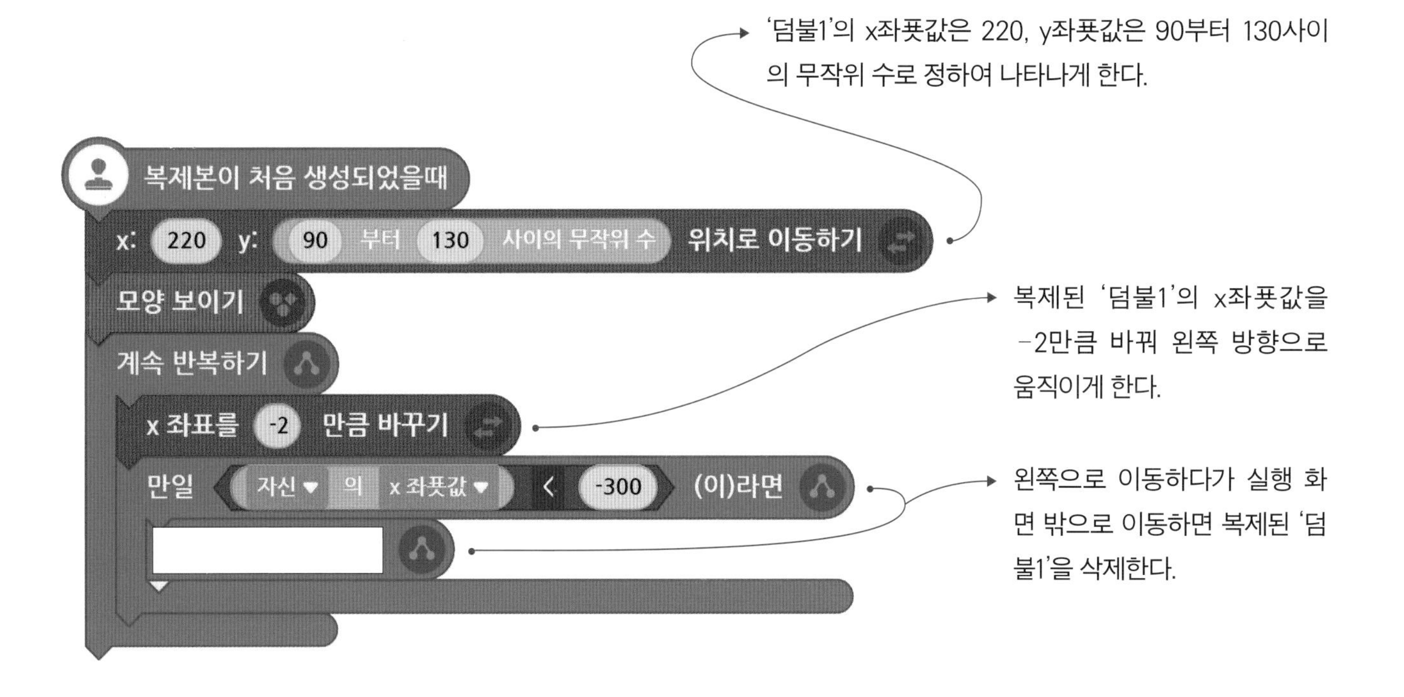

'덤불1'의 x좌푯값은 220, y좌푯값은 90부터 130사이의 무작위 수로 정하여 나타나게 한다.

복제된 '덤불1'의 x좌푯값을 -2만큼 바꿔 왼쪽 방향으로 움직이게 한다.

왼쪽으로 이동하다가 실행 화면 밖으로 이동하면 복제된 '덤불1'을 삭제한다.

덤불2 오브젝트

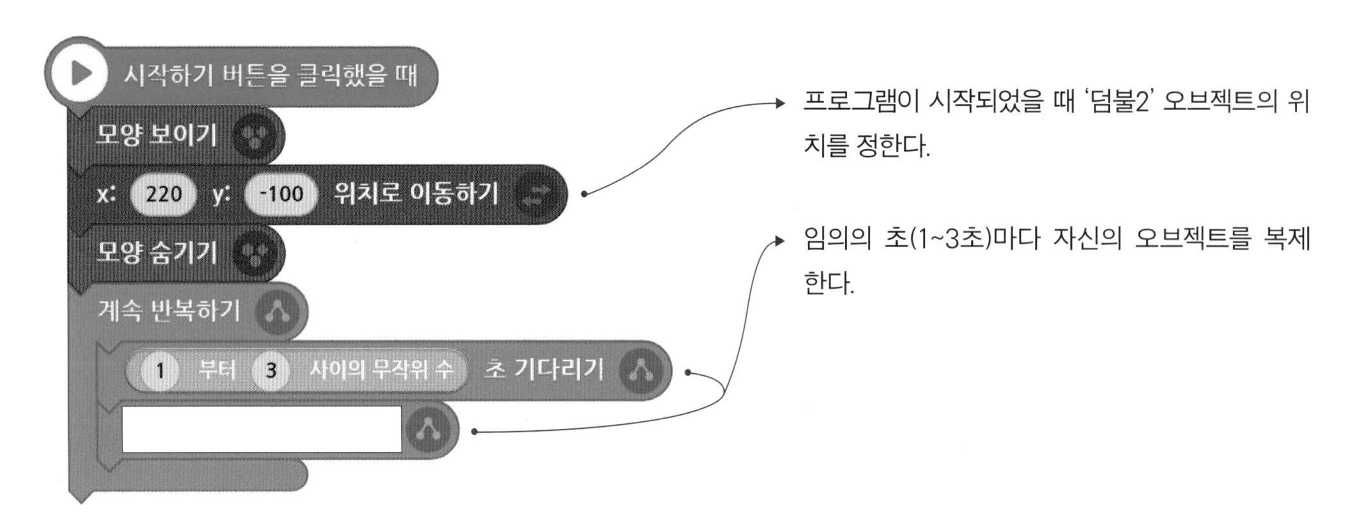
시작하기 버튼을 클릭했을 때
모양 보이기
x: 220 y: -100 위치로 이동하기
모양 숨기기
계속 반복하기
1 부터 3 사이의 무작위 수 초 기다리기
프로그램이 시작되었을 때 '덤불2' 오브젝트의 위치를 정한다.
임의의 초(1~3초)마다 자신의 오브젝트를 복제한다.

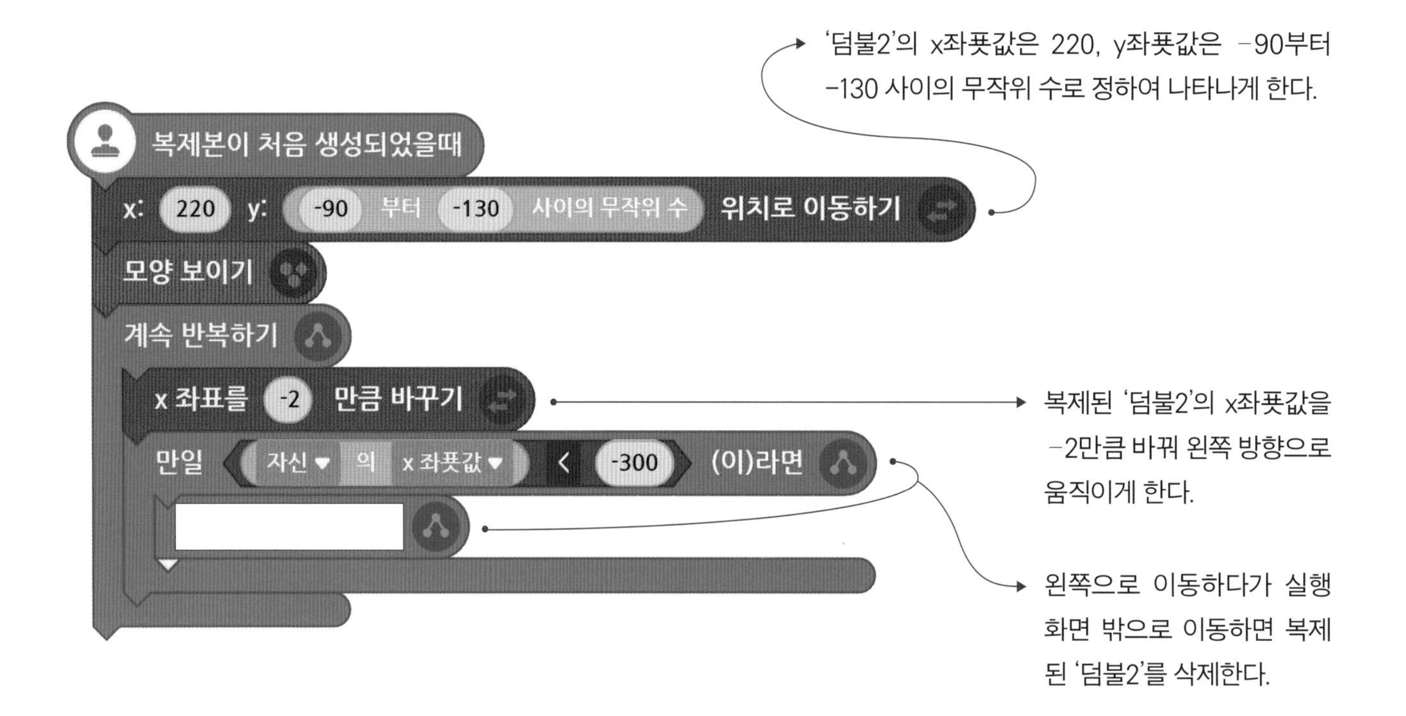
복제본이 처음 생성되었을때
x: 220 y: -90 부터 -130 사이의 무작위 수 위치로 이동하기
모양 보이기
계속 반복하기
x 좌표를 -2 만큼 바꾸기
만일 자신 ▾ 의 x 좌푯값 ▾ < -300 (이)라면
'덤불2'의 x좌푯값은 220, y좌푯값은 −90부터 −130 사이의 무작위 수로 정하여 나타나게 한다.
복제된 '덤불2'의 x좌푯값을 −2만큼 바꿔 왼쪽 방향으로 움직이게 한다.
왼쪽으로 이동하다가 실행 화면 밖으로 이동하면 복제된 '덤불2'를 삭제한다.

확인해 보기

◎ 내가 만든 프로그램이 정상적으로 실행되는지 확인해 봅시다.

확인 내용	O, ×
1. 위쪽 화살표 키를 누르면 '독수리'가 위로 이동하는가?	
2. 아래쪽 화살표 키를 누르면 '독수리'가 아래로 이동하는가?	
3. '덤불1'과 '덤불2'가 각각 위, 아래에서 무작위로 나타나는가?	
4. '독수리'가 '덤불1'이나 '덤불2'에 닿으면 게임이 종료되는가?	

더하기

'독수리 먹이' 오브젝트와 '점수' 변수를 만들어 독수리가 먹이를 먹었을 때 점수가 +1점씩 올라가도록 프로그램을 수정해 봅시다.

예제 주소_ http://naver.me/5Rr2KaxC

8 영어 단어 외우기 프로그램 만들기

이 활동을 하고 나면

- 영어 단어를 외우기 위한 프로그램을 만들 수 있다.
- 변수와 리스트의 개념을 비교하고, 알고리즘 설계에 적용할 수 있다.

문제를 찾아서

다음을 보고, 해결해야 할 문제가 무엇인지 알아봅시다.

1. 위에서 발생한 문제와 문제 해결을 위해 제시한 방법은 무엇인지 적어 봅시다.

2. 위에서 제시한 문제 해결 방법을 실천하기 위해 우리가 할 수 있는 일을 이야기해 봅시다.

알고리즘으로 표현하기

알고리즘 살펴보기

◎ 영어 단어 외우기 프로그램이 올바르게 작동하도록 보기에서 알맞은 말을 찾아서 써 봅시다.

- 외운 단어와 뜻을 입력한다.
- 문제를 풀며 틀린 답은 바로 확인한다.

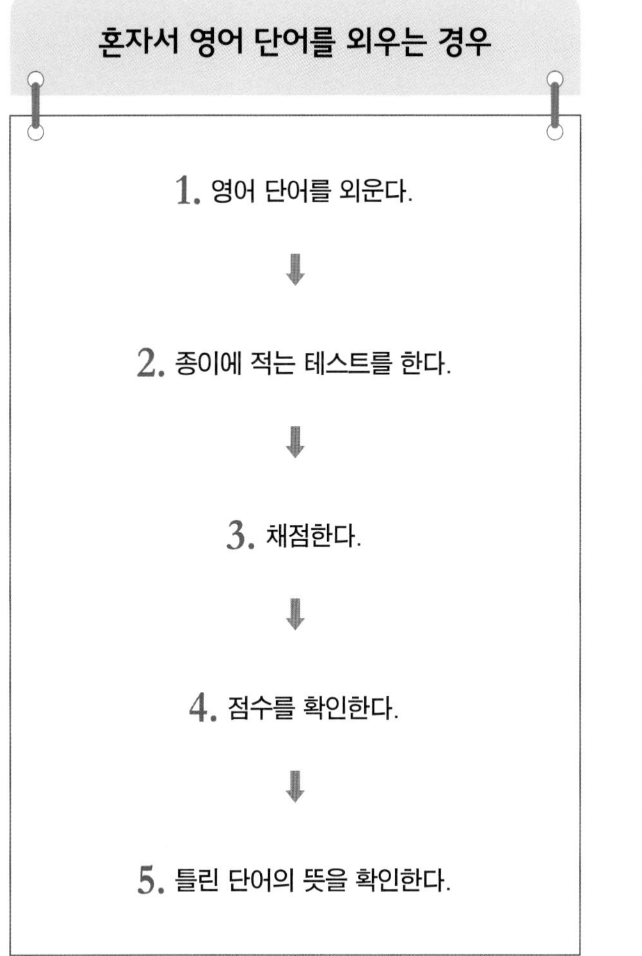

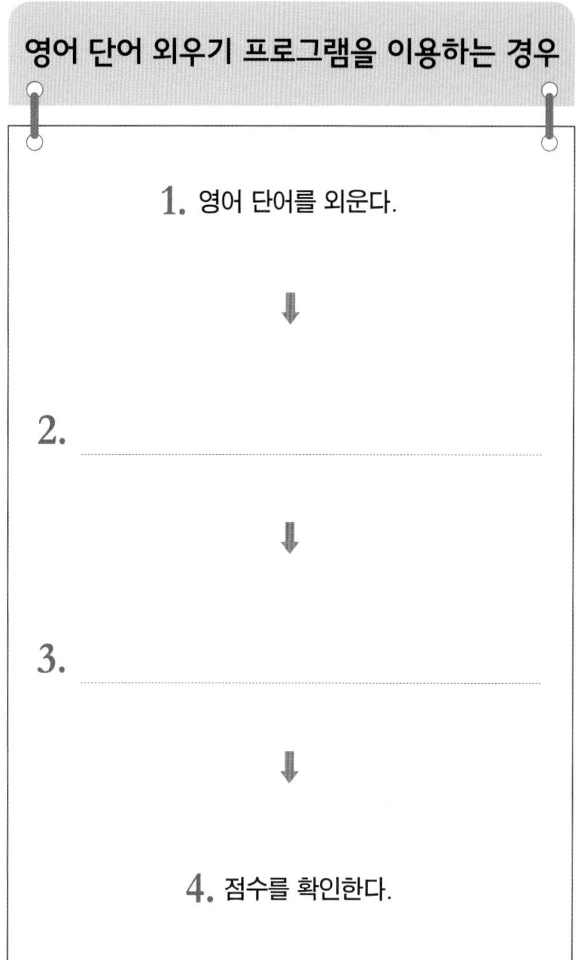

◎ 영어 단어 외우기 프로그램을 만들어 단어를 외우면 어떤 점이 편리할지 이야기해 봅시다.

알고리즘 만들기

다음 그림은 영어 단어 외우기 프로그램입니다. 프로그램이 작동하는 알고리즘을 만들어 봅시다.

❶ 테스트할 '문제수'를 입력하고, 문제와 뜻을 '문제수'만큼 입력 — 문제입력

문제풀기 — ❷ '문제수'만큼 문제를 풀고, 문제를 맞히면 점수에 1점 누적

❸ 입력한 '문제수' 중 정답을 맞힌 점수 확인 — 점수확인

영어 단어 외우기 알고리즘

빈칸에 알맞은 말을 넣어 알고리즘을 완성해 봅시다. 영어 단어 외우기 알고리즘

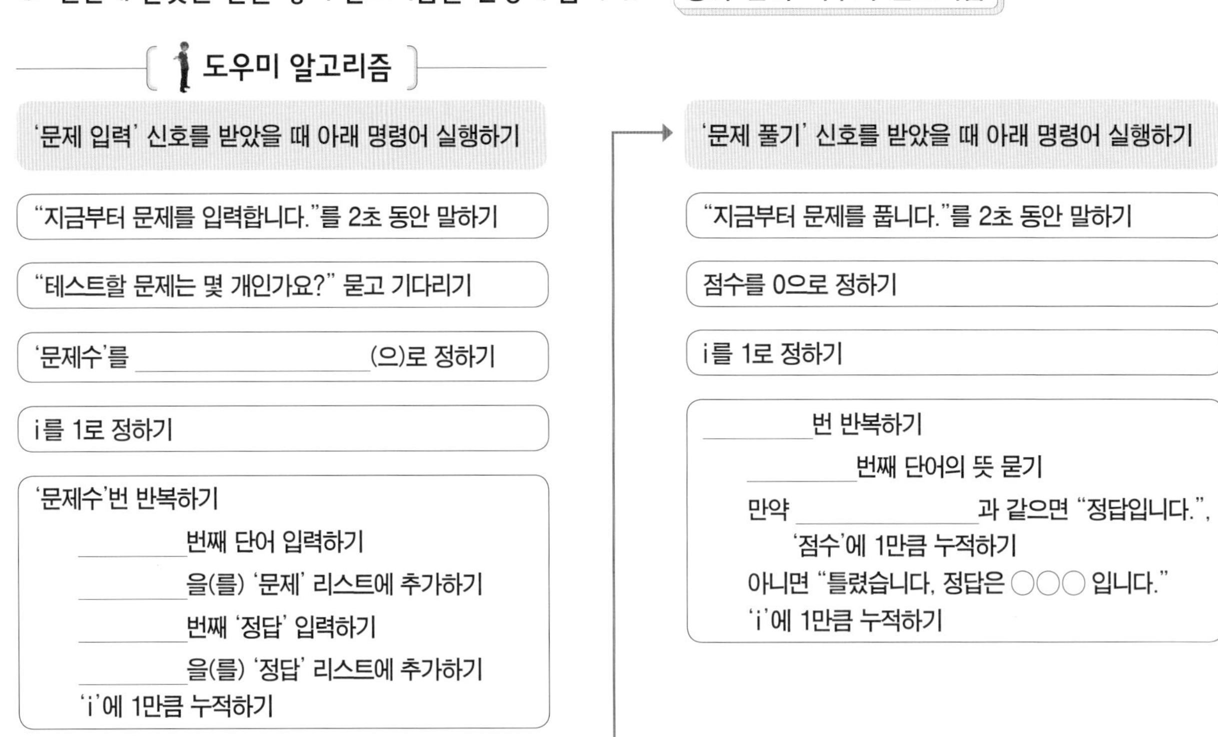

프로그래밍하기 스크래치

화면 구성

예제 주소_ https://scratch.mit.edu/projects/99669568

'도우미', '문제 입력', '문제 풀기', '점수 확인' 스프라이트들을 화면에 배치한 후, 영어 단어 외우기 프로그램을 만들어 봅시다.

사전 작업 스프라이트 만들기, 변수와 리스트 만들기

❶ [스프라이트 고르기]에서 그리기를 선택하고, T를 눌러 '문제입력'을 입력하고 꾸민다. 같은 방법으로 '문제풀기', '점수확인' 스프라이트를 추가한다.

❷ 다음과 같이 변수와 리스트를 만든다.

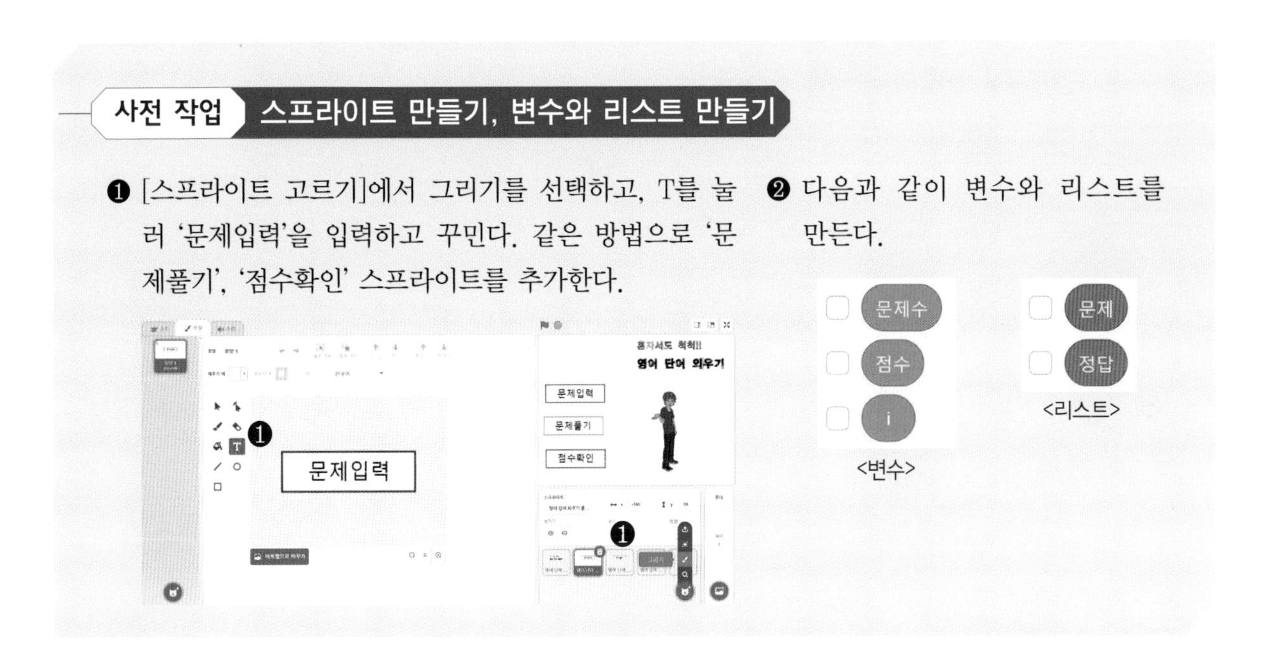

프로그래밍

문제입력 스프라이트

문제입력

이 스프라이트를 클릭했을 때
[ ] 신호 보내기

→ '문제입력' 스프라이트를 누르면 '문제입력' 신호를 보낸다.

문제풀기 스프라이트

문제풀기

이 스프라이트를 클릭했을 때
[ ] 신호 보내기

→ '문제풀기' 스프라이트를 누르면 '문제풀기' 신호를 보낸다.

점수확인 스프라이트

점수확인

이 스프라이트를 클릭했을 때
[ ] 신호 보내기

→ '점수확인' 스프라이트를 누르면 '점수확인' 신호를 보낸다.

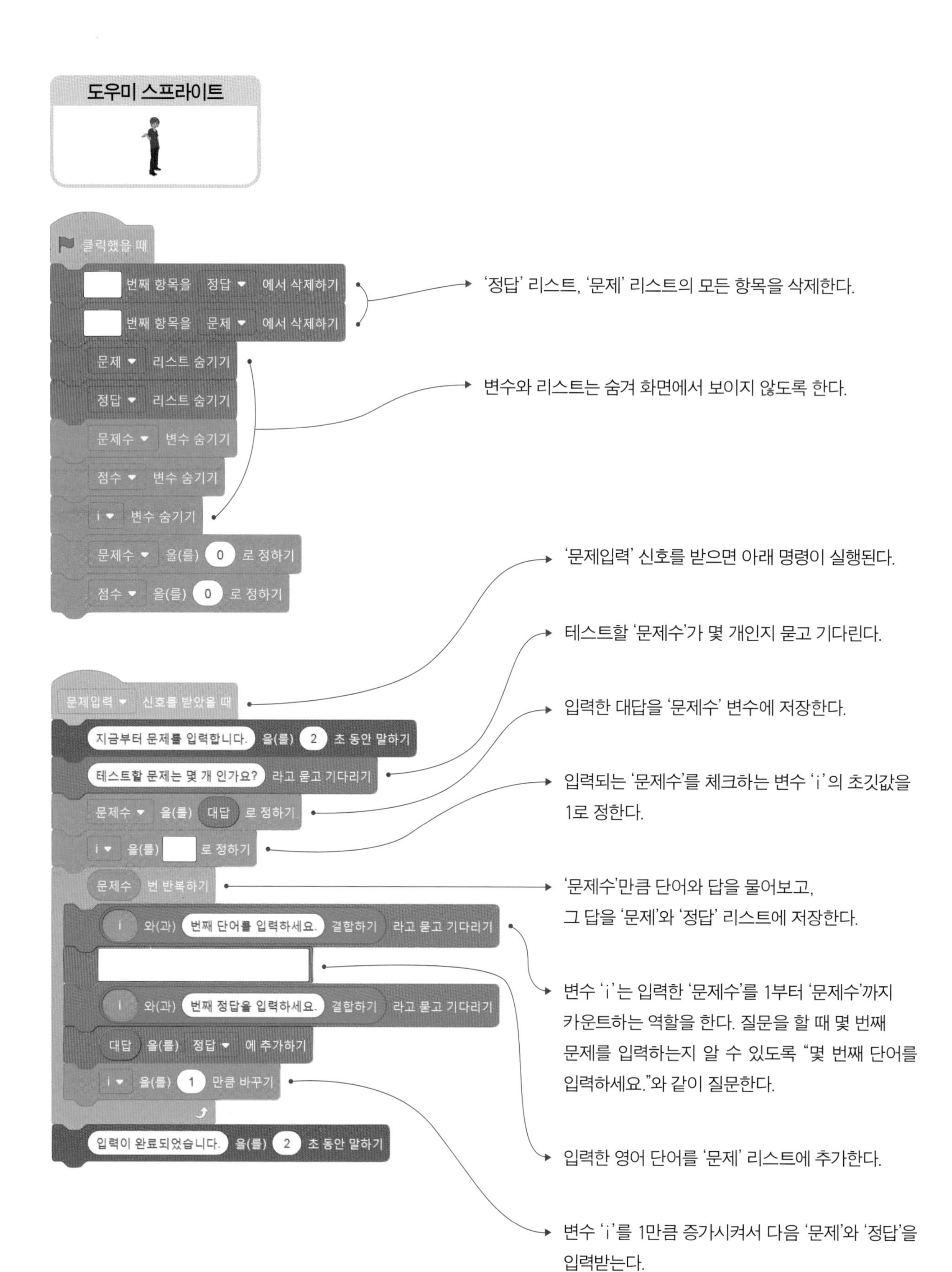
도우미 스프라이트
클릭했을 때
번째 항목을 정답 에서 삭제하기
번째 항목을 문제 에서 삭제하기
문제 리스트 숨기기
정답 리스트 숨기기
문제수 변수 숨기기
점수 변수 숨기기
i 변수 숨기기
문제수 을(를) 0 로 정하기
점수 을(를) 0 로 정하기
'정답' 리스트, '문제' 리스트의 모든 항목을 삭제한다.
변수와 리스트는 숨겨 화면에서 보이지 않도록 한다.
문제입력 신호를 받았을 때
지금부터 문제를 입력합니다. 을(를) 2 초 동안 말하기
테스트할 문제는 몇 개 인가요? 라고 묻고 기다리기
문제수 을(를) 대답 로 정하기
i 을(를) 로 정하기
문제수 번 반복하기
i 와(과) 번째 단어를 입력하세요. 결합하기 라고 묻고 기다리기
i 와(과) 번째 정답을 입력하세요. 결합하기 라고 묻고 기다리기
대답 을(를) 정답 에 추가하기
i 을(를) 1 만큼 바꾸기
입력이 완료되었습니다. 을(를) 2 초 동안 말하기
'문제입력' 신호를 받으면 아래 명령이 실행된다.
테스트할 '문제수'가 몇 개인지 묻고 기다린다.
입력한 대답을 '문제수' 변수에 저장한다.
입력되는 '문제수'를 체크하는 변수 'i'의 초깃값을 1로 정한다.
'문제수'만큼 단어와 답을 물어보고, 그 답을 '문제'와 '정답' 리스트에 저장한다.
변수 'i'는 입력한 '문제수'를 1부터 '문제수'까지 카운트하는 역할을 한다. 질문을 할 때 몇 번째 문제를 입력하는지 알 수 있도록 "몇 번째 단어를 입력하세요."와 같이 질문한다.
입력한 영어 단어를 '문제' 리스트에 추가한다.
변수 'i'를 1만큼 증가시켜서 다음 '문제'와 '정답'을 입력받는다.

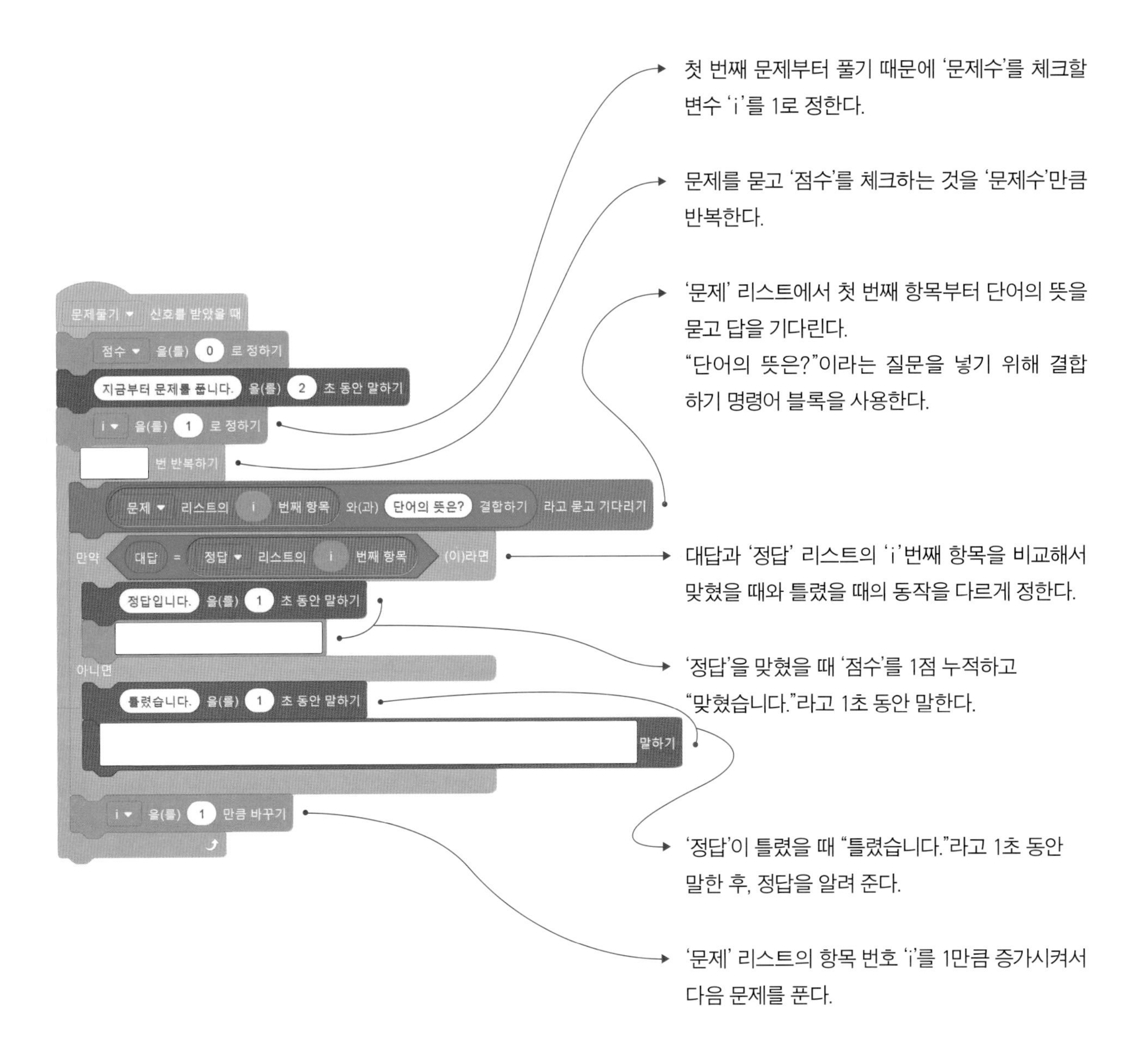

첫 번째 문제부터 풀기 때문에 '문제수'를 체크할 변수 'i'를 1로 정한다.

문제를 묻고 '점수'를 체크하는 것을 '문제수'만큼 반복한다.

'문제' 리스트에서 첫 번째 항목부터 단어의 뜻을 묻고 답을 기다린다.
"단어의 뜻은?"이라는 질문을 넣기 위해 결합하기 명령어 블록을 사용한다.

대답과 '정답' 리스트의 'i'번째 항목을 비교해서 맞혔을 때와 틀렸을 때의 동작을 다르게 정한다.

'정답'을 맞혔을 때 '점수'를 1점 누적하고 "맞혔습니다."라고 1초 동안 말한다.

'정답'이 틀렸을 때 "틀렸습니다."라고 1초 동안 말한 후, 정답을 알려 준다.

'문제' 리스트의 항목 번호 'i'를 1만큼 증가시켜서 다음 문제를 푼다.

'점수확인' 신호를 받으면 "○○문제 중 ○○개 문제를 맞혔습니다."와 같이 말한다.

확인해 보기

내가 만든 프로그램이 정상적으로 실행되는지 확인해 봅시다.

확인 내용	○, ×
1. '문제입력' 스프라이트를 누르면 테스트할 문제가 몇 개인지를 묻고 '문제수'에 저장되는가?	
2. 입력한 문제는 '문제' 리스트에, 입력한 정답은 '정답' 리스트에 저장되는가?	
3. '문제풀기' 스프라이트를 누르면 입력한 순서대로 문제를 질문하는가?	
4. '문제풀기' 중 답을 맞혔을 때 점수가 1점 누적되고, "맞혔습니다."라고 말하는가?	
5. '문제풀기' 중 답이 틀렸을 때 "틀렸습니다."라고 말한 후, 정답을 말하는가?	
6. '점수확인' 스프라이트를 누르면 "○○문제 중 ○○문제를 맞혔습니다."라고 말하는가?	

더하기

문제 풀기 중 답이 틀린 경우 정답을 바로 알려 주지 말고 한 번 더 기회를 주도록 프로그램을 수정해 봅시다.

예제 주소_ https://scratch.mit.edu/projects/106140581/

프로그래밍하기 엔트리

화면 구성

예제 주소_ http://naver.me/F55B9Bqd

'선생님', '문제 입력, '문제 풀기', '점수 확인' 오브젝트들을 화면에 배치한 후, 영어 단어 외우기 프로그램을 만들어 봅시다.

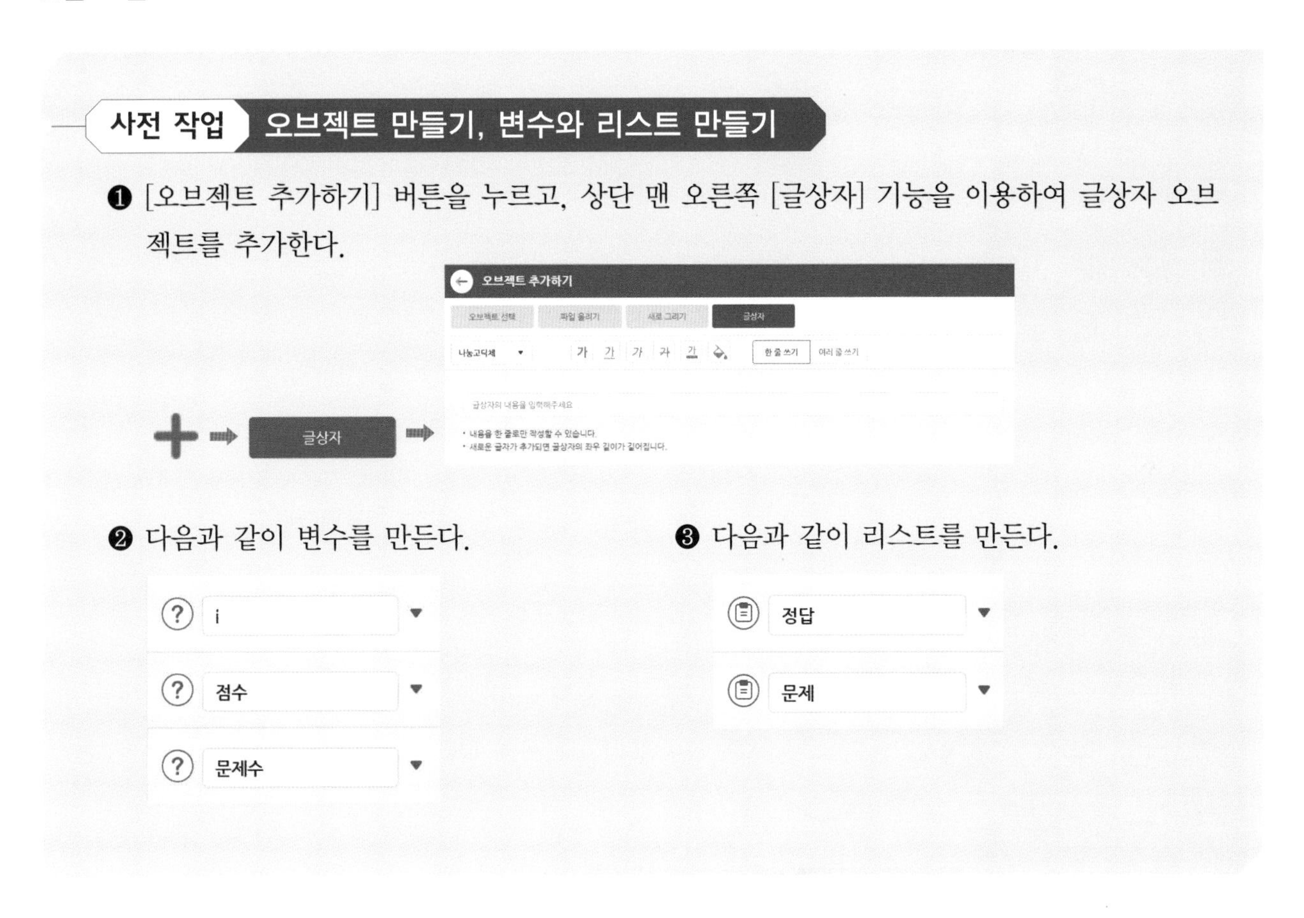

프로그래밍

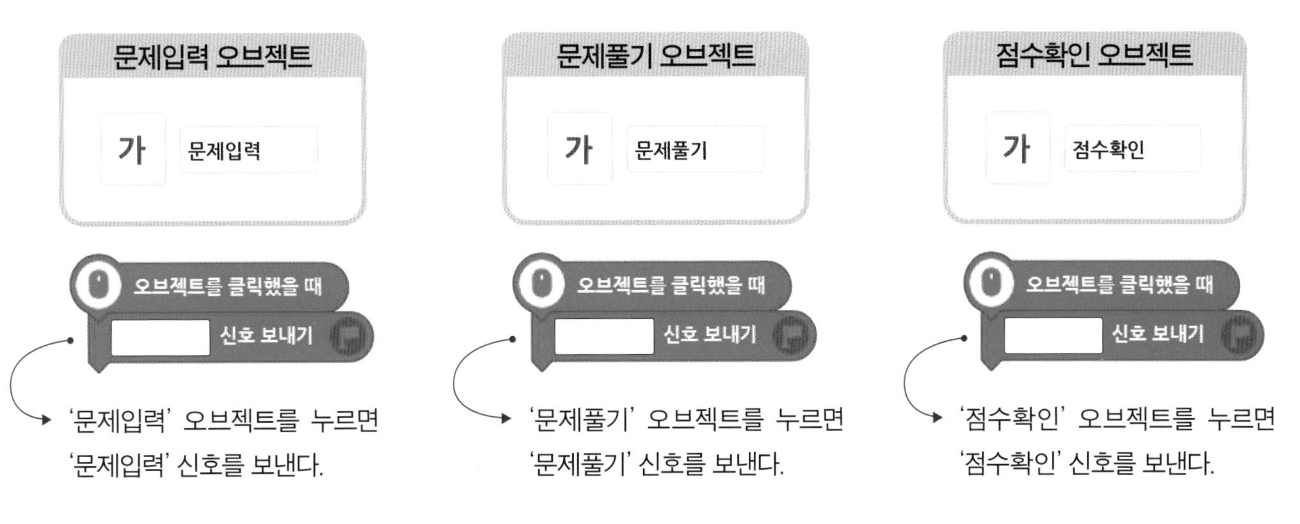

변수와 리스트는 모두 숨겨 화면에서 보이지 않도록 한다.

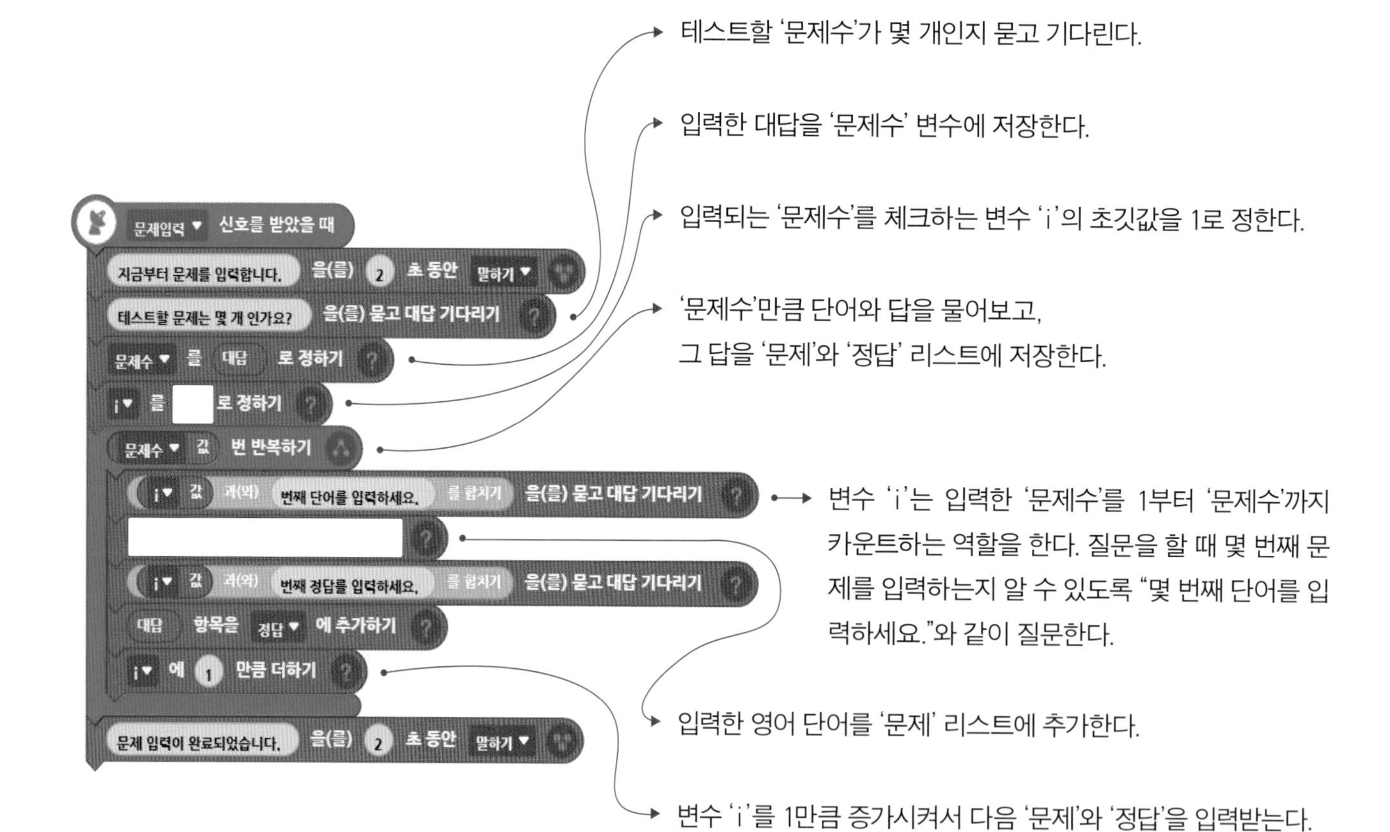

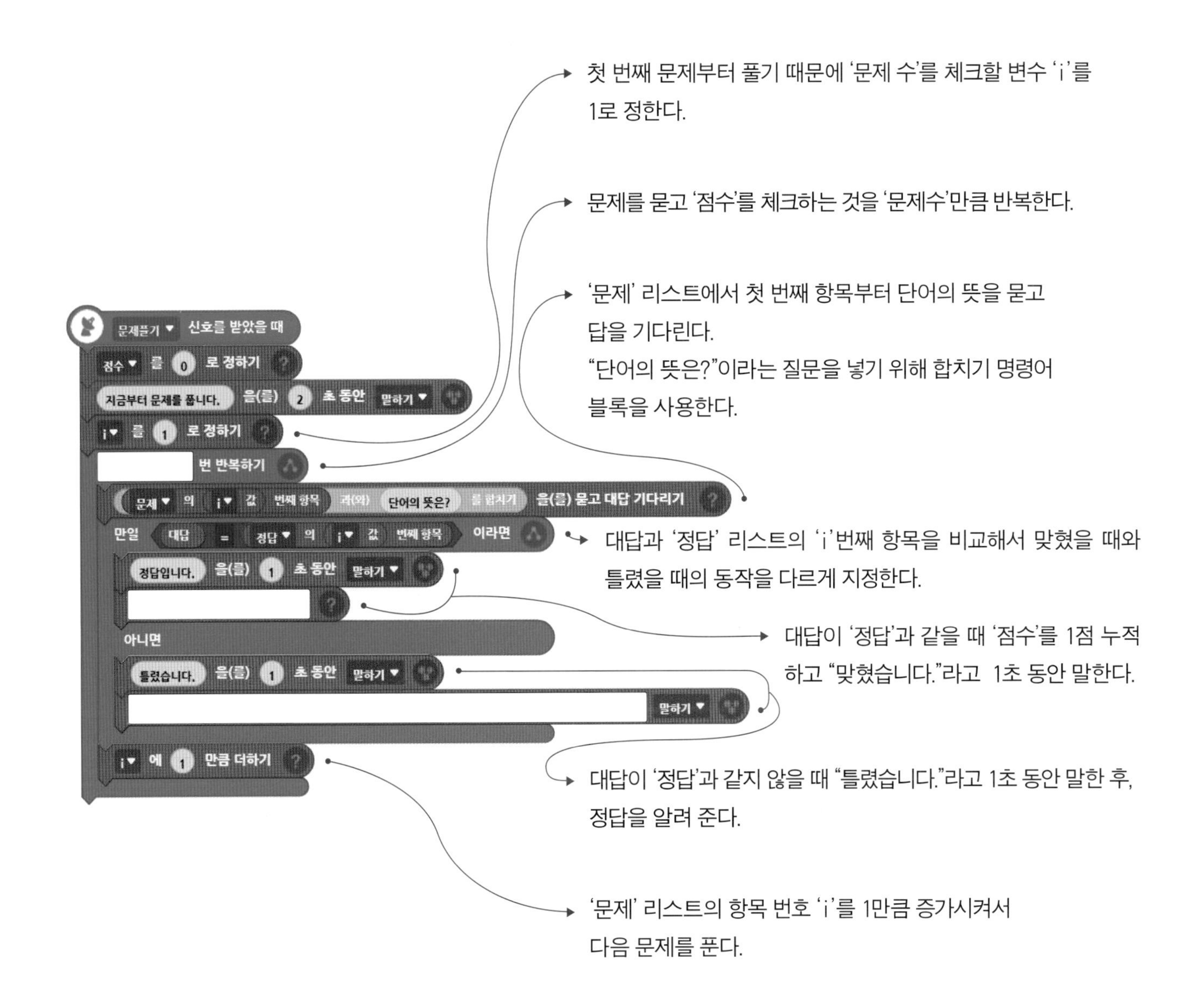

'점수확인' 신호를 받으면 "○○ 중 ○○개를 맞혔습니다."와 같이 말한다.

확인해 보기

내가 만든 프로그램이 정상적으로 실행되는지 확인해 봅시다.

확인 내용	○, ×
1. '문제입력' 오브젝트를 누르면 테스트할 문제가 몇 개인지를 묻고 '문제수'에 저장되는가?	
2. 입력한 문제는 '문제' 리스트에, 입력한 정답은 '정답' 리스트에 저장되는가?	
3. '문제풀기' 오브젝트를 누르면 입력한 순서대로 문제를 질문하는가?	
4. '문제풀기' 중 답을 맞혔을 때 점수가 1점 누적되고, "맞혔습니다."라고 말하는가?	
5. '문제풀기' 중 답이 틀렸을 때 "틀렸습니다."라고 말한 후, 정답을 말하는가?	
6. '점수확인' 오브젝트를 누르면 "○○ 문제 중 ○○ 문제를 맞혔습니다."라고 말하는가?	

더하기

문제 풀기 중 답이 틀린 경우 정답을 바로 알려 주지 말고 한 번 더 기회를 주도록 프로그램을 수정해 봅시다.

예제 주소_ http://naver.me/FlryAddF

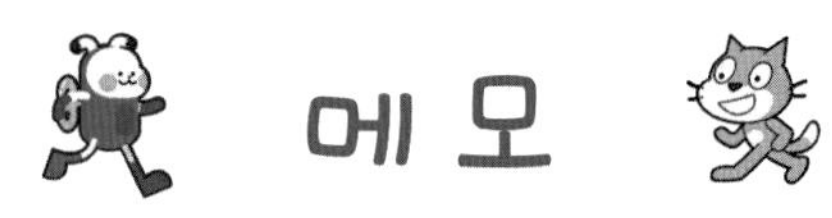
메모

9 도우미 정하기 프로그램 만들기

이 활동을 하고 나면

- 도우미를 정하기 위한 프로그램을 만들 수 있다.
- 묻고 기다리기 블록을 활용하여 키보드로 자료를 입력하는 프로그램을 만들 수 있다.

문제를 찾아서

다음을 보고, 해결해야 할 문제가 무엇인지 알아봅시다.

체육 대회가 끝나고, 종례 시간에 선생님이 들어오셔서 청소 도우미를 정하자고 말씀하셨다.

학생들은 서로 눈치를 보며 교실 청소 당번이 하자는 의견, 쓰레기 정리는 주번이 하자는 의견 등을 말하고 있다.

학생들은 30개의 제비를 만들기 위해 종이를 자르고, 번호를 쓰고 접는다. 그리고 3개의 제비를 뽑고 또……. 그런데 이 방법은 힘이 들고 시간도 많이 걸린다.

전체 인원수와 필요한 도우미 수를 입력하면 자동으로 번호를 뽑아 도우미를 정해 주는 방법은 없을까?

1. 위에서 발생한 문제와 문제 해결을 위해 제시한 방법은 무엇인지 적어 봅시다.

2. 위에서 제시한 문제 해결 방법을 실천하기 위해 우리가 할 수 있는 일을 이야기해 봅시다.

알고리즘으로 표현하기

알고리즘 살펴보기

◎ 도우미 정하기 프로그램이 올바르게 작동하도록 보기 에서 알맞은 말을 찾아서 써 봅시다.

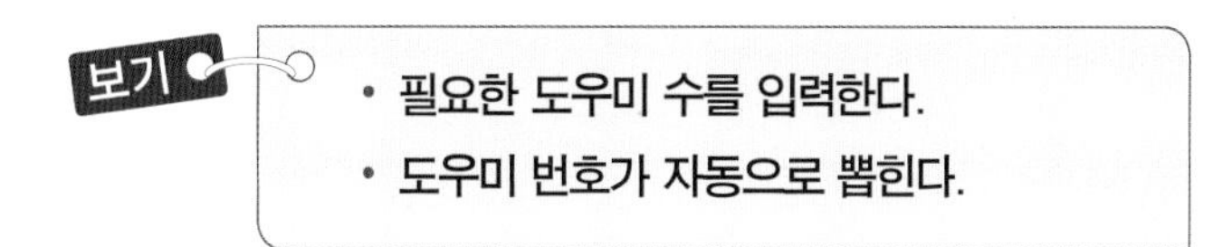

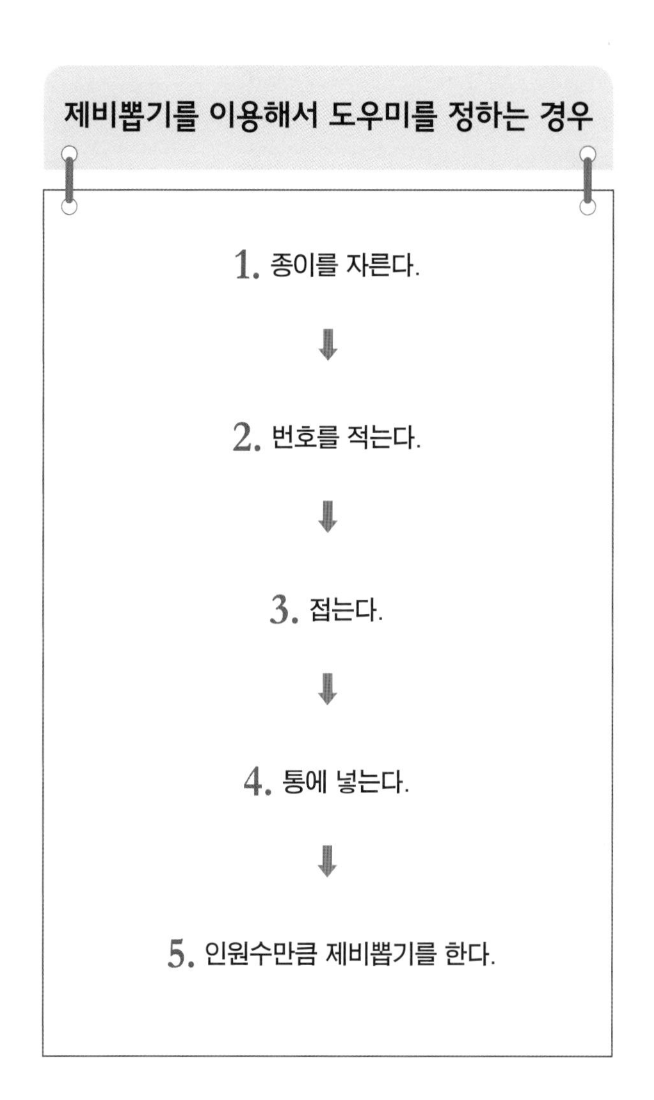

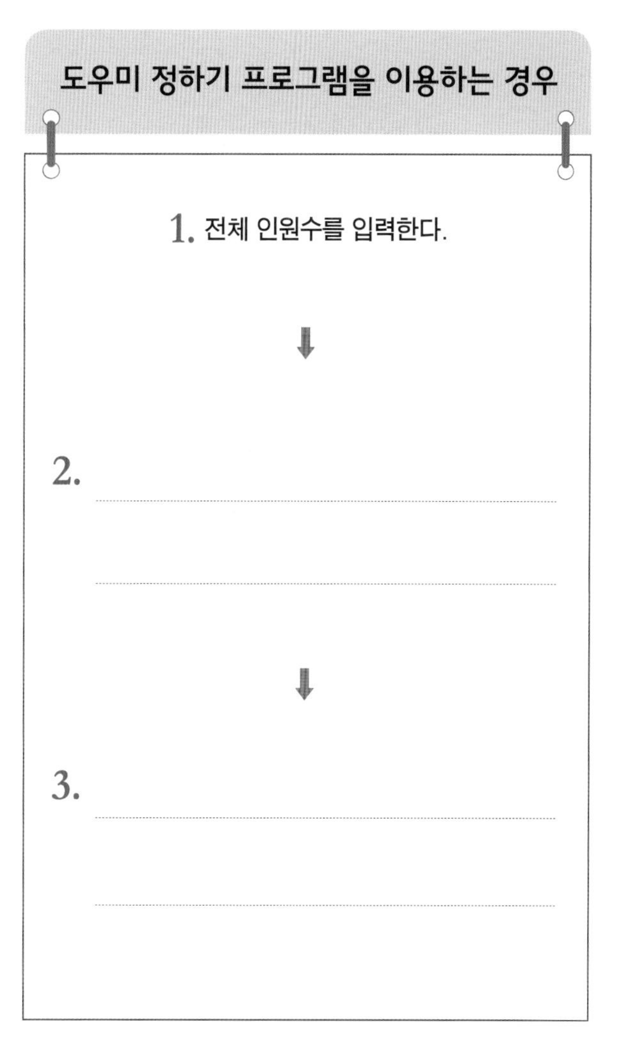

◎ 도우미 정하기 프로그램을 만들어 도우미를 정하면 어떤 점이 편리할지 이야기해 봅시다.

알고리즘 만들기

다음 그림은 도우미 정하기 프로그램입니다. 프로그램이 작동하는 알고리즘을 만들어 봅시다.

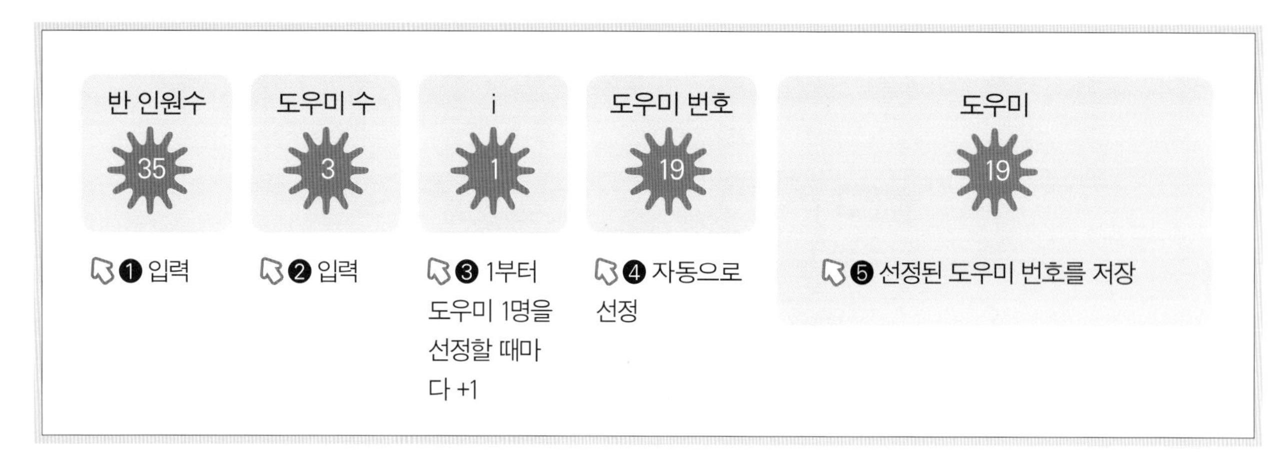

도우미 정하기 알고리즘

빈칸에 알맞은 말을 넣어 알고리즘을 완성해 봅시다. 도우미 정하기 알고리즘

마법사 알고리즘

변수와 리스트 초기화를 받았을 때 아래 명령어 실행하기

- '도우미' 리스트에서 항목 ________를 삭제하기
- '반 인원수'를 0으로 정하기
- '도우미 수'를 0으로 정하기
- '도우미 번호'를 0으로 정하기
- 'i'를 0으로 정하기

을 클릭하였을 때 아래 명령어 실행하기

- ________ 신호 보내기
- "반 전체 인원수는 몇 명인가요?"를 묻고 기다리기
- '반 인원수'를 대답으로 저장하기
- "도우미는 몇 명이 필요한가요?"를 묻고 기다리기
- '도우미 수'를 대답으로 저장하기

i와 도우미 수가 같아질 때까지 아래 문장을 반복하기

- '도우미 번호'를 1부터 ________ 사이의 난수로 정하기
- 만약 '도우미 번호'가 이미 '도우미' 리스트에 저장된 번호가 아니라면
  ________를
  ________에 추가하기
- 변수 'i'를 1 증가시키기

프로그래밍하기 스크래치

화면 구성

예제 주소_ https://scratch.mit.edu/projects/105842672/

'마법사' 스프라이트와 '도우미' 리스트를 화면에 배치한 후, 도우미 정하기 프로그램을 만들어 봅시다.

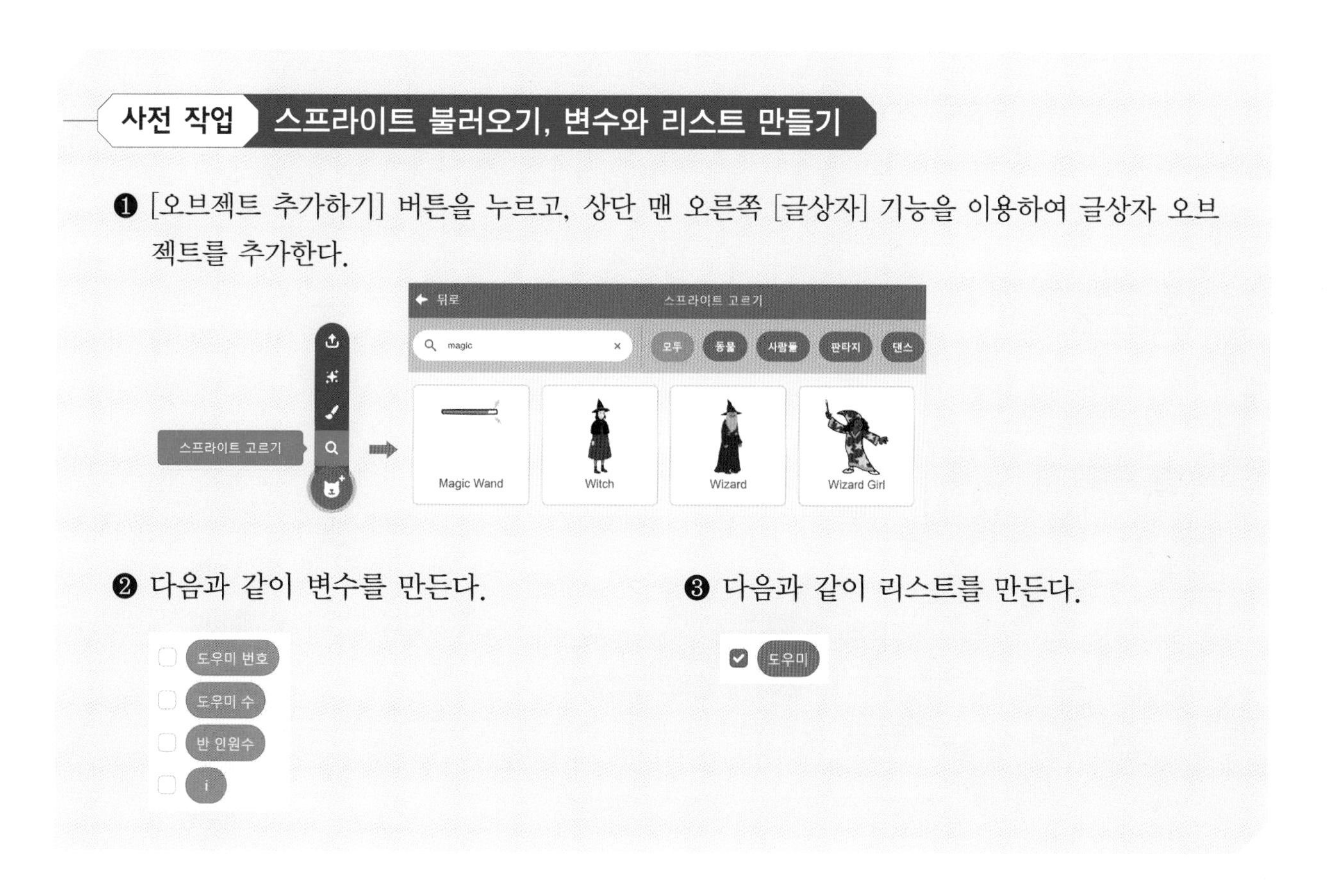

사전 작업 스프라이트 불러오기, 변수와 리스트 만들기

❶ [오브젝트 추가하기] 버튼을 누르고, 상단 맨 오른쪽 [글상자] 기능을 이용하여 글상자 오브젝트를 추가한다.

❷ 다음과 같이 변수를 만든다.

❸ 다음과 같이 리스트를 만든다.

프로그래밍

마법사 스프라이트

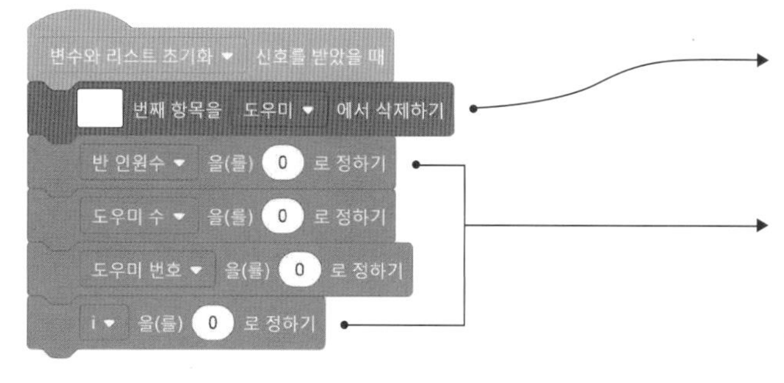

프로그램이 실행되면 이전에 저장되어 있는 '도우미' 리스트의 모든 항목을 삭제한다.

'반 인원수', '도우미 수', '도우미 번호', 'i'와 같은 모든 변숫값을 0으로 초기화한다. 변수를 초기화하지 않으면 이전에 저장된 값으로 인해 프로그램에서 오류가 발생할 수 있다.

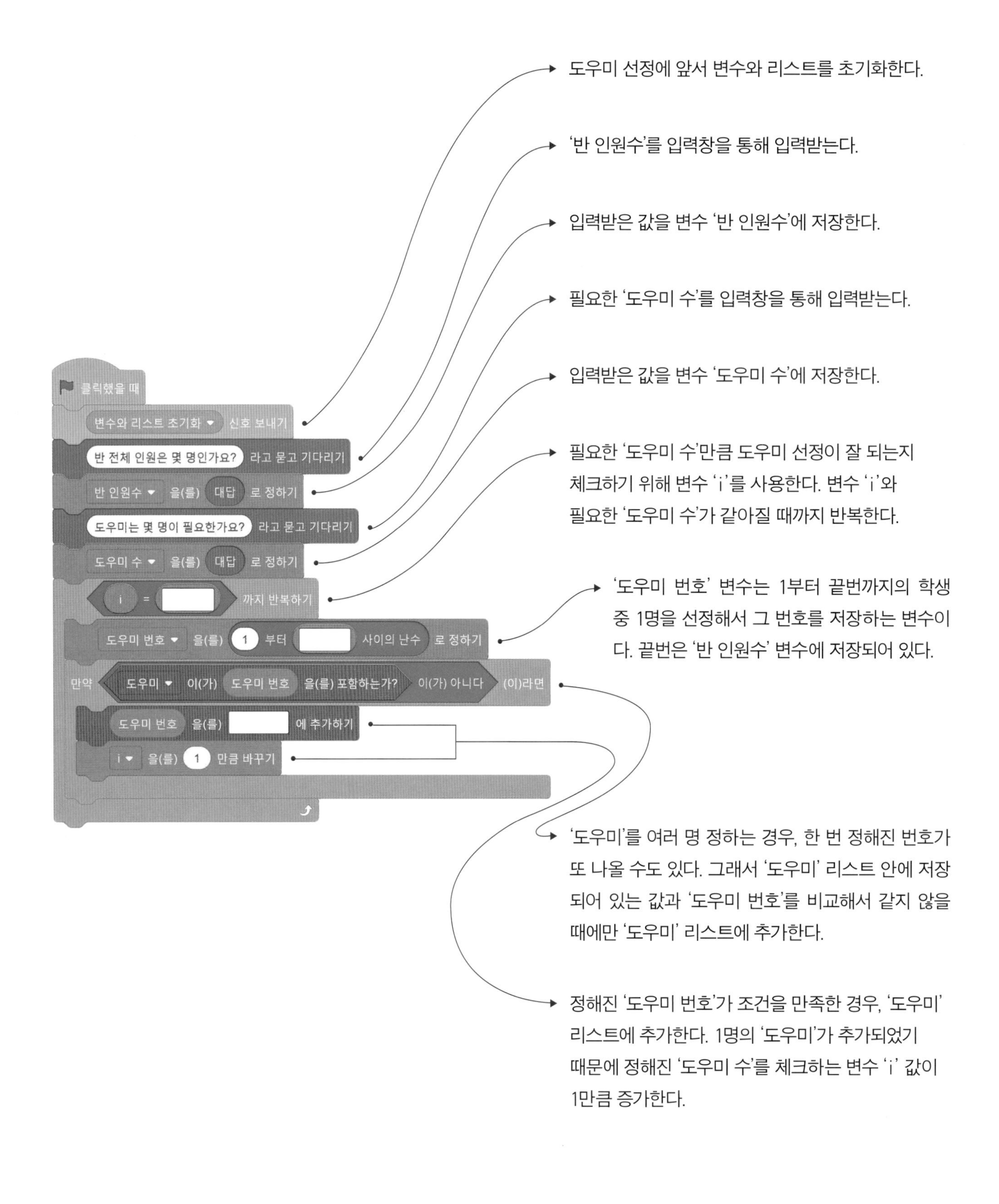
도우미 정하기 프로그램 만들기
클릭했을 때
변수와 리스트 초기화 신호 보내기
반 전체 인원은 몇 명인가요? 라고 묻고 기다리기
반 인원수 을(를) 대답 로 정하기
도우미는 몇 명이 필요한가요? 라고 묻고 기다리기
도우미 수 을(를) 대답 로 정하기
i = 까지 반복하기
도우미 번호 을(를) 1 부터 사이의 난수 로 정하기
만약 도우미 이(가) 도우미 번호 을(를) 포함하는가? 이(가) 아니다 (이)라면
도우미 번호 을(를) 에 추가하기
i 을(를) 1 만큼 바꾸기
도우미 선정에 앞서 변수와 리스트를 초기화한다.
'반 인원수'를 입력창을 통해 입력받는다.
입력받은 값을 변수 '반 인원수'에 저장한다.
필요한 '도우미 수'를 입력창을 통해 입력받는다.
입력받은 값을 변수 '도우미 수'에 저장한다.
필요한 '도우미 수'만큼 도우미 선정이 잘 되는지 체크하기 위해 변수 'i'를 사용한다. 변수 'i'와 필요한 '도우미 수'가 같아질 때까지 반복한다.
'도우미 번호' 변수는 1부터 끝번까지의 학생 중 1명을 선정해서 그 번호를 저장하는 변수이다. 끝번은 '반 인원수' 변수에 저장되어 있다.
'도우미'를 여러 명 정하는 경우, 한 번 정해진 번호가 또 나올 수도 있다. 그래서 '도우미' 리스트 안에 저장되어 있는 값과 '도우미 번호'를 비교해서 같지 않을 때에만 '도우미' 리스트에 추가한다.
정해진 '도우미 번호'가 조건을 만족한 경우, '도우미' 리스트에 추가한다. 1명의 '도우미'가 추가되었기 때문에 정해진 '도우미 수'를 체크하는 변수 'i' 값이 1만큼 증가한다.

확인해 보기

내가 만든 프로그램이 정상적으로 실행되는지 확인해 봅시다.

확인 내용	○, ×
1. 프로그램이 실행되면 변수와 리스트가 초기화되는가?	
2. "반 전체 인원은 몇 명인가요?"를 묻고 입력창이 보이는 상태에서 기다리는가?	
3. 입력한 반 전체 인원 값이 '반 인원수' 변수에 저장되는가?	
4. "도우미는 몇 명이 필요한가요?"를 묻고 입력창이 보이는 상태에서 기다리는가?	
5. 입력한 도우미 수 값이 '도우미 수' 변수에 저장되는가?	
6. '도우미' 리스트에 필요한 '도우미 수' 번호가 보이는가?	
7. '도우미' 리스트에 있는 번호들이 중복되지 않았는가?	

도우미 리스트를 화면에 보이지 않게 하고, 정해진 번호를 마법사가 알려 주도록 프로그램을 수정해 봅시다.

예제 주소_ https://scratch.mit.edu/projects/106787485/

프로그래밍하기 엔트리

화면 구성

예제 주소_ http://naver.me/FPaOKlpO

'마법사' 오브젝트와 '도우미' 리스트를 화면에 배치한 후, 도우미 정하기 프로그램을 만들어 봅시다.

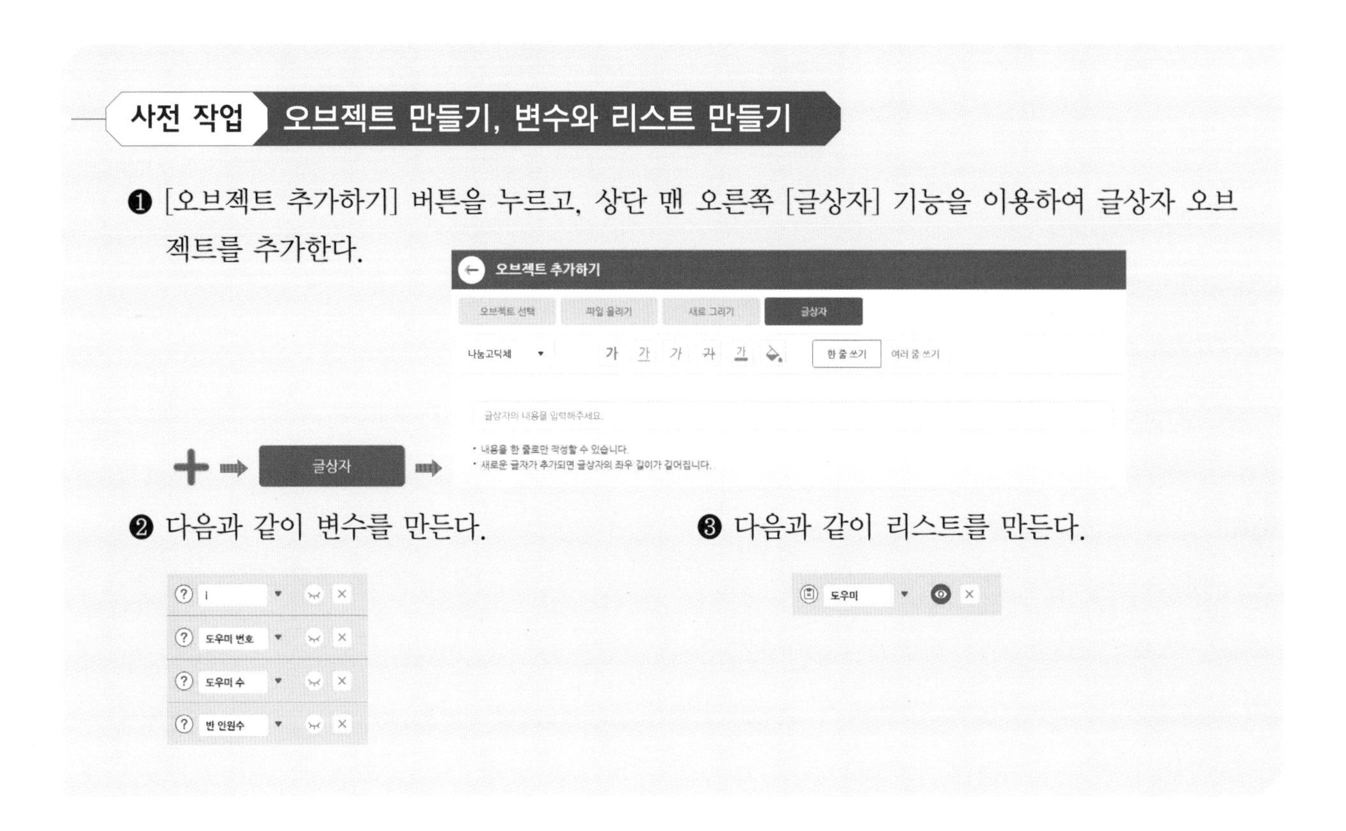

프로그래밍

엔트리는 변수를 처음 만들 때 초기화하지 않아도 '0'이 저장된다. 하지만 스크래치에서는 변수를 초기화하지 않으면 프로그램 오류가 발생할 수 있다.

'i', '반 인원수', '도우미 수', '도우미 번호'와 같은 모든 변숫값을 0으로 초기화한다.

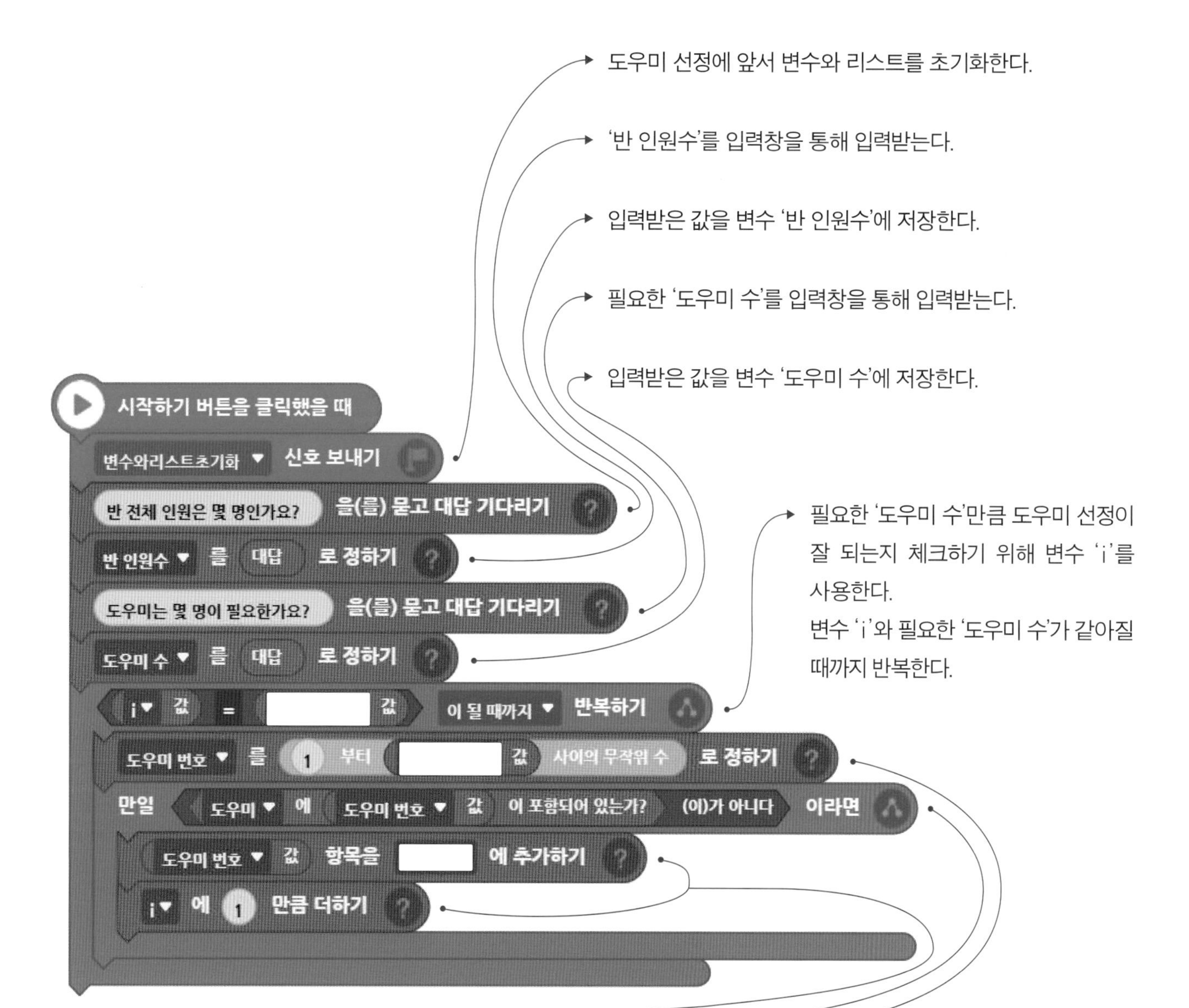

'도우미 번호' 변수는 1부터 끝번까지의 학생 중 1명을 선정해서 그 번호를 저장하는 변수이다. 끝번은 '반 인원수' 변수에 저장되어 있다.

'도우미'를 여러 명 정하는 경우, 한 번 정해진 번호가 또 나올 수 있다. 그래서 '도우미' 리스트 안에 저장되어 있는 값과 '도우미 번호'를 비교해서 같지 않을 때에만 '도우미' 리스트에 추가한다.

정해진 '도우미 번호'가 조건을 만족한 경우, '도우미' 리스트에 추가한다. 1명의 '도우미'가 추가되었기 때문에 정해진 '도우미 수'를 체크하는 변수 'i' 값이 1만큼 증가한다.

확인해 보기

내가 만든 프로그램이 정상적으로 실행되는지 확인해 봅시다.

확인 내용	○, ×
1. 프로그램이 실행되면 변수와 리스트가 초기화되는가?	
2. "반 전체 인원은 몇 명인가요?"를 묻고 입력창이 보이는 상태에서 기다리는가?	
3. 입력한 반 전체 인원 값이 '반 인원수' 변수에 저장되는가?	
4. "도우미는 몇 명이 필요한가요?"를 묻고 입력창이 보이는 상태에서 기다리는가?	
5. 입력한 도우미 수 값이 '도우미 수' 변수에 저장되는가?	
6. '도우미' 리스트에 필요한 '도우미 수' 번호가 보이는가?	
7. '도우미' 리스트에 있는 번호들이 중복되지 않는가?	

더하기

도우미 리스트를 화면에 보이지 않게 하고, 정해진 번호를 마법사가 알려 주도록 프로그램을 수정해 봅시다.

예제 주소_ http://naver.me/xitjND0T

더 알고가기 변수의 초깃값

스크래치에서는 초기화 코드를 넣어야 한다. 블록을 실행했다가 정지하기 버튼을 눌러도 값이 초기화되지 않기 때문이다. 단, 엔트리에서는 정지하기 버튼을 누르면 모든 값이 자동 초기화된다. 하지만 대부분의 프로그래밍 언어에서 변수를 초기화하지 않으면 기억 장치 공간에 남아 있는 값을 변숫값으로 인식하여 프로그램 오류가 발생할 수 있다.

스마트 화분 프로그램 만들기

식물이 시들지 않도록 규칙적으로 물을 주는 '식물 키우기' 알고리즘을 표현해 보고, 달력 아이콘 오브젝트( )와 비커 오브젝트( )를 사용하여 스마트 화분 프로그램을 엔트리로 만들어 봅시다.

예제 주소_ http://naver.me/G8QAbj8N

알고리즘 표현

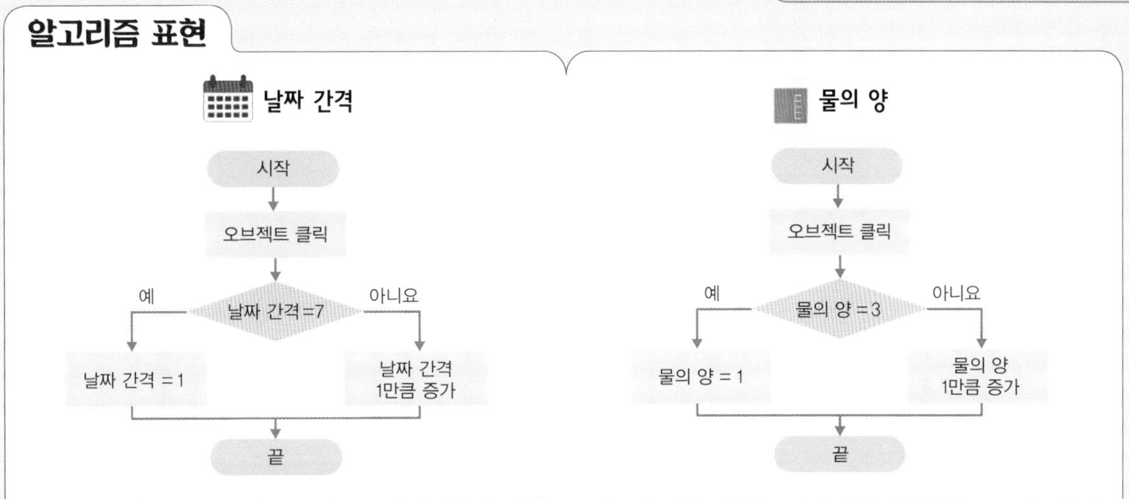

- '날짜 간격'을 1부터 7까지 변하도록 한다. '날짜 간격' 클릭 시 1씩 증가하도록 한다.
- 선택 구조를 활용하여 '날짜 간격'이 7일 때, 다시 1값이 되도록 한다.

- '물의 양'을 1부터 3까지 변하도록 한다. 오브젝트를 클릭 시 1씩 증가하도록 한다.
- 선택 구조를 활용하여 '물의 양'이 3일 때, 다시 1값이 되도록 한다.

엔트리 프로그래밍

```
오브젝트를 클릭했을 때
만일 < 날짜 간격 ▼ 값 = 7 > 이라면
    날짜 간격 ▼ 를 1 로 정하기
아니면
    날짜 간격 ▼ 에 1 만큼 더하기
```

```
오브젝트를 클릭했을 때
만일 < 물의 양 ▼ 값 = 3 > 이라면
    물의 양 ▼ 를 1 로 정하기
아니면
    물의 양 ▼ 에 1 만큼 더하기
```

위 스마트 화분 프로그램을 스크래치로 만들어 봅시다.

예제 주소_ https://scratch.mit.edu/projects/165300121

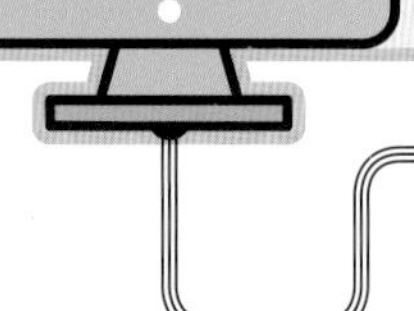

두더지 잡기 프로그램 만들기

이 활동을 하고 나면

- 임의의 시간 동안 나타나는 두더지를 마우스로 클릭하면 뿅망치로 내려치는 프로그램을 만들 수 있다.
- 변수, 연산자, 입력, 출력, 제어 구조를 종합적으로 활용하여 프로그램을 만들 수 있다.

문제를 찾아서

다음을 보고, 해결해야 할 문제가 무엇인지 알아봅시다.

1. 위에서 발생한 문제와 문제 해결을 위해 제시한 방법은 무엇인지 이야기해 봅시다.

2. 위에서 제시한 문제 해결 방법을 실천하기 위해 우리가 할 수 있는 일을 구체적으로 이야기해 봅시다.

알고리즘으로 표현하기

알고리즘 살펴보기

◎ 두더지 잡기 프로그램이 올바르게 작동하도록 보기 에서 알맞은 말을 찾아서 써 봅시다.

- 마우스를 클릭하여 뿅망치로 두더지 머리를 내려친다.
- 일정 점수에 도달하면 게임이 종료된다.
- 마우스를 따라 뿅망치가 움직이도록 한다.
- 두더지 머리가 뿅망치에 닿으면 점수가 올라간다.
- 두더지가 임의의 시간에 등장하고 사라지도록 한다.

실제로 두더지 게임을 하는 경우

1. 동전을 넣는다.

↓

2. 두더지 머리가 올라온다.

↓

3. 두더지 머리를 뿅망치로 내려친다.

↓

4. 두더지 머리를 맞히면 점수가 올라간다.

↓

5. 시간이 지나면 게임이 종료된다.

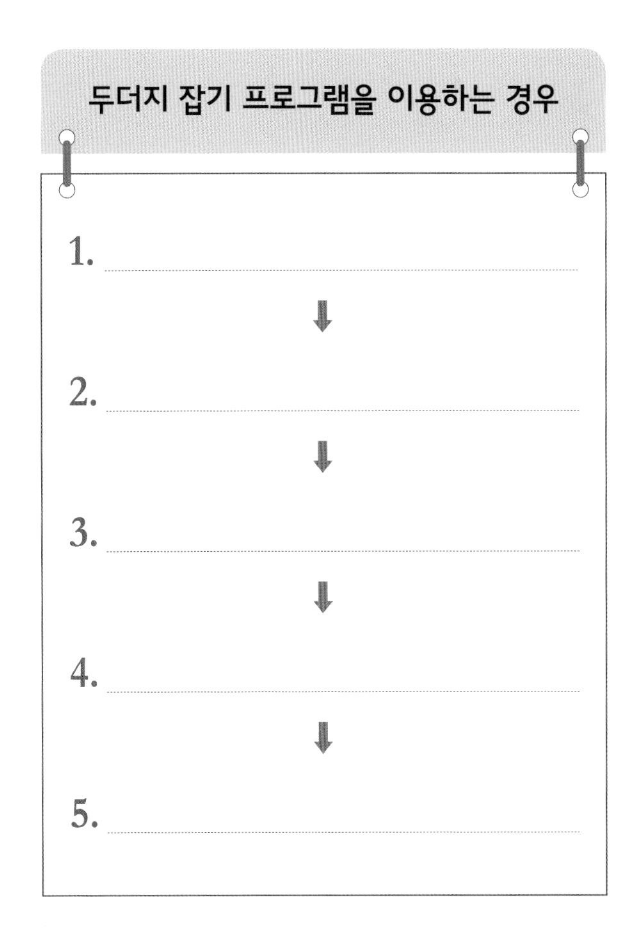

◎ 두더지 잡기 프로그램을 만들어 사용하면 어떤 점이 좋을지 이야기해 봅시다.

알고리즘 만들기

다음 그림은 '두더지 잡기 프로그램'입니다. 작동하는 알고리즘을 만들어 봅시다.

빈칸에 알맞은 말을 넣어 알고리즘을 완성해 봅시다.

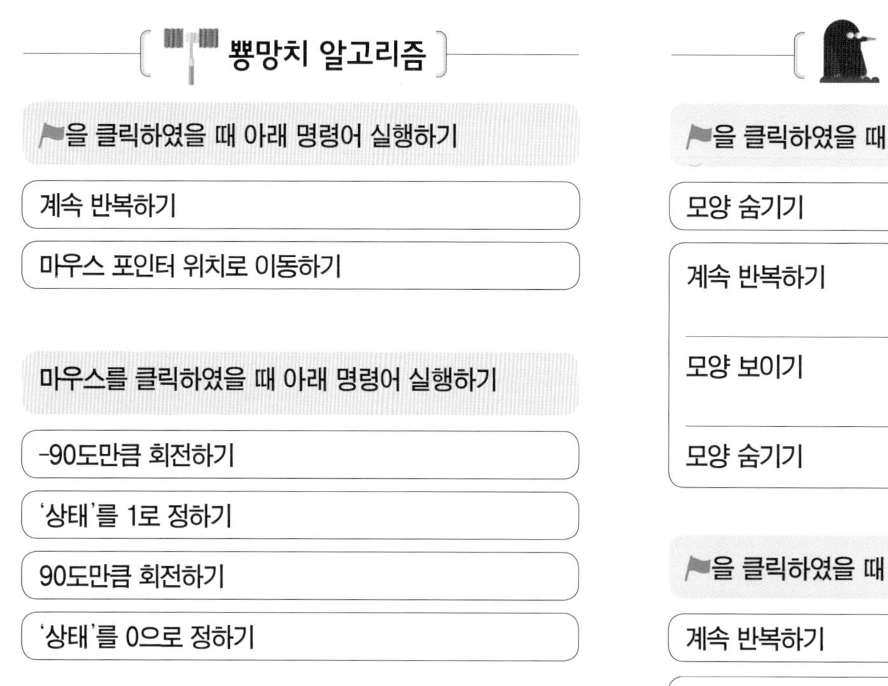

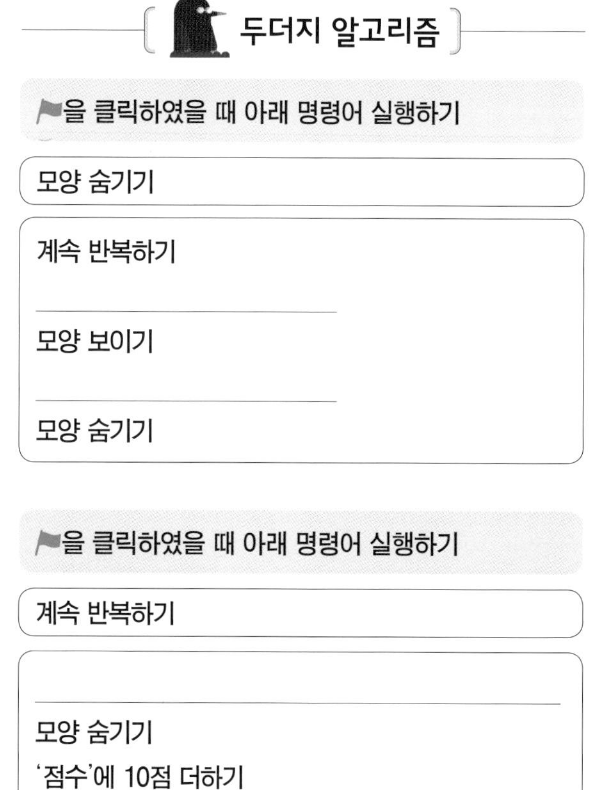

프로그래밍하기 스크래치

화면 구성

예제 주소_ https://scratch.mit.edu/projects/151370993

◎ '뿅망치', '두더지' 스프라이트를 화면에 배치하고 프로그램에 사용될 변수를 만든 후, 두더지 잡기 프로그램을 만들어 봅시다.

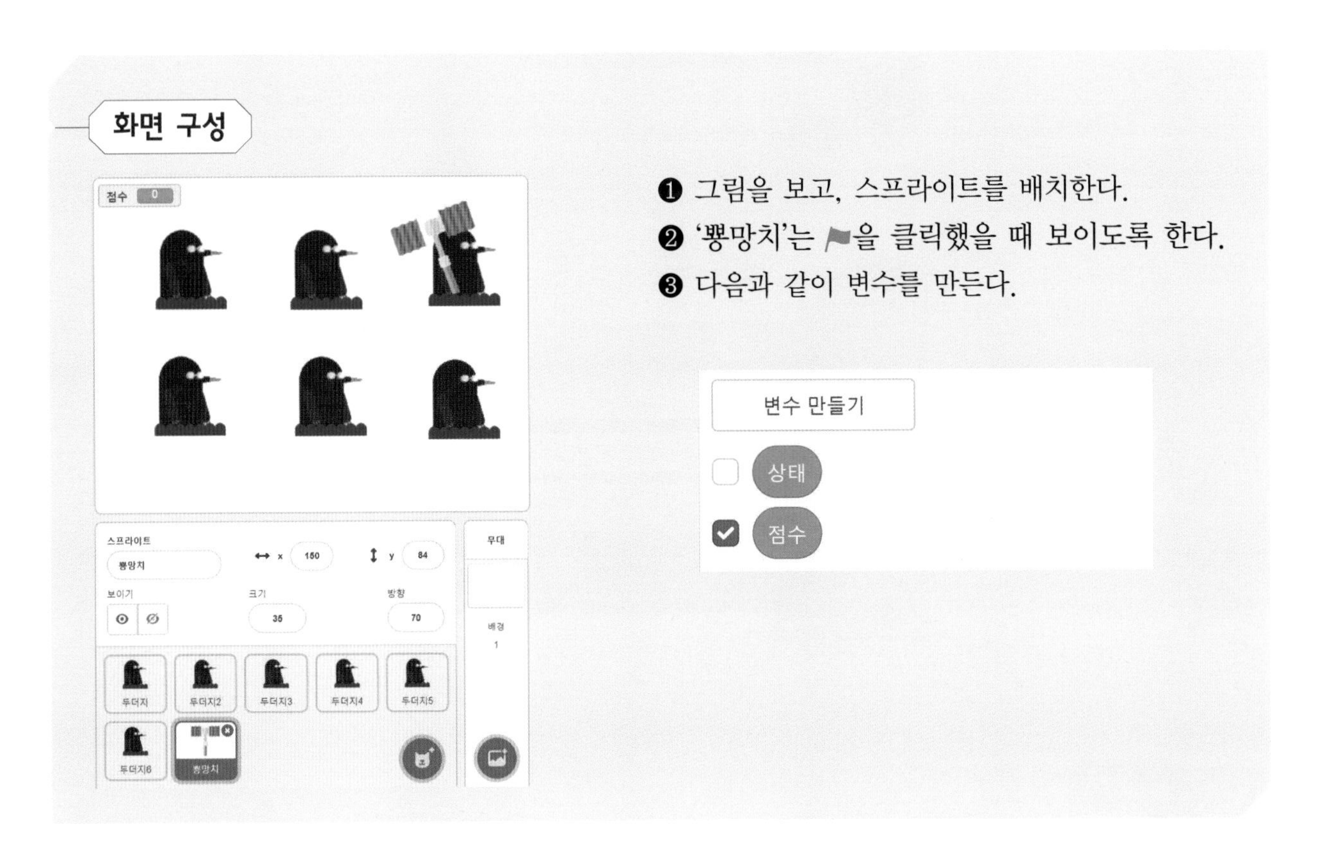

프로그래밍

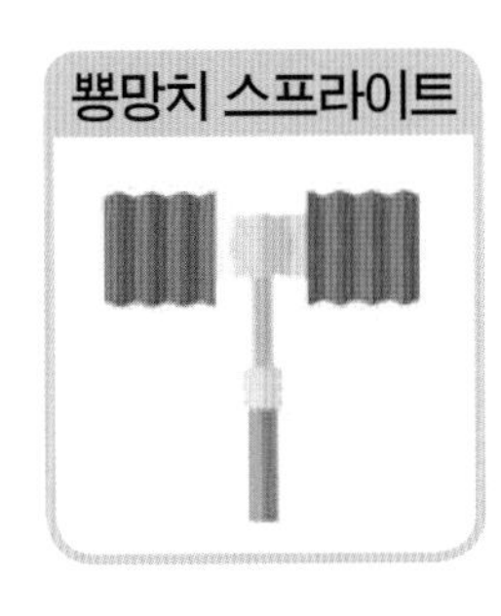

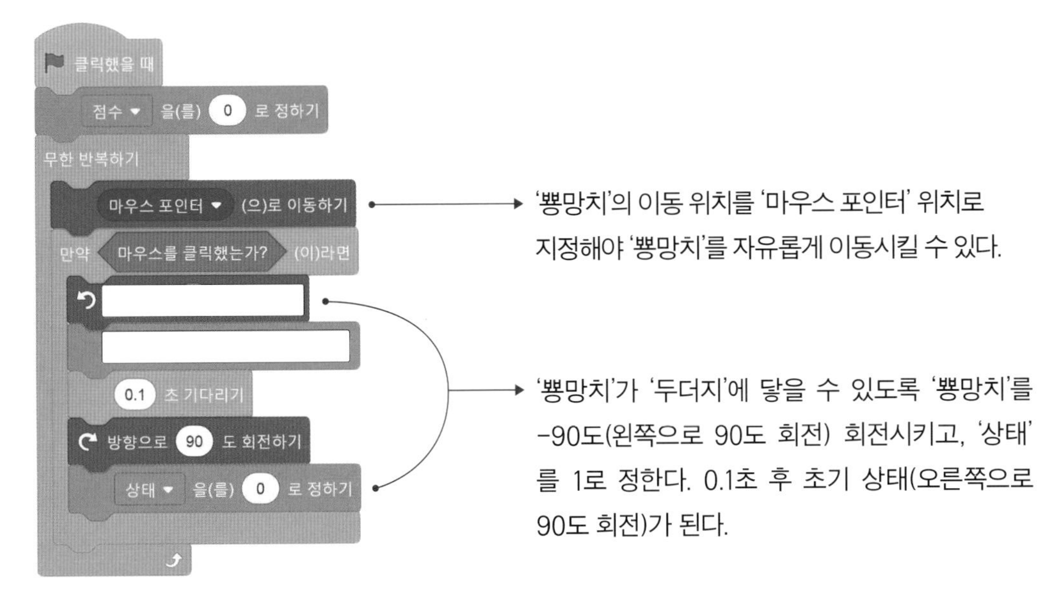

두더지 스프라이트

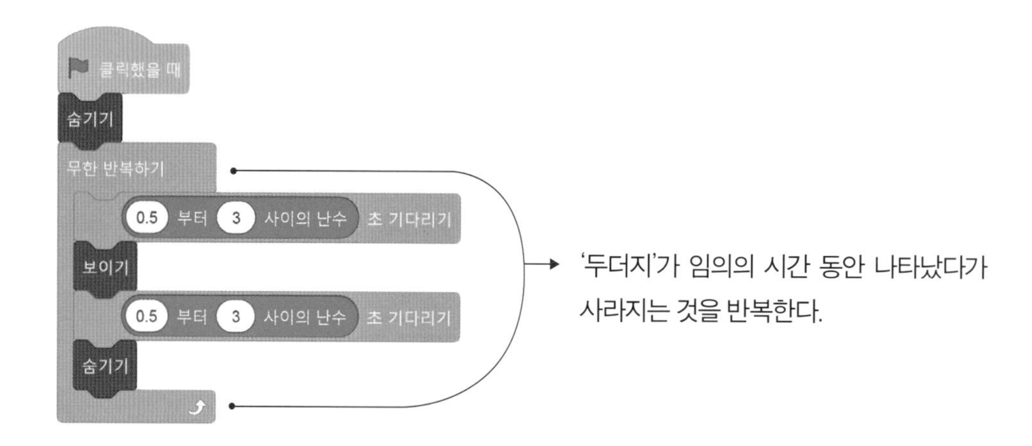

마우스를 클릭하고, 뿅망치와 두더지가 닿았을 때에만 점수가 10점씩 올라가도록 하기 위해 상태 변수를 지정합니다.

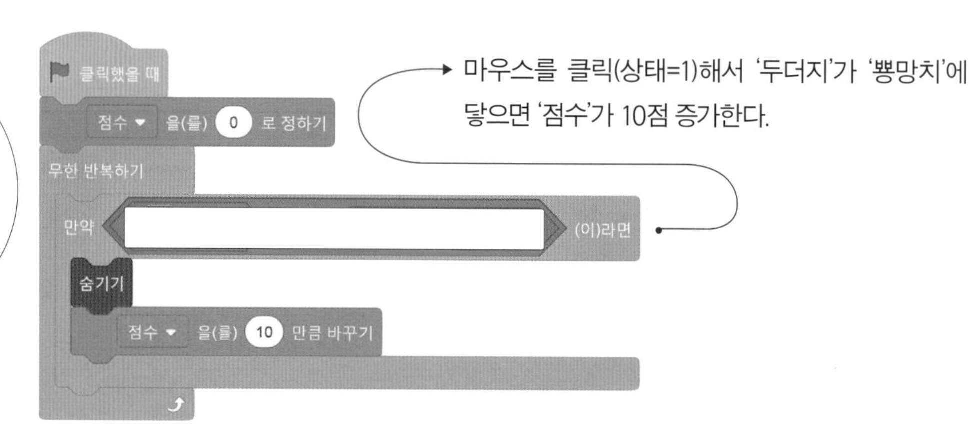

확인해 보기

◎ 내가 만든 프로그램이 정상적으로 실행되는지 확인해 봅시다.

확인 내용	○, ×
1. '뿅망치'가 '마우스 포인터'를 따라 움직이는가?	
2. 두더지 여섯 마리가 임의의 시간 동안 나타났다 사라지는가?	
3. 마우스를 클릭하면 '뿅망치'가 기울어지는가?	
4. 마우스를 클릭했을 때에만 점수를 부여하기 위해 '상태' 변수를 사용하였는가?	
5. '뿅망치'가 '두더지'에 닿으면 점수가 10점씩 증가하는가?	

더하기

두 사람이 동시에 게임하는 프로그램으로 수정해 봅시다.

예제 주소_ https://scratch.mit.edu/projects/166900535/

프로그래밍하기 엔트리

화면 구성

예제 주소_ http://naver.me/xKJXuGCa

'뽕망치', '두더지' 오브젝트를 화면에 배치하고 프로그램에 사용될 변수를 만든 후, 두더지 잡기 프로그램을 만들어 봅시다.

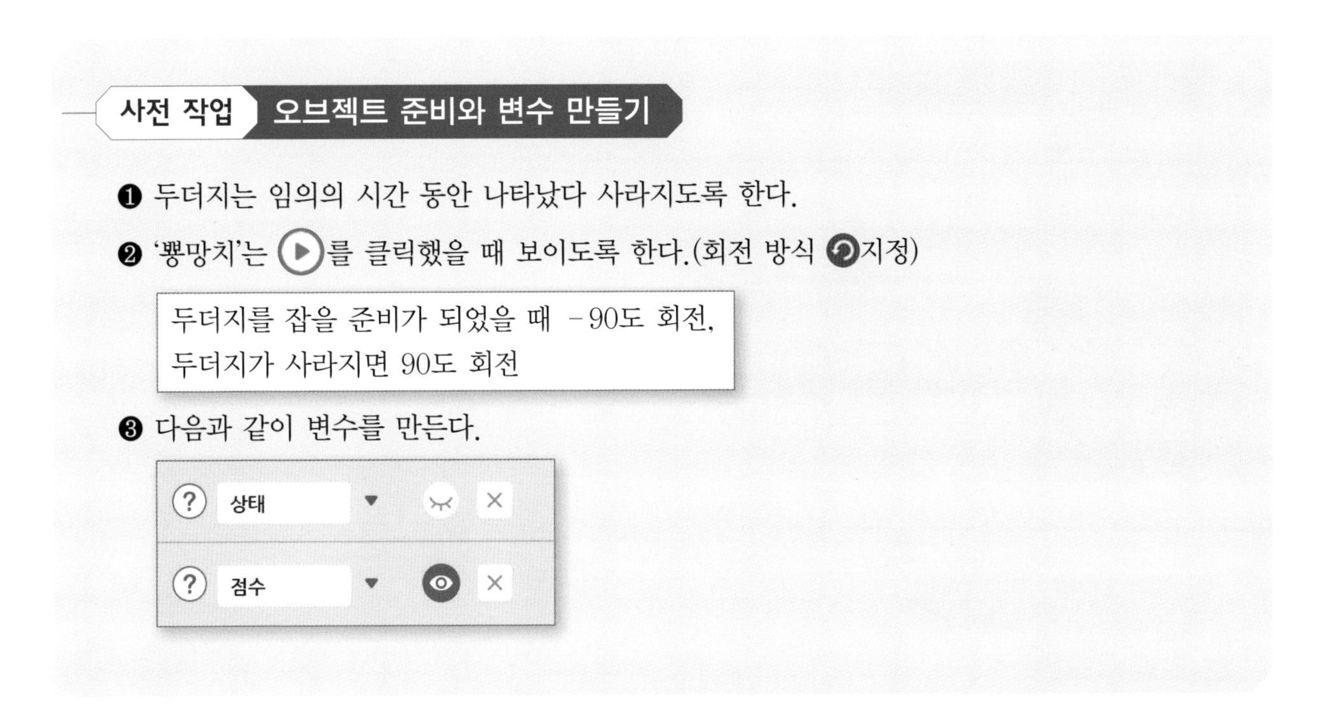

프로그래밍

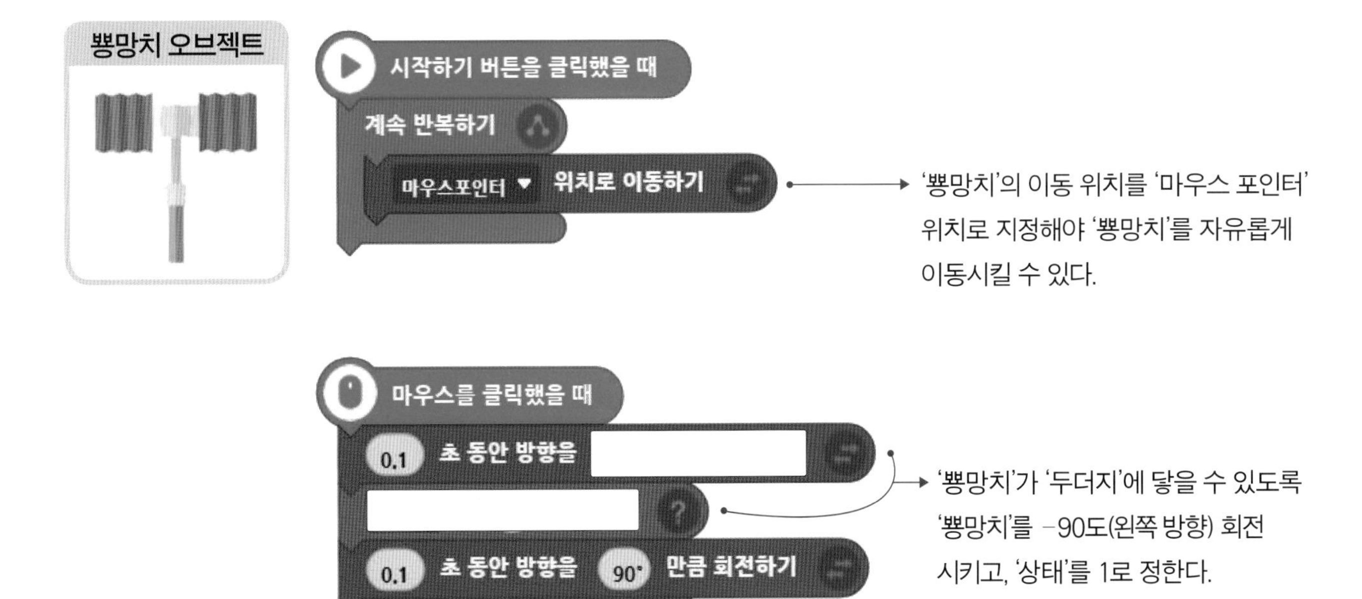

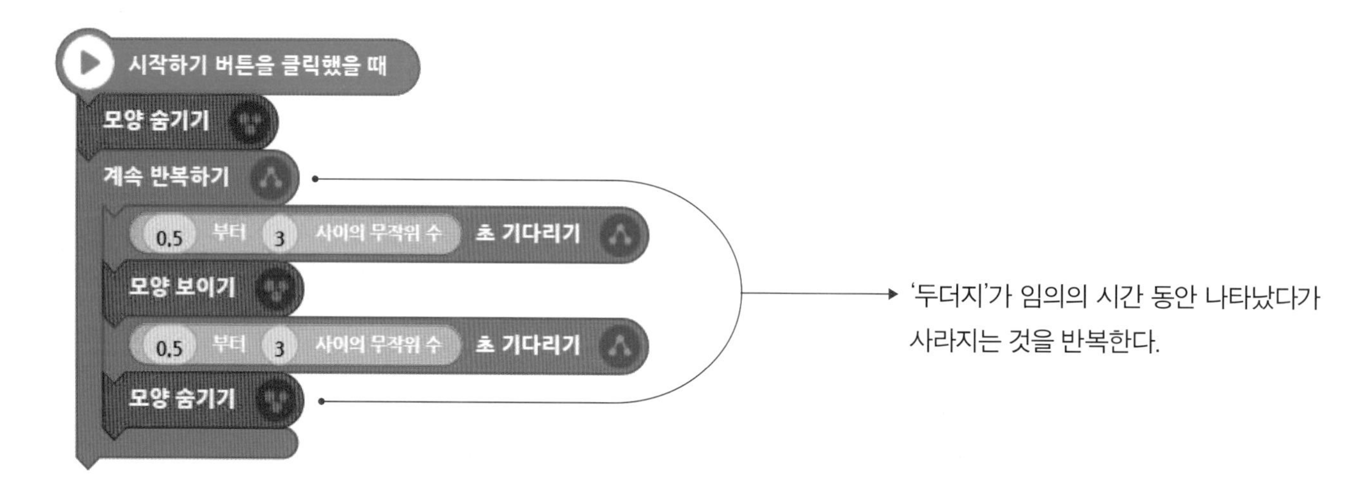

'두더지'가 임의의 시간 동안 나타났다가 사라지는 것을 반복한다.

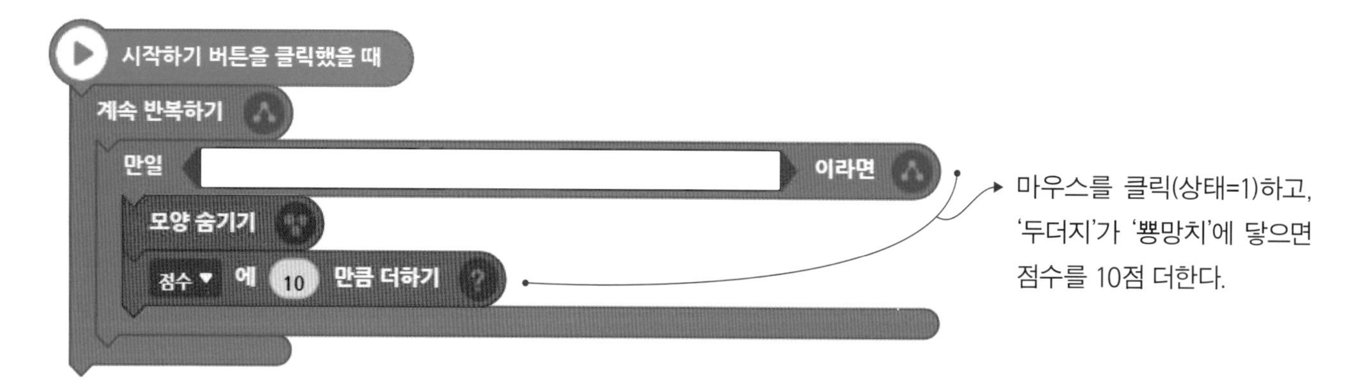

마우스를 클릭(상태=1)하고, '두더지'가 '뿅망치'에 닿으면 점수를 10점 더한다.

마우스를 클릭하고, 뿅망치와 두더지가 닿았을 때에만 점수가 10점씩 올라가도록 하기 위해 상태 변수를 지정합니다.

확인해 보기

내가 만든 프로그램이 정상적으로 실행되는지 확인해 봅시다.

확인 내용	○, ×
1. '뿅망치'가 '마우스 포인터'를 따라 움직이는가?	
2. 두더지 여섯 마리가 임의의 시간 동안 나타났다 사라지는가?	
3. 마우스를 클릭하면 '뿅망치'가 기울어지는가?	
4. 마우스를 클릭했을 때에만 점수를 부여하기 위해 '상태' 변수를 사용하였는가?	
5. '뿅망치'가 '두더지'에 닿으면 점수가 10점씩 증가하는가?	

더하기

'점수' 변수가 500이 되면 종료하는 프로그램으로 수정해 봅시다.

예제 주소_ http://naver.me/FKajnisL

11 지구 지키기 프로그램 만들기

이 활동을 하고 나면
- 좌표를 이용하여 스프라이트(오브젝트)를 이동시킬 수 있다.
- 스페이스키를 눌러 스프라이트(오브젝트)의 모양을 변경하여 출력할 수 있다.

문제를 찾아서

다음을 보고, 해결해야 할 문제가 무엇인지 알아봅시다.

1. 위에서 발생한 문제와 문제 해결을 위해 제시한 방법은 무엇인지 적어 봅시다.

2. 위에서 제시한 문제 해결 방법을 실천하기 위해 우리가 할 수 있는 일을 이야기해 봅시다.

알고리즘으로 표현하기

알고리즘 살펴보기

◎ 지구 지키기 프로그램이 올바르게 작동하도록 보기에서 알맞은 말을 찾아서 써 봅시다.

보기
- 외계인은 미사일에 닿으면 없어진다.
- 스페이스키를 눌러서 미사일을 발사한다.
- 서로가 외계인을 맞춘 개수를 비교하여 누가 이겼는지 알 수 있다.
- 외계인의 속도를 정한다.

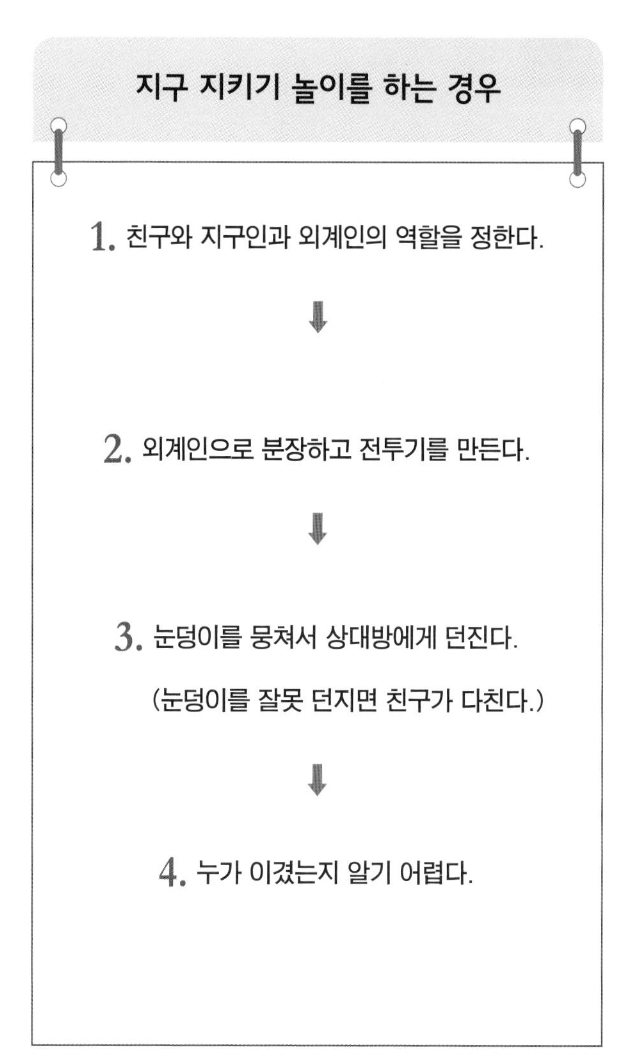

지구 지키기 놀이를 하는 경우

1. 친구와 지구인과 외계인의 역할을 정한다.

↓

2. 외계인으로 분장하고 전투기를 만든다.

↓

3. 눈덩이를 뭉쳐서 상대방에게 던진다.
(눈덩이를 잘못 던지면 친구가 다친다.)

↓

4. 누가 이겼는지 알기 어렵다.

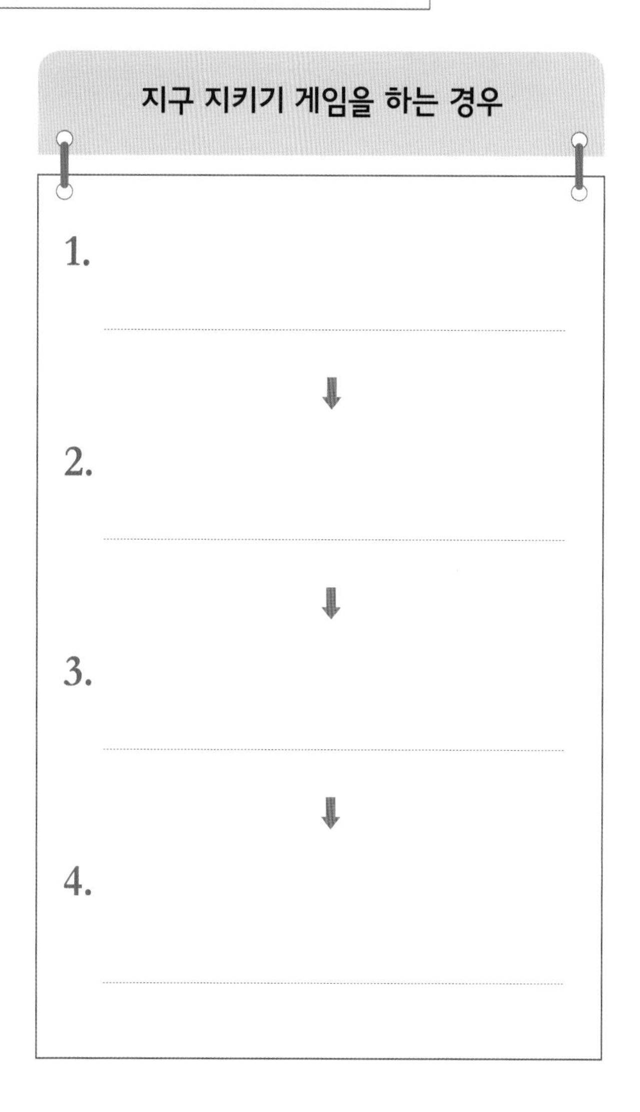

지구 지키기 게임을 하는 경우

1. ....

↓

2. ....

↓

3. ....

↓

4. ....

◎ 지구 지키기 프로그램을 만들어 사용하면 어떤 점이 좋을지 이야기해 봅시다.

알고리즘 만들기

다음 그림은 지구 지키기 프로그램입니다. 지구 지키기 프로그램이 작동하는 알고리즘을 만들어 봅시다.

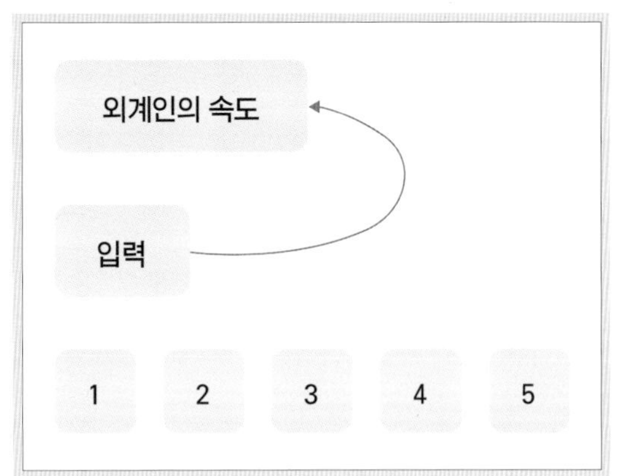

빈칸에 알맞은 말을 넣어 알고리즘을 완성해 봅시다. 지구 지키기 알고리즘

외계인 알고리즘

을 클릭하였을 때 아래 명령어 실행하기

계속 반복하기

대답 초 동안 (x, y) 좌표로 이동하기
모양 숨기기
________로 이동하기
모양 보이기

을 클릭하였을 때 아래 명령어 실행하기

계속 반복하기

만약 외계인이 미사일에 닿으면 _____ 모양으로 변경하기
　　0.5초 기다리기
　　모양 숨기기
　　_______ 모양으로 바꾸기

미사일 알고리즘

을 클릭하였을 때 아래 명령어 실행하기

계속 반복하기

전투기 위치로 이동하기
만약 스페이스키를 눌렀다면
　　1초 동안 (x: 0, y: 150)의 위치로 이동하기

전투기 알고리즘

을 클릭하였을 때 아래 명령어 실행하기

맨 앞쪽으로 순서 바꾸기

외계인의 속도 입력받기

프로그래밍하기 스크래치

화면 구성

예제 주소_ https://scratch.mit.edu/projects/395553928

◎ "Galaxy' 배경을 고르고, '전투기', '별똥별', '미사일', '외계인' 스프라이트를 업로드한 뒤 화면에 배치합니다. 그리고 프로그램에 사용될 변수를 만든 후, 지구 지키기 프로그램을 만들어 봅시다.

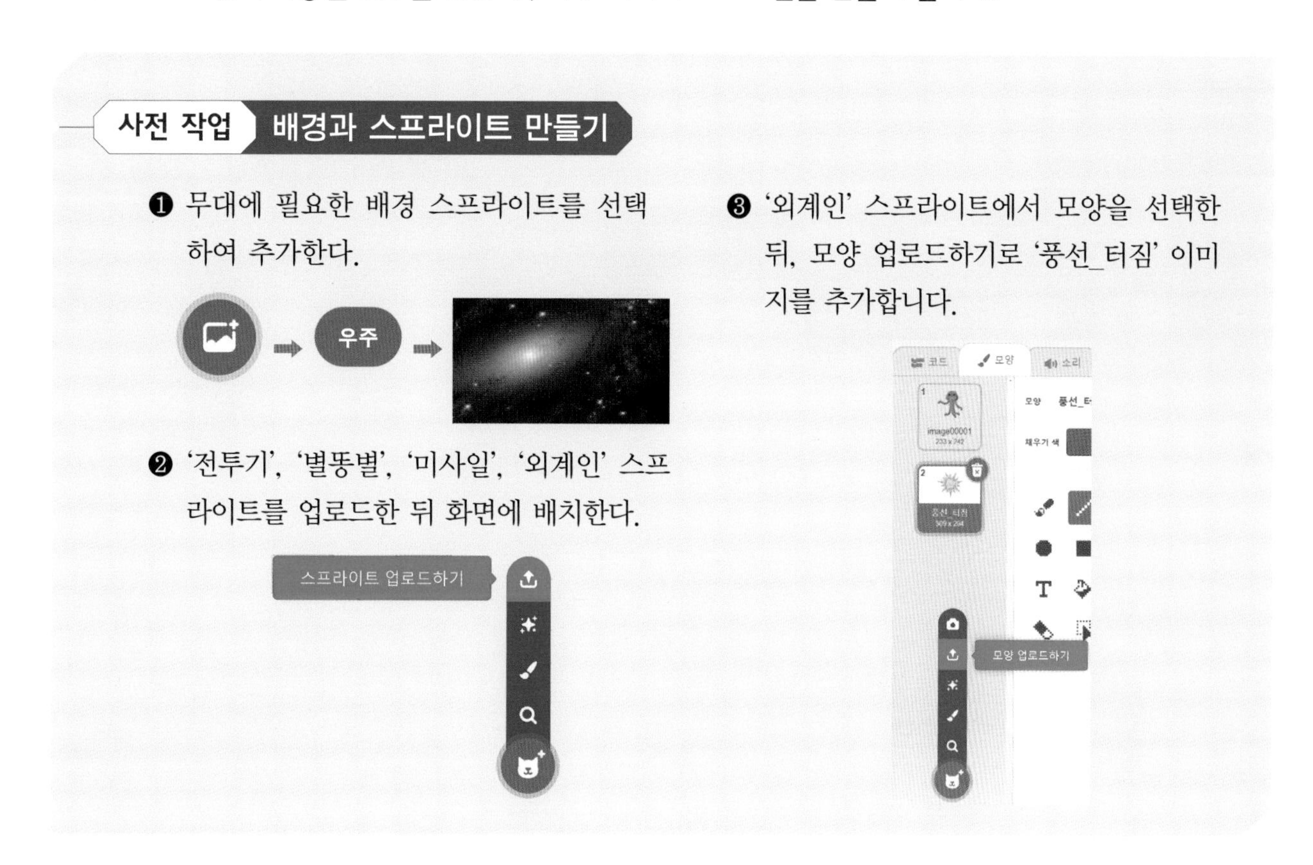

프로그래밍

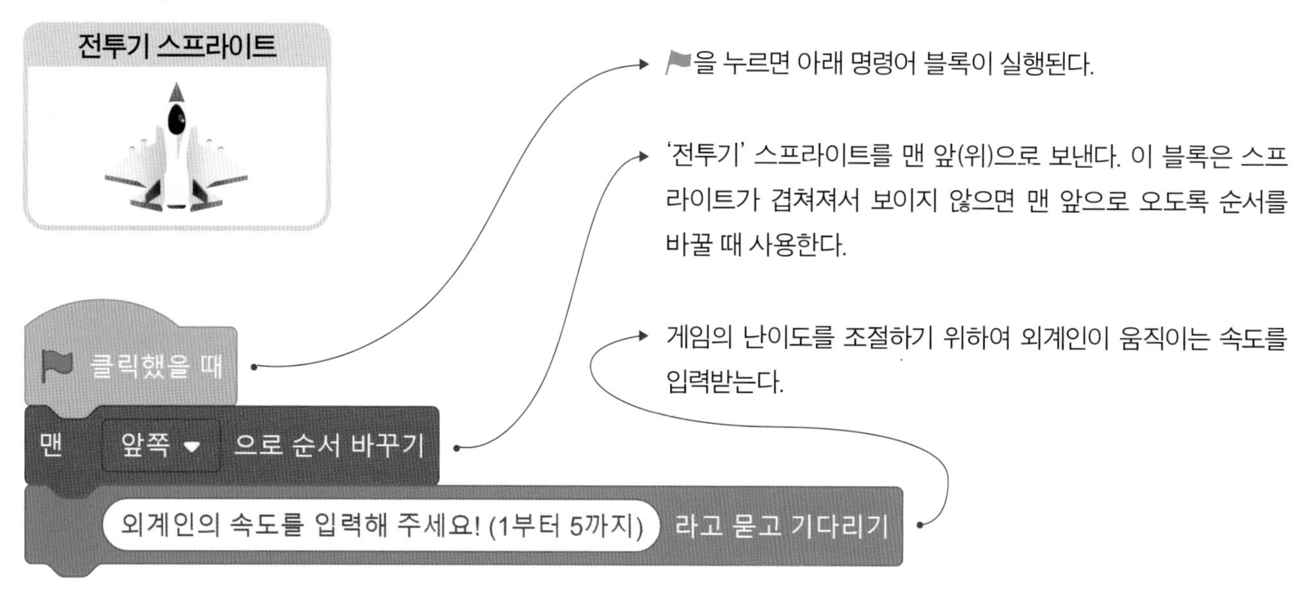

별똥별 스프라이트
좌표에 대한 내용은
120쪽을 참고합니다.
클릭했을 때
무한 반복하기
2 초 동안 x: -260 y: -120 (으)로 이동하기
x: 210 y: 110 (으)로 이동하기
'별똥별(1)'이 2초 동안 (x: −260, y: −120) 좌표로 이동한 뒤, (x: 210, y: 110) 좌표로 이동하는 것을 반복한다.

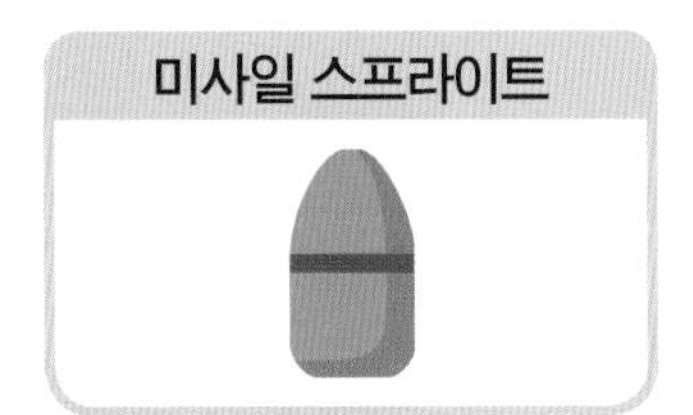
미사일 스프라이트

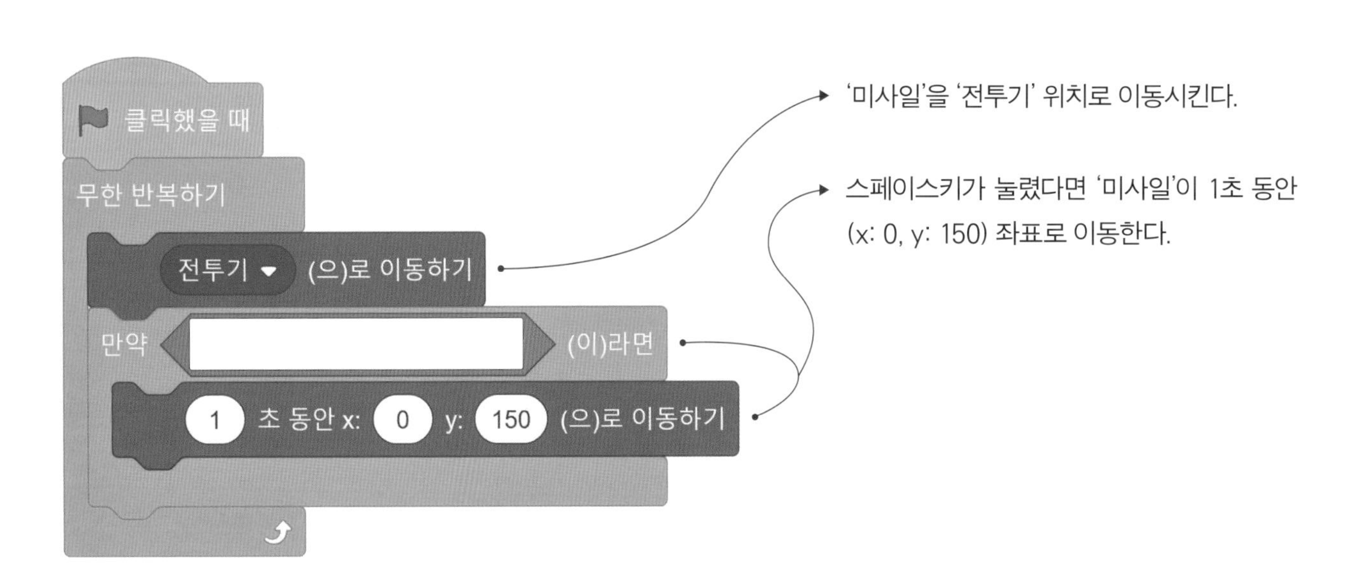
클릭했을 때
무한 반복하기
전투기 (으)로 이동하기
만약 (이)라면
1 초 동안 x: 0 y: 150 (으)로 이동하기
'미사일'을 '전투기' 위치로 이동시킨다.
스페이스키가 눌렸다면 '미사일'이 1초 동안 (x: 0, y: 150) 좌표로 이동한다.

외계인 스프라이트

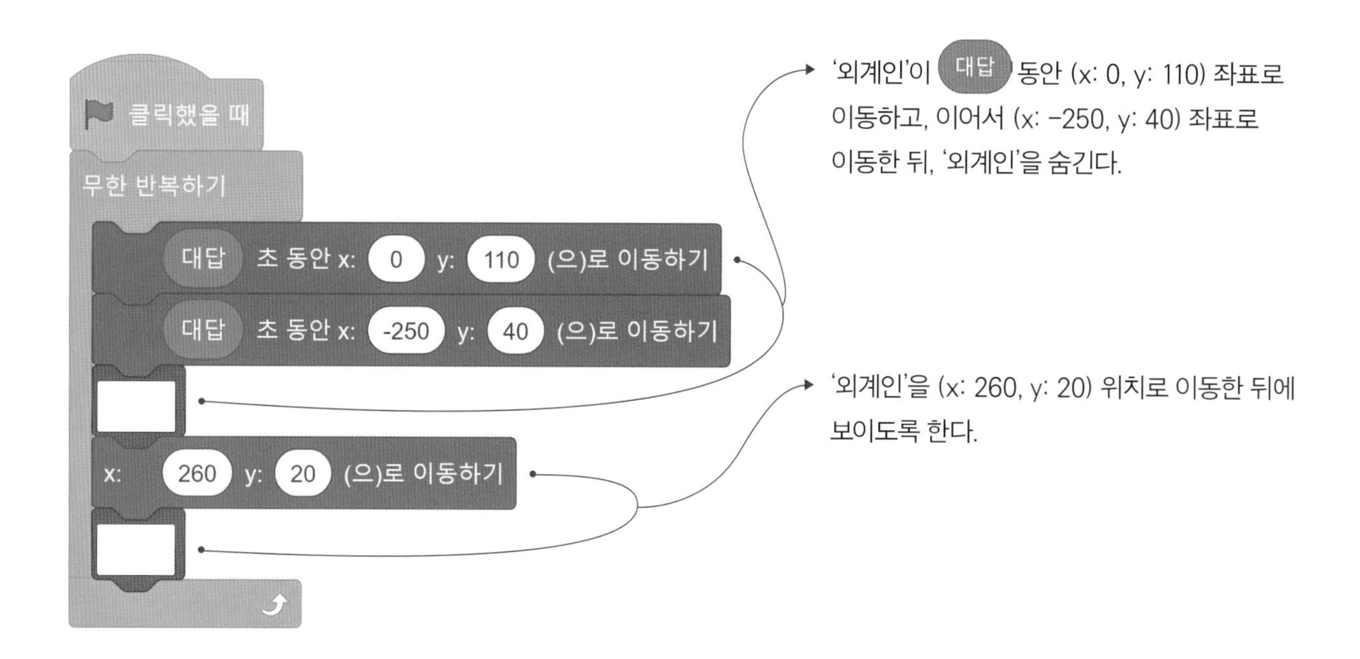
클릭했을 때
무한 반복하기
대답 초 동안 x: 0 y: 110 (으)로 이동하기
대답 초 동안 x: -250 y: 40 (으)로 이동하기
x: 260 y: 20 (으)로 이동하기
'외계인'이 대답 동안 (x: 0, y: 110) 좌표로 이동하고, 이어서 (x: −250, y: 40) 좌표로 이동한 뒤, '외계인'을 숨긴다.
'외계인'을 (x: 260, y: 20) 위치로 이동한 뒤에 보이도록 한다.

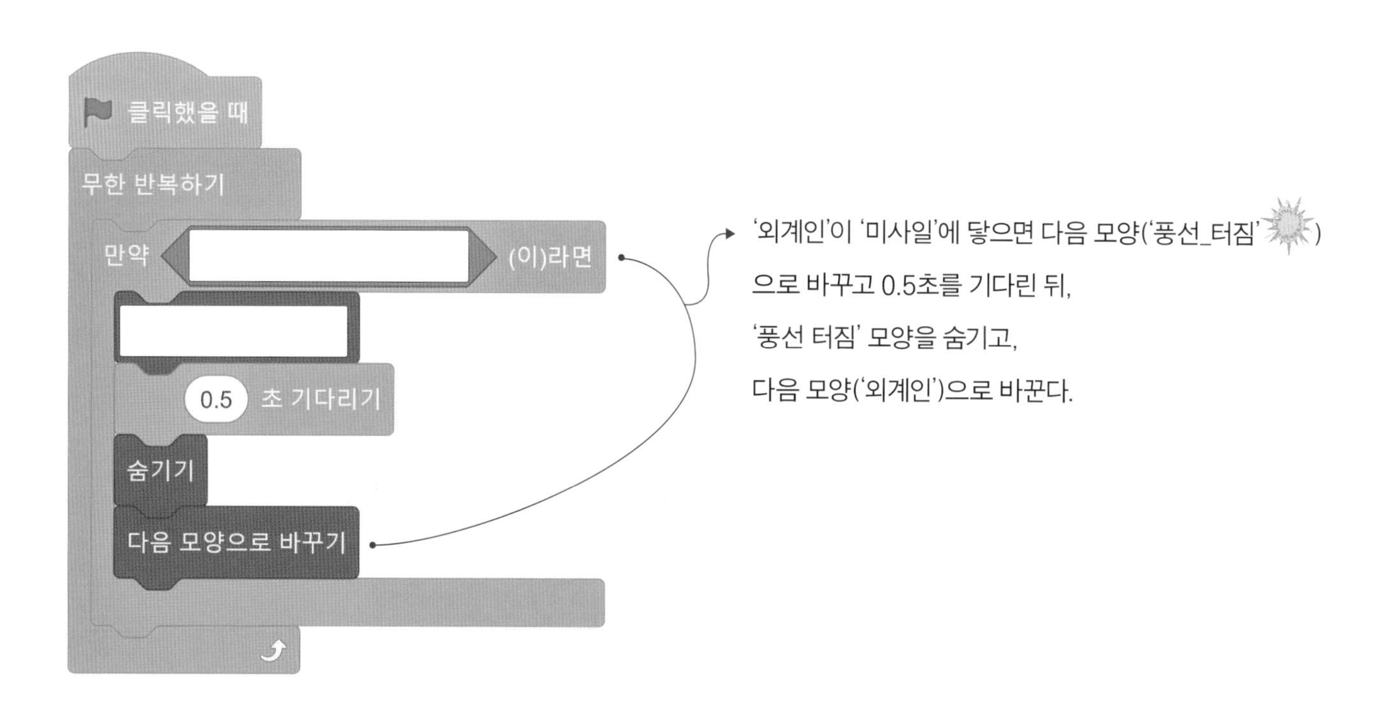
클릭했을 때
무한 반복하기
만약 (이)라면
0.5 초 기다리기
숨기기
다음 모양으로 바꾸기
'외계인'이 '미사일'에 닿으면 다음 모양('풍선_터짐') 으로 바꾸고 0.5초를 기다린 뒤,
'풍선 터짐' 모양을 숨기고,
다음 모양('외계인')으로 바꾼다.

확인해 보기

내가 만든 프로그램이 정상적으로 실행되는지 확인해 봅시다.

확인 내용	O, X
1. 프로그램이 실행되면 "외계인의 속도를 입력해 주세요!"라고 입력창이 표시되는가?	
2. 1~5로 숫자가 커질수록 외계인의 속도가 느려지는가?	
3. '별똥별'이 우측 상단에서 좌측 하단으로 이동하는가?	
4. 스페이스키를 눌렀을 때 미사일이 발사되는가?	
5. '외계인'이 '미사일'에 닿으면 '폭발 이미지(풍선_터짐)'로 바뀌는가?	

더하기

전투기의 미사일로 외계인을 맞출 때마다 점수가 올라가도록 블록을 추가해 봅시다.

예제 주소_ https://scratch.mit.edu/projects/395549728

더 알고가기 무대의 크기와 좌표

스크래치 프로그램의 무대 위에서 마우스를 움직일 때마다 무대 오른쪽 아래의 (x: 0, y: 0) 숫자가 달라지는 것을 볼 수 있다. 무대의 가로는 **x좌표로 −240부터 240**까지로 나타내고, 무대의 세로는 **y좌표로 −180부터 180(엔트리의 경우, −135~135)**까지로 나타낸다. [배경 고르기]를 눌러 'Xy-grid'로 배경을 지정하면 오른쪽과 같이 무대의 크기와 좌푯값을 확인할 수 있다.

그래프 그리기 프로그램에서 그래프 스프라이트를 복사하기 위해서는 정확한 (x, y) 위치를 정해 줘야 그래프가 제대로 표시된다. 그래프 스프라이트의 크기와 무대 배경에 그린 그래프 테두리의 위치에 따라 다른 좌표를 사용할 수 있으므로 나만의 좌표를 잘 찾아보자.

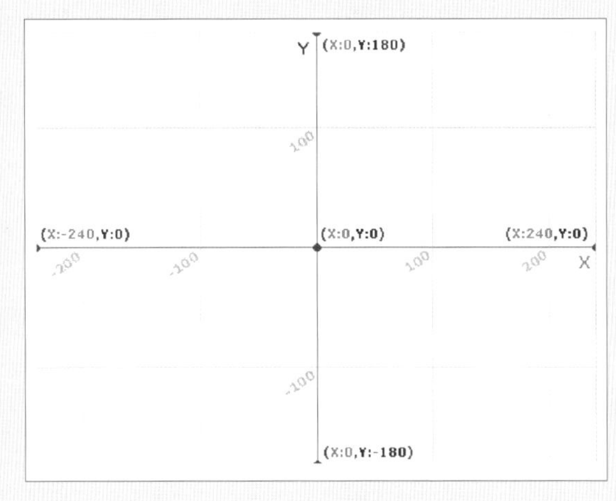

프로그래밍하기 엔트리

화면 구성

예제 주소_ http://naver.me/FY7DHymn

◎ '우주(2)' 배경을 고르고, '전투기', '별똥별', '미사일', '외계인' 오브젝트들을 화면에 배치한 후, 지구 지키기 프로그램을 만들어 봅시다.

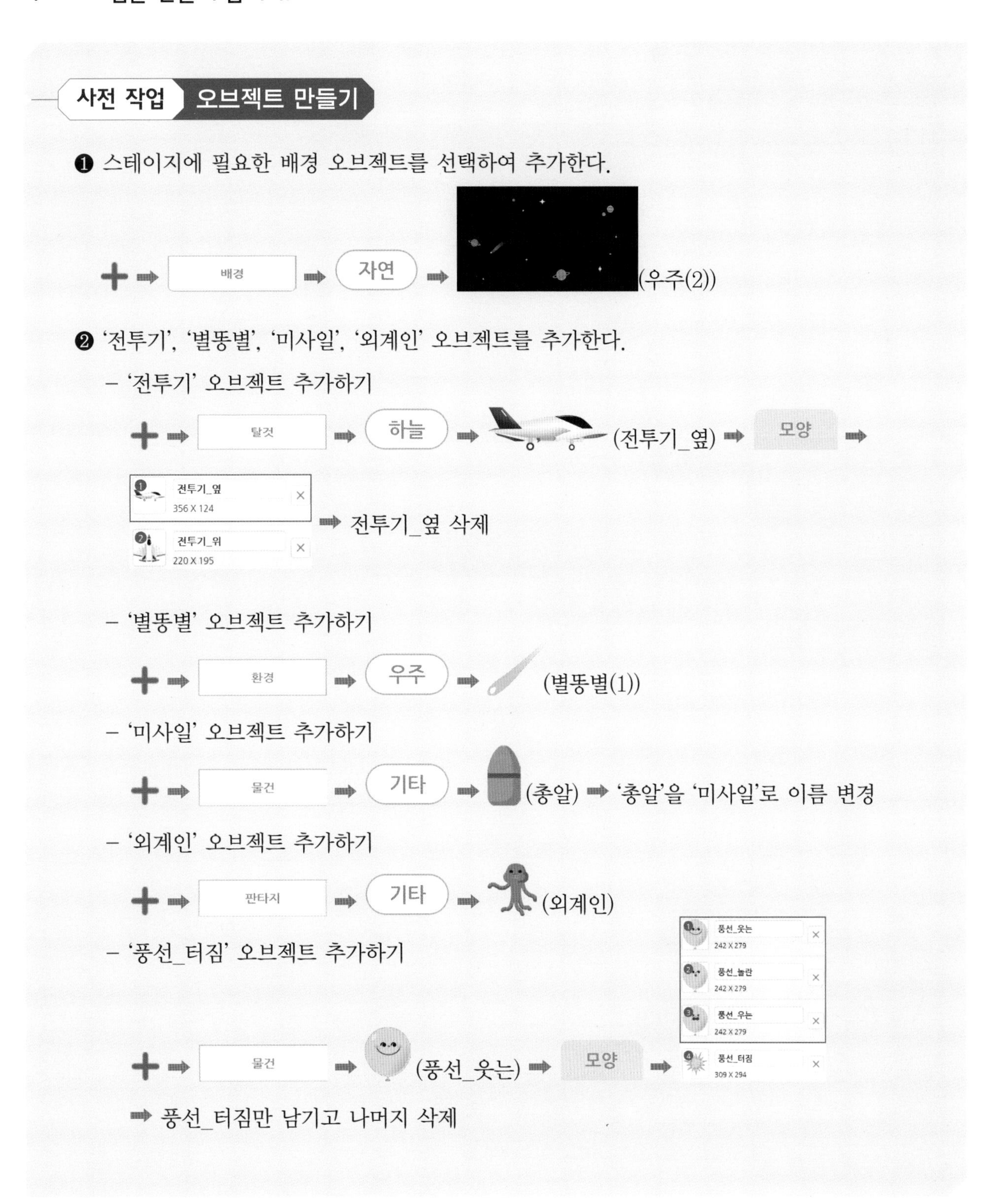

프로그래밍

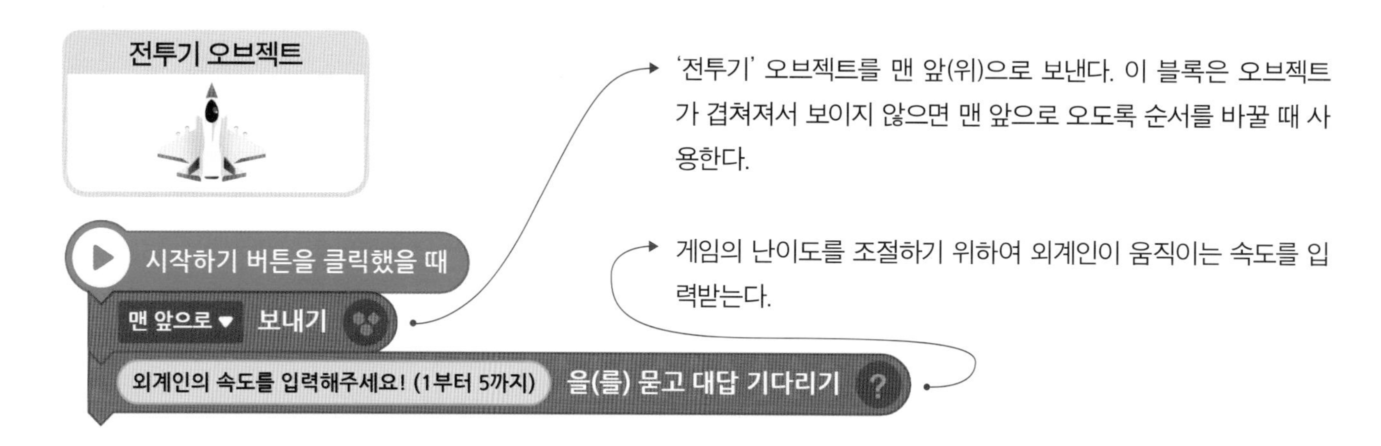

좌표에 대한 내용은 120쪽을 참고합니다.

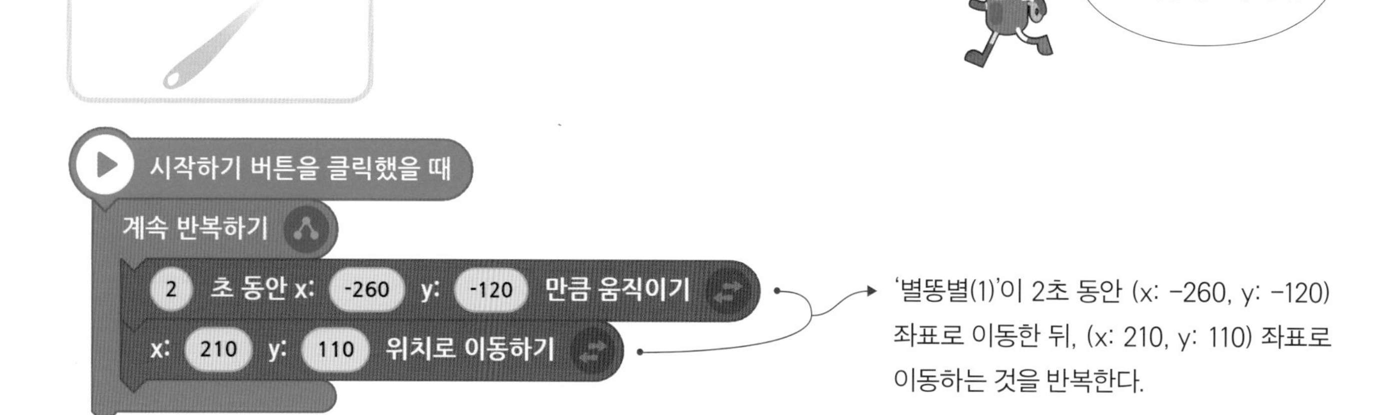

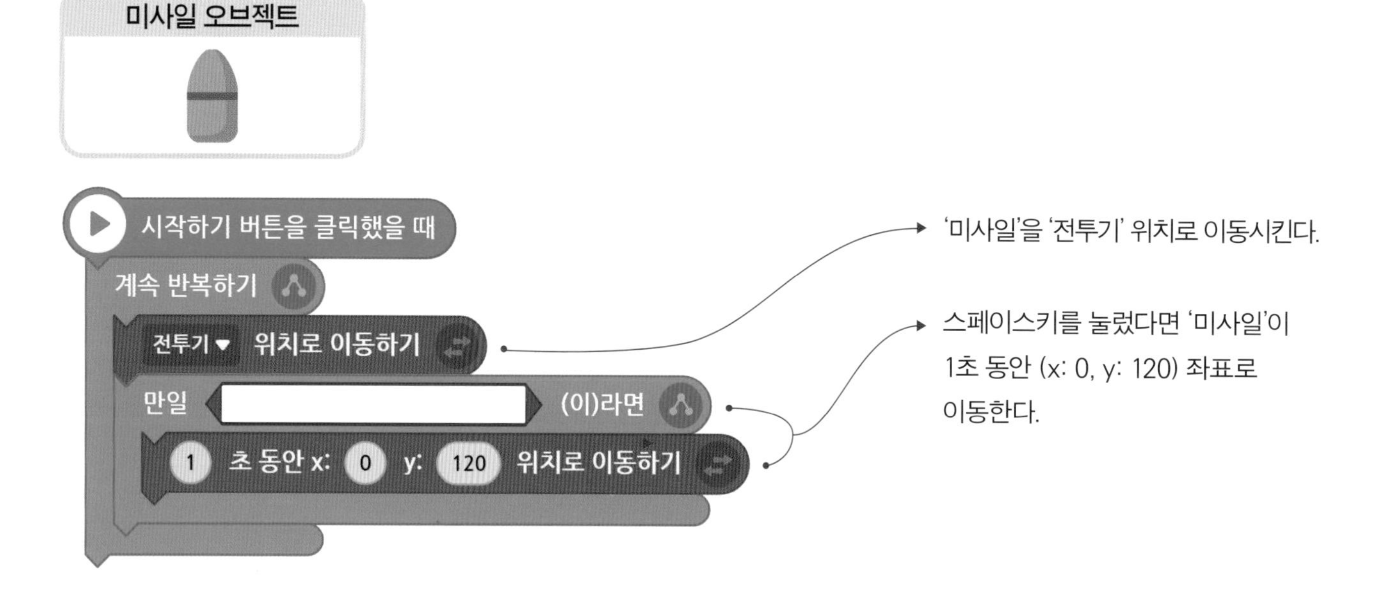

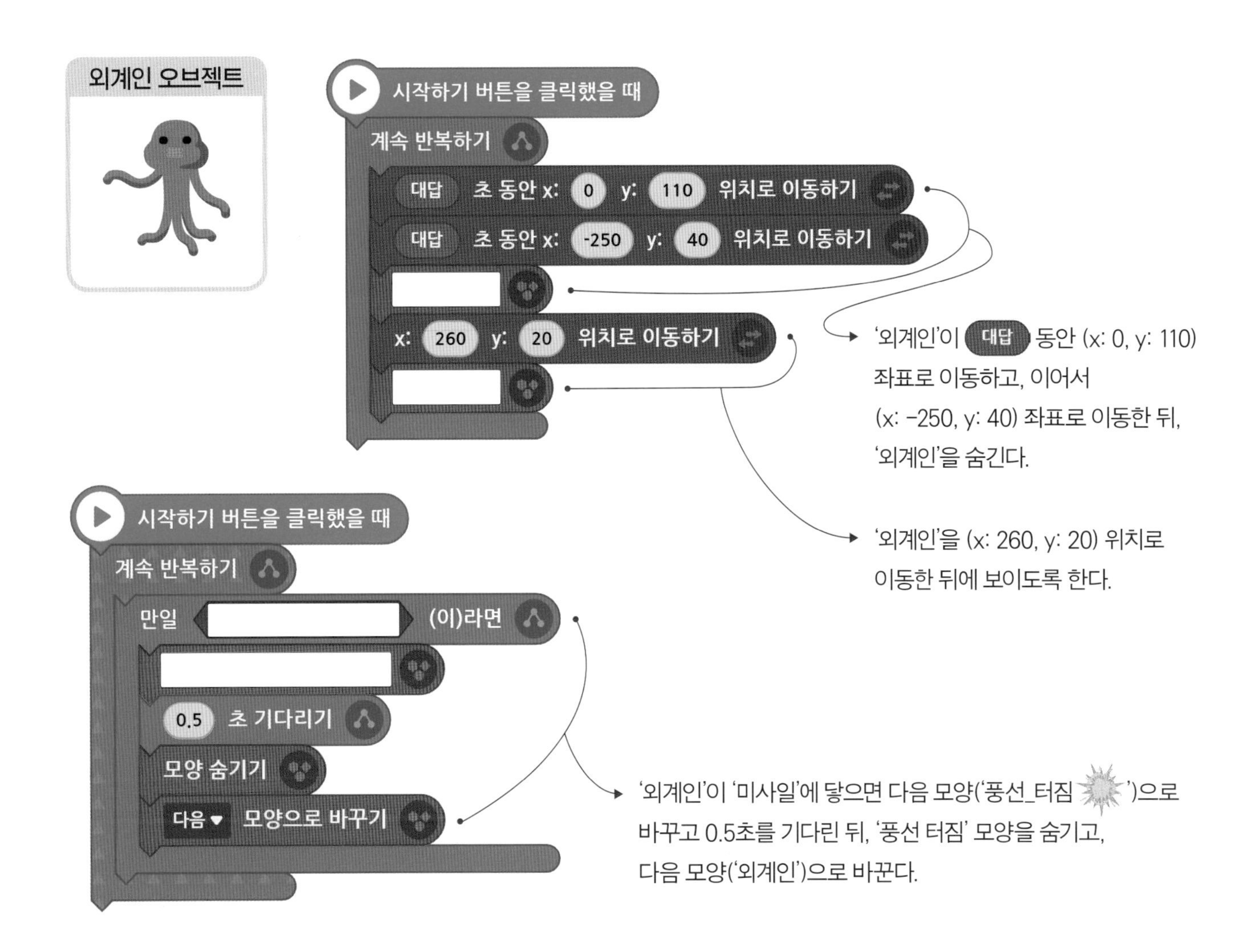

확인해 보기

내가 만든 프로그램이 정상적으로 실행되는지 확인해 봅시다.

확인 내용	○, ×
1. 프로그램이 실행되면 "외계인의 속도를 입력해 주세요!"라고 입력창이 표시되는가?	
2. 1~5로 숫자가 커질수록 외계인의 속도가 느려지는가?	
3. '별똥별'이 우측 상단에서 좌측 하단으로 이동하는가?	
4. 스페이스키를 눌렀을 때 미사일이 발사되는가?	
5. '외계인'이 '미사일'에 닿으면 '폭발 이미지(풍선_터짐)'로 바뀌는가?	

더하기

전투기의 미사일로 외계인을 맞출 때마다 점수가 올라가도록 블록을 추가해 봅시다.

예제 주소_ http://naver.me/F9nlfHqQ

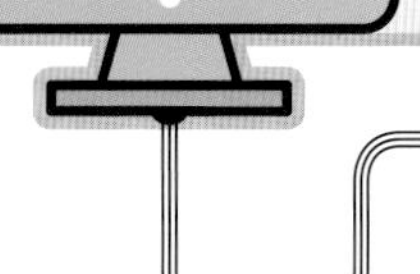

12 비만도 체크 프로그램 만들기

이 활동을 하고 나면

- 프로그램을 만드는 데 필요한 변수를 설계할 수 있다.
- 순차, 반복, 선택 구조를 활용하여 프로그램을 만들 수 있다.
- 프로그램 동작 과정을 이해하고, 특정 입력이 있을 때 프로그램의 작동을 멈추게 할 수 있다.

문제를 찾아서

다음을 보고, 해결해야 할 문제가 무엇인지 알아봅시다.

아! 새학기라 오랜만에 새로운 친구들을 만나니 설레고 행복하다.

그런데 한 친구가 나를 보고 경악을 금치 못한다.

그렇다. 겨울 방학 동안 치킨, 피자, 햄버거를 곁에 두며 행복했지만 그 결과는 참혹했다. 태원은 집에 와서 엎드려 펑펑 운다.

그리고 체중 관리를 하기로 마음을 먹는데…… 키와 몸무게만 입력하면 비만 지수를 알려 주는 프로그램이 있다면 얼마나 좋을까?.

1. 위에서 발생한 문제와 문제 해결을 위해 제시한 방법은 무엇인지 이야기해 봅시다.

2. 위에서 제시한 문제 해결 방법을 실천하기 위해 우리가 할 수 있는 일을 구체적으로 이야기해 봅시다.

알고리즘으로 표현하기

알고리즘 살펴보기

◎ 비만도 체크 프로그램이 올바르게 작동하도록 보기 에서 알맞은 말을 찾아서 써 봅시다.

- 표준 체중을 계산한다.
- 나의 체중과 표준 체중을 비교한다.
- 나의 체중, 신장, 성별을 입력한다.
- 정상 체중인지, 정상 체중을 벗어났는지 알려 준다.

실제로 계산하는 경우

1. 나의 체중과 신장을 잰다.

↓

2. 표준 체중을 계산한다.

↓

3. 나의 체중과 표준 체중을 비교한다.

↓

4. 체중이 정상 범위 인지를 판단하여 비만의 정도를 알아본다.

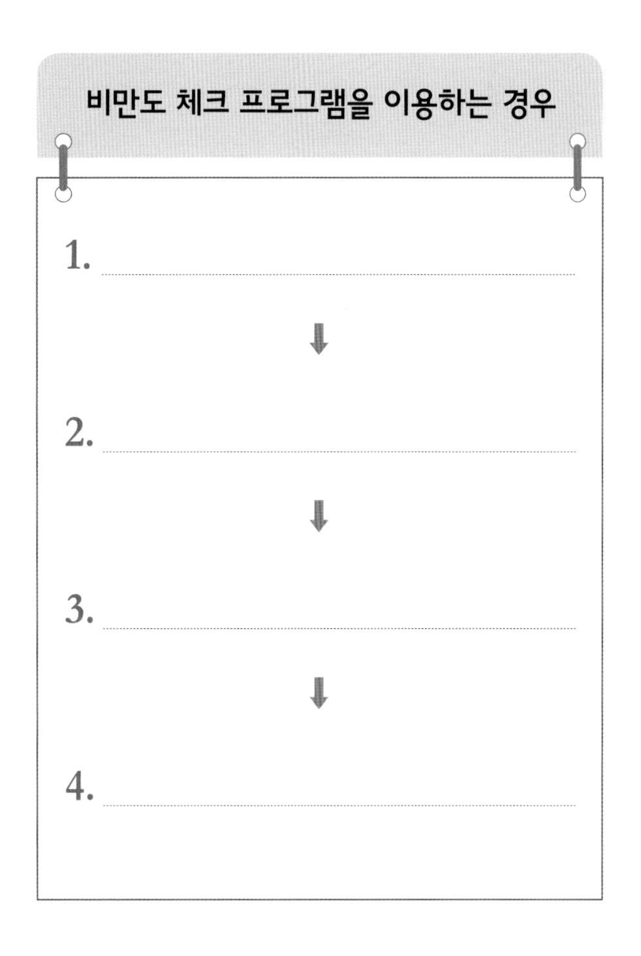

◎ 비만도 체크 프로그램을 만들어 사용하면 어떤 점이 좋을지 이야기해 봅시다.

알고리즘 만들기

다음은 비만도 체크 프로그램이 작동하는 알고리즘을 만들어 봅시다.

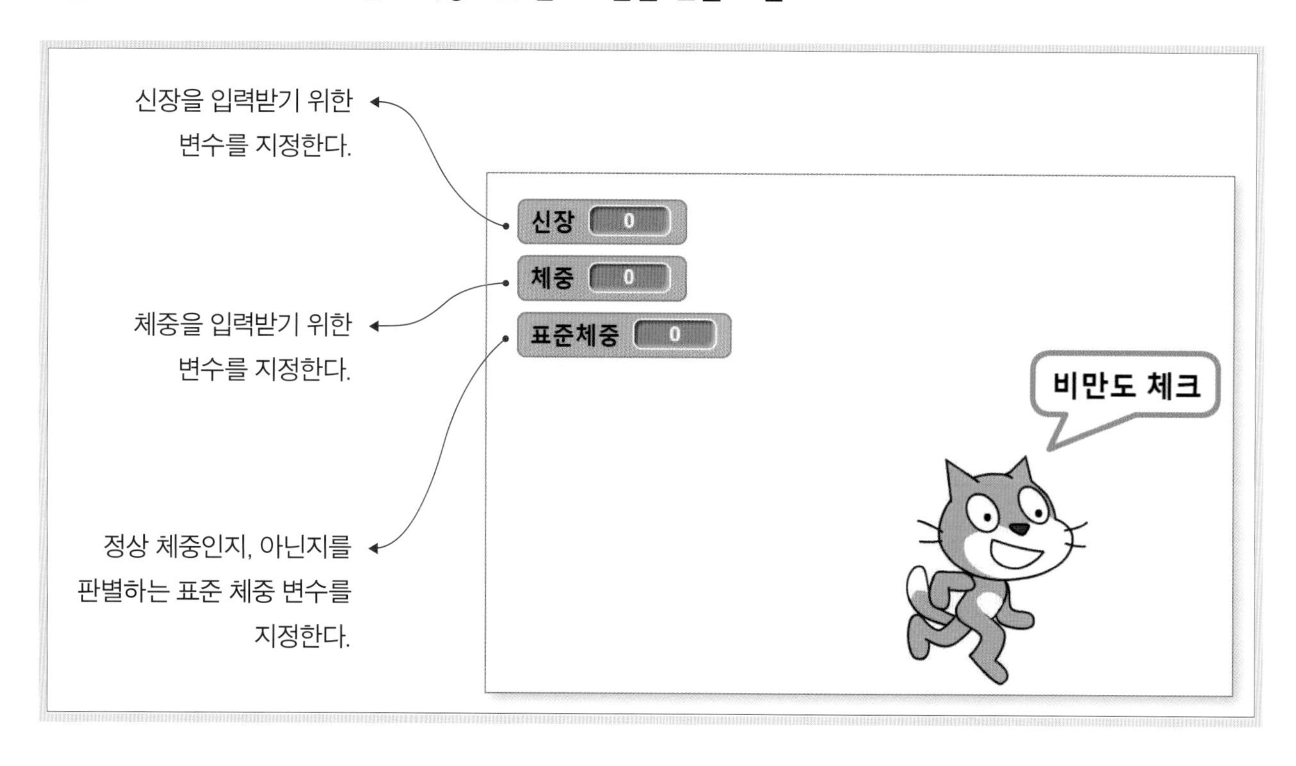

더 알고가기 BMI(신체 질량 지수)

신장과 체중의 비율을 사용한 객관적인 지수로, '체중(kg)÷(신장(m)×신장(m))'로 계산한다.
세계보건기구(WHO, World Health Organization)의 비만 진단 기준에서는 BMI $30kg/m^2$ 이상을 비만이라고 하지만, 이는 서양인을 기준으로 한 것이며, 대한비만학회에서 발표한 비만 진단 기준은 오른쪽 표와 같다.

BMI	결과
< 18.5	저체중
18.5~22.9	정상
23~24.9	비만 전 단계
25~29.9	1단계 비만
30~34.9	2단계 비만
≥ 35	고도 비만

빈칸에 알맞은 말을 넣어 알고리즘을 완성해 봅시다. 비만도 체크 알고리즘

비만도 체크 알고리즘

을 클릭하였을 때 아래 명령어 실행하기

________________ 변수를 0으로 초기화하기

"비만도 체크"를 2초 동안 말하기

"신장(cm)은?" 묻고 기다리기

신장을 ________________ (으)로 정하기

"체중(kg)은?" 묻고 기다리기

체중을 ________________ (으)로 정하기

"성별은?(남자, 여자)" 묻고 기다리기

만약 성별이 남자라면

남자이면	여자이면
________________ 로 정하기	________________ 로 정하기

만약 (체중 < 표준 체중 − 5 또는 체중 > 표준 체중 + 5)이면
"정상 체중이 아닙니다."를 2초 동안 말하기

아니면
"정상 체중입니다."를 2초 동안 말하기

표준 체중을 구하는 공식은 '신장×신장×BMI'이고, 정상 BMI는 남자일 경우는 22, 여자일 경우는 21로 정합니다.

프로그래밍하기 스크래치

화면 구성

예제 주소_ https://scratch.mit.edu/projects/150549196

프로그램에 사용될 '신장', '체중', '표준체중' 변수를 만든 후, 비만도 체크 프로그램을 만들어 봅시다.

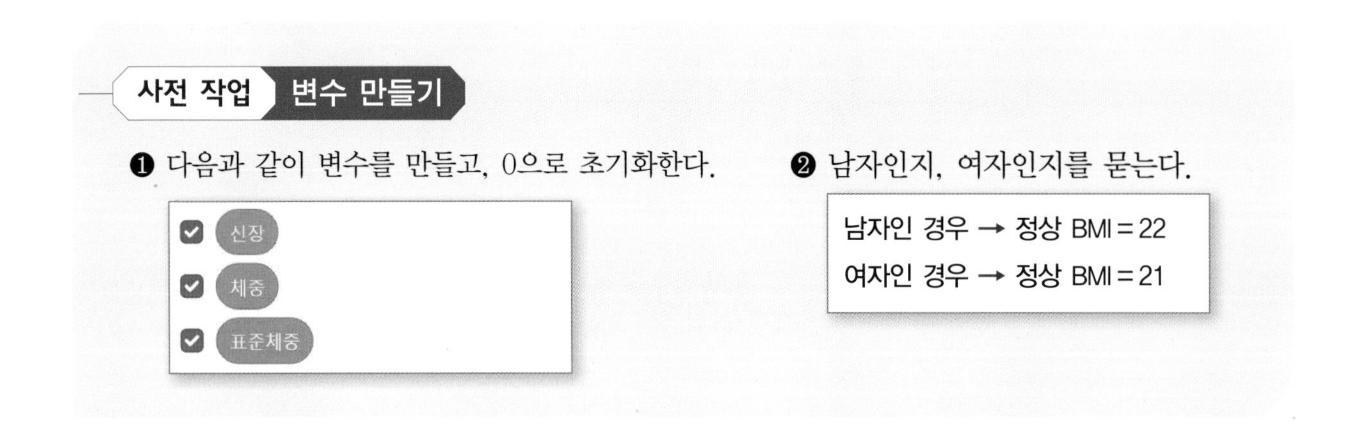

프로그래밍

고양이 스프라이트

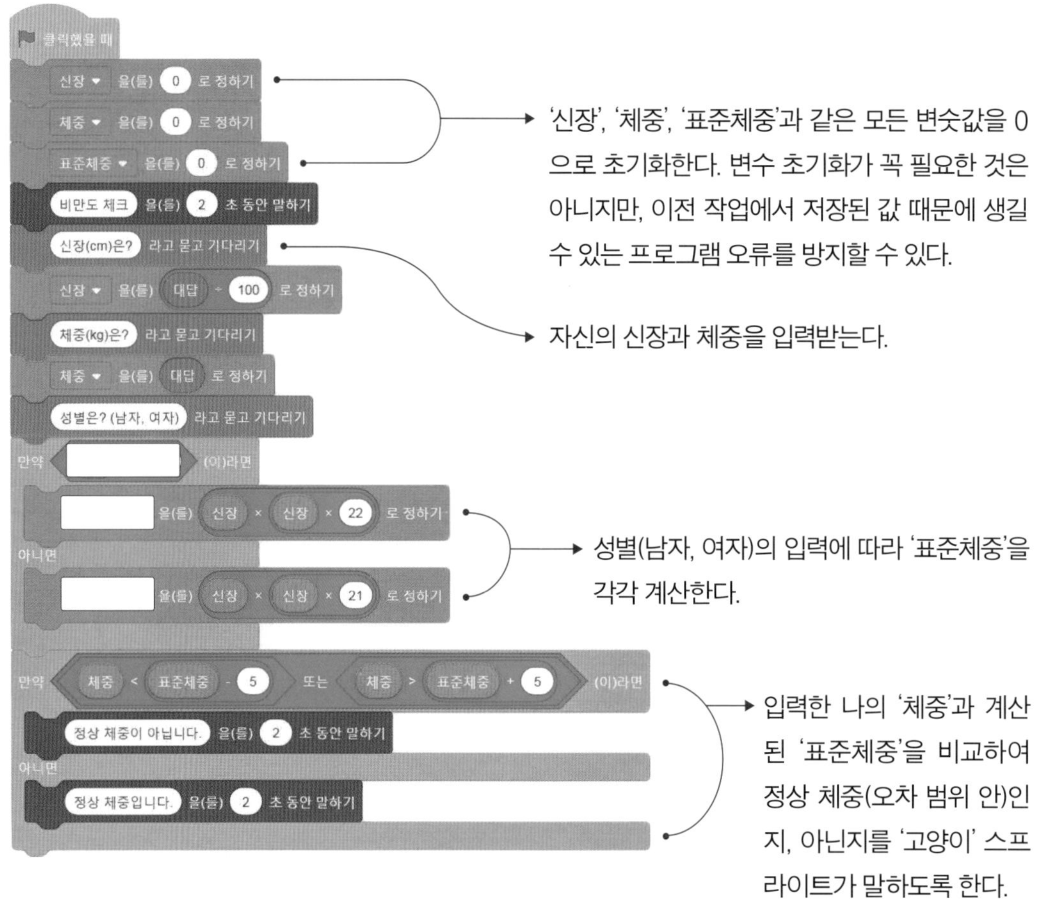

확인해 보기

내가 만든 프로그램이 정상적으로 실행되는지 확인해 봅시다.

확인 내용	○, ×
1. 프로그램이 실행되면 '고양이' 스프라이트가 "비만도 체크"라고 말하는가?	
2. '고양이' 스프라이트가 차례대로 '신장'과 '체중'을 묻는가?	
3. '표준체중'이 정확하게 계산되는가?	
4. 정상 체중인지 아닌지를 정확히 판별해 주는가?	

더하기

성별이 '남자' 또는 '여자'가 아닌 다른 값이 입력된 경우, 정확한 입력이 될 때까지 반복하여 다시 입력받도록 프로그램을 수정해 봅시다.

예제 주소_ https://scratch.mit.edu/projects/155784928

프로그래밍하기 엔트리

화면 구성

예제 주소_ http://naver.me/Fcj0r6PP

프로그램에 사용될 '신장', '체중', '표준체중' 변수를 만든 후, 비만도 체크 프로그램을 만들어 봅시다.

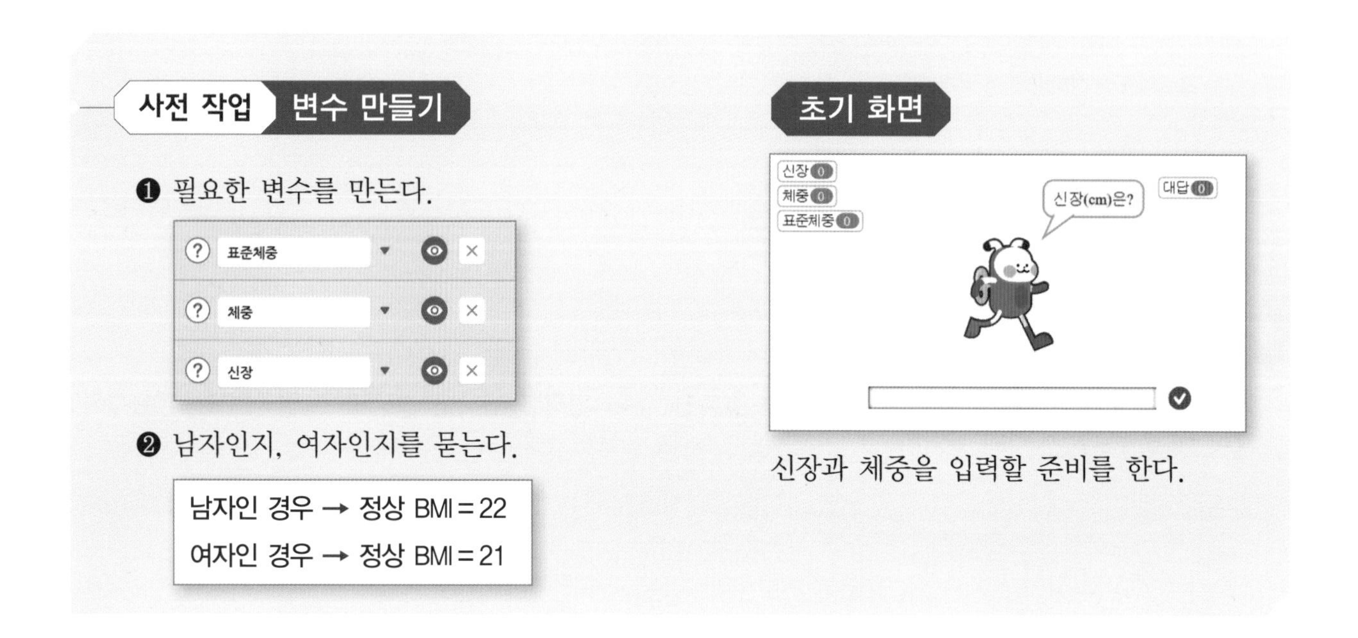

프로그래밍

엔트리봇 오브젝트

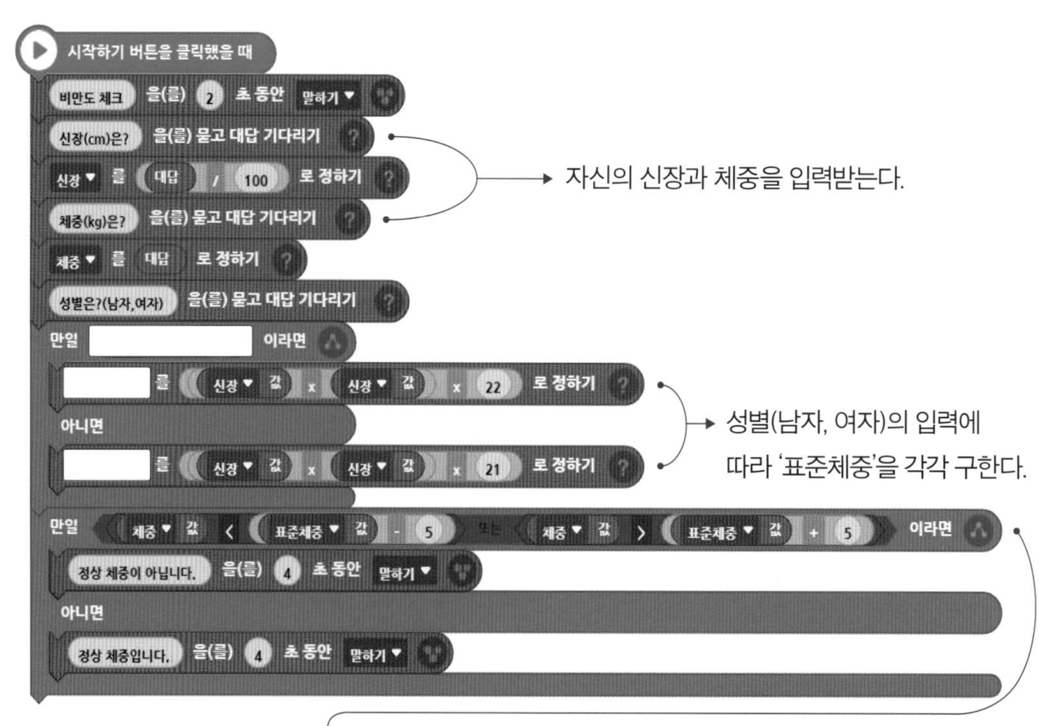

입력한 나의 '체중'과 계산된 '표준체중'을 비교하여 정상 체중(오차 범위 안)인지, 아닌지를 '엔트리봇' 오브젝트가 말하도록 한다.

확인해 보기

내가 만든 프로그램이 정상적으로 실행되는지 확인해 봅시다.

확인 내용	O, X
1. 프로그램이 실행되면 '엔트리봇' 오브젝트가 "비만도 체크"라고 말하는가?	
2. '엔트리봇' 오브젝트가 차례대로 '신장'과 '체중'을 묻는가?	
3. '표준체중'이 정확하게 계산되는가?	
4. 정상 체중인지 아닌지를 정확히 판별해 주는가?	

더하기

신장과 체중을 입력하여 BMI를 계산한 후, 비만 진단 기준표에 따라 비만도를 판단하는 프로그램으로 수정해 봅시다(비만 진단 표는 126쪽 더 알고가기 활용).

예제 주소_ http://naver.me/FoAywtCb

13 그래프 그리기 프로그램 만들기

이 활동을 하고 나면

- 그래프를 그리는 프로그램을 만들 수 있다.
- 화면의 좌표를 이해하고 특정한 위치에 스프라이트(오브젝트)를 출력하는 기능을 활용하여 프로그램을 만들 수 있다.
- 도장 찍기 기능을 활용하여 하나의 스프라이트(오브젝트)를 여러 번 출력할 수 있다.

문제를 찾아서

다음을 보고, 해결해야 할 문제가 무엇인지 알아봅시다.

5개월 후…….
선생님은 아이들이 제출한 계획표에서 그동안의 변화 과정을 한눈에 볼 수 있도록 그래프로 그려서 보여 주고자 한다.

앗! 눈금을 잘못 그렸네…….
그래프를 잘 그리기가 쉽지 않구나.
뭐 좋은 방법이 없을까?

1. 위에서 발생한 문제와 문제 해결을 위해 제시한 방법은 무엇인지 적어 봅시다.

2. 위에서 제시한 문제 해결 방법을 실천하기 위해 우리가 할 수 있는 일을 이야기해 봅시다.

알고리즘으로 표현하기

알고리즘 살펴보기

◎ 그래프 그리기 프로그램이 올바르게 작동하도록 보기에서 알맞은 말을 찾아서 써 봅시다.

- 자료를 입력한다.
- 그래프가 자동으로 그려진다.
- 월별 평균 사용 시간을 조사한다.

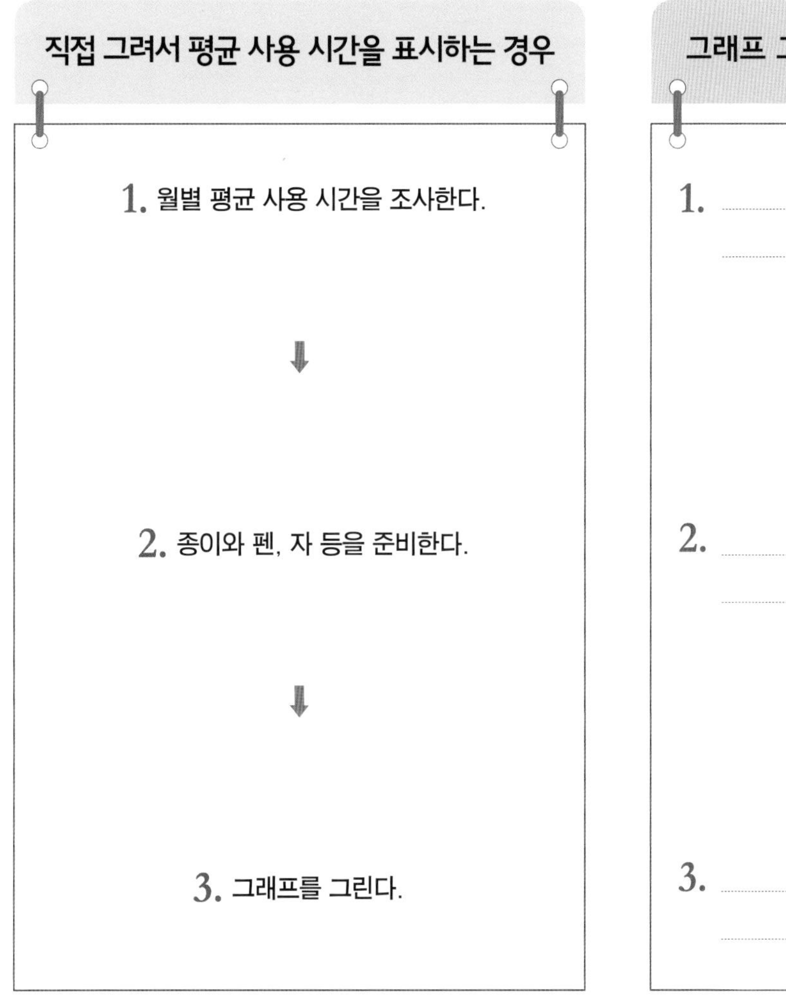

그래프 그리기 프로그램을 이용하는 경우

1. ....

↓

2. ....

↓

3. ....

◎ 그래프 그리기 프로그램을 만들어 그래프를 그리면 어떤 점이 편리할지 이야기해 봅시다.

알고리즘 만들기

다음 그림은 그래프 그리기 프로그램입니다. 프로그램이 작동하는 알고리즘을 만들어 봅시다.

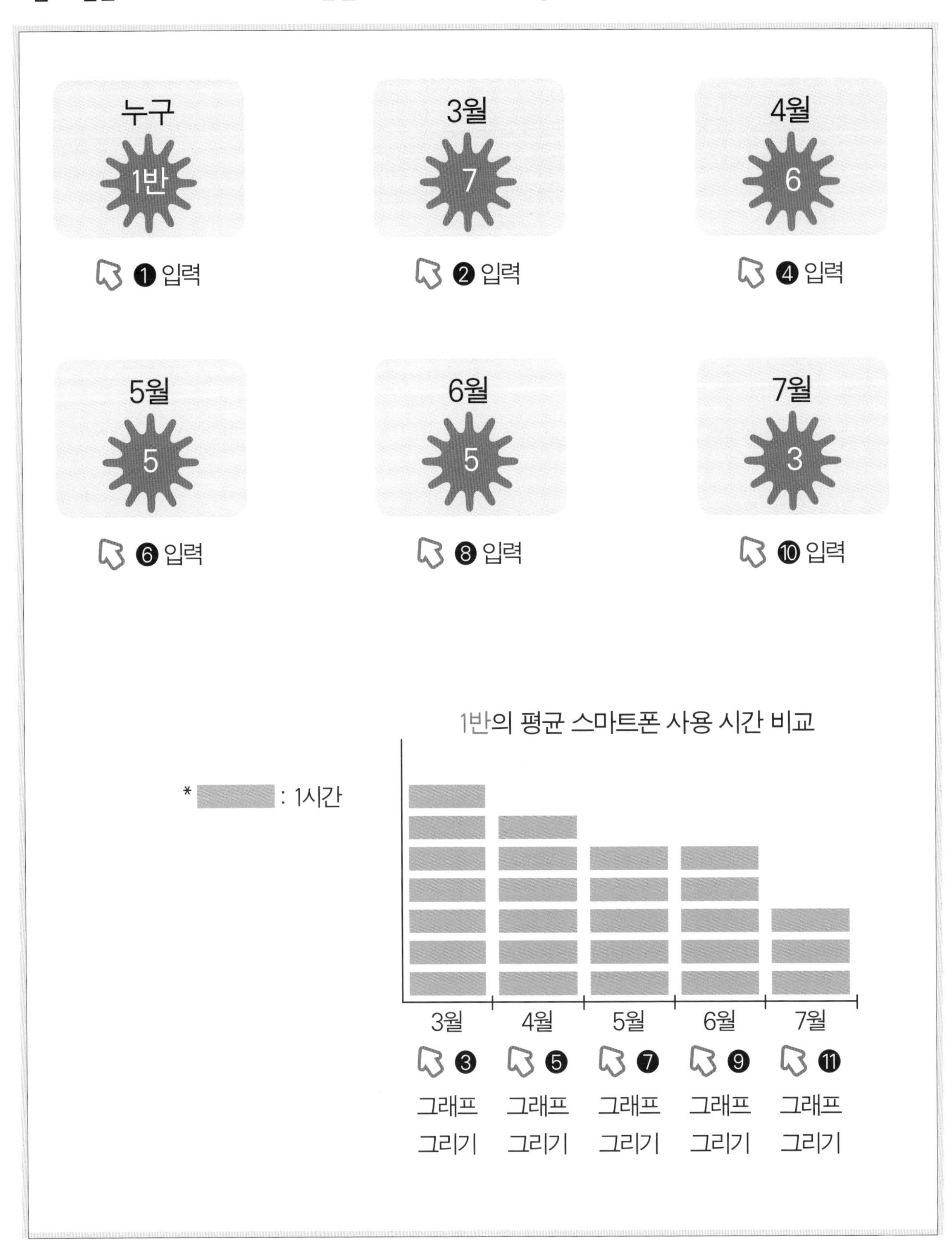

◎ 빈칸에 알맞은 말을 넣어 알고리즘을 완성해 봅시다. 그래프 그리기 알고리즘

1반 대상 알고리즘

1반 (1반 95x90), 1 (1 64x70), 2 (2 68x70), 3 (3 67x70), 4 (4 68x69), 5 (5 62x67)

을 클릭하였을 때 아래 명령어 실행하기

숨기기

'누구' 표시 신호를 받았을 때 아래 명령어 실행하기

보이기

만약 변수 '누구' = 1반이면
______________을 1반으로 바꾸기

만약 변수 '누구' = 1번이면
______________을 1번으로 바꾸기

만약 변수 '누구' = 2번이면
______________을 2번으로 바꾸기

⋮

만약 변수 '누구' = 10번이면
______________을 10번으로 바꾸기

______ 그래프 알고리즘

을 클릭하였을 때 아래 명령어 실행하기

지우기

숨기기

그래프로 나타낼 대상은 누구인가요?

변수 '누구'을(를) ______________으로 정하기

3월 평균 스마트폰 사용 시간을 입력하세요(숫자만).

3월을(를) 대답으로 정하기

______________ 신호 보내기

3월 그래프 신호를 받았을 때 아래 명령어 실행하기

x: -123 y: -100으로 이동하기

변수 ______________번 아래 명령어 반복하기
도장 찍기
______________를 23만큼 바꾸기

프로그래밍하기 스크래치

화면 구성

예제 주소_ https://scratch.mit.edu/projects/105842540

배경 그리기, '그래프', '대상', '제목', '3월 …… 7월' 스프라이트를 화면에 배치한 후, 프로그램에 사용될 변수를 만들고 그래프 그리기 프로그램을 만들어 봅시다.

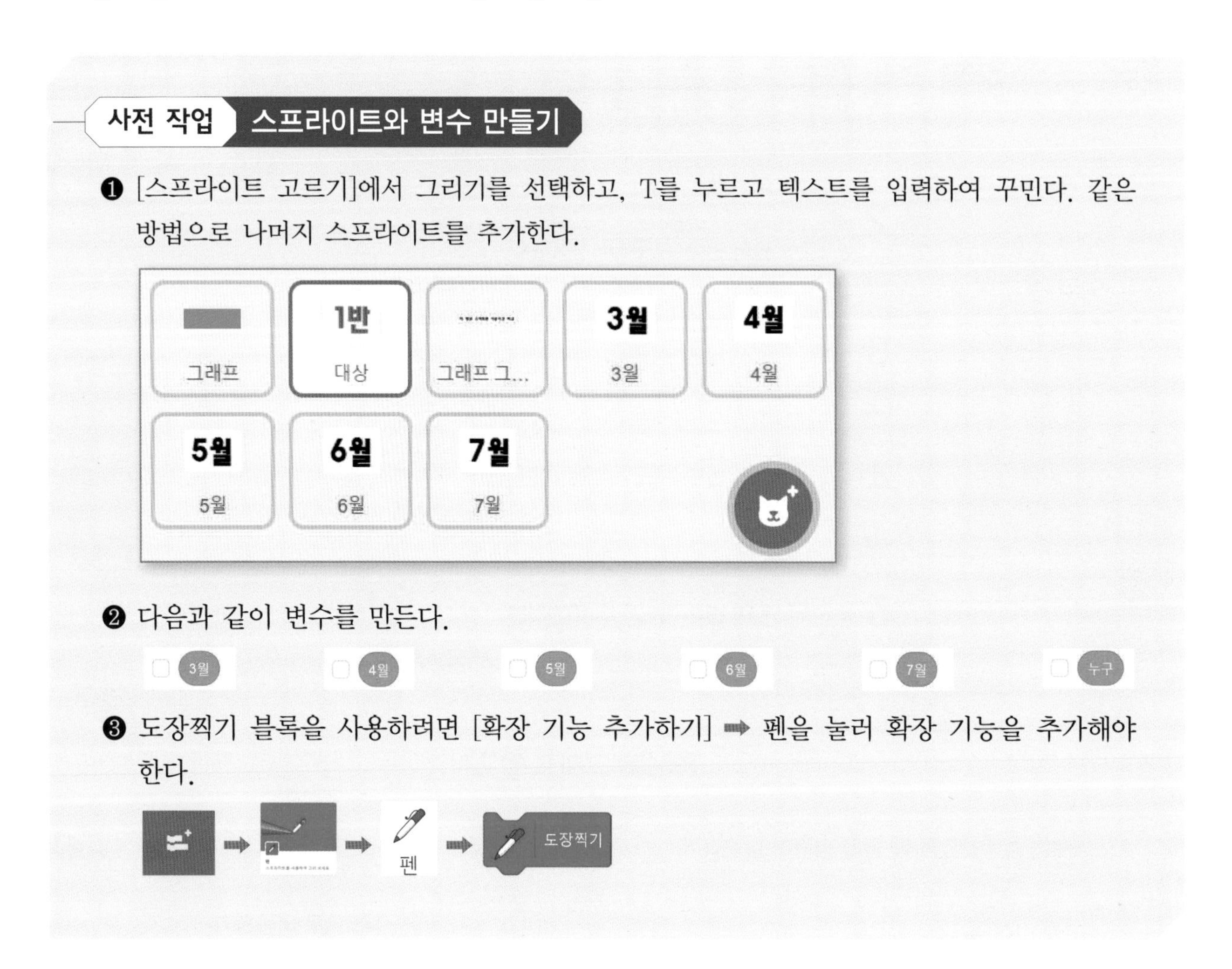

사전 작업 스프라이트와 변수 만들기

❶ [스프라이트 고르기]에서 그리기를 선택하고, T를 누르고 텍스트를 입력하여 꾸민다. 같은 방법으로 나머지 스프라이트를 추가한다.

❷ 다음과 같이 변수를 만든다.

❸ 도장찍기 블록을 사용하려면 [확장 기능 추가하기] ➡ 펜을 눌러 확장 기능을 추가해야 한다.

프로그래밍

프로그램이 실행되면 무대 화면 위에는 '(   )의 평균 스마트폰 사용 시간 비교'만 표시되고 '대상'은 비워져 있다.

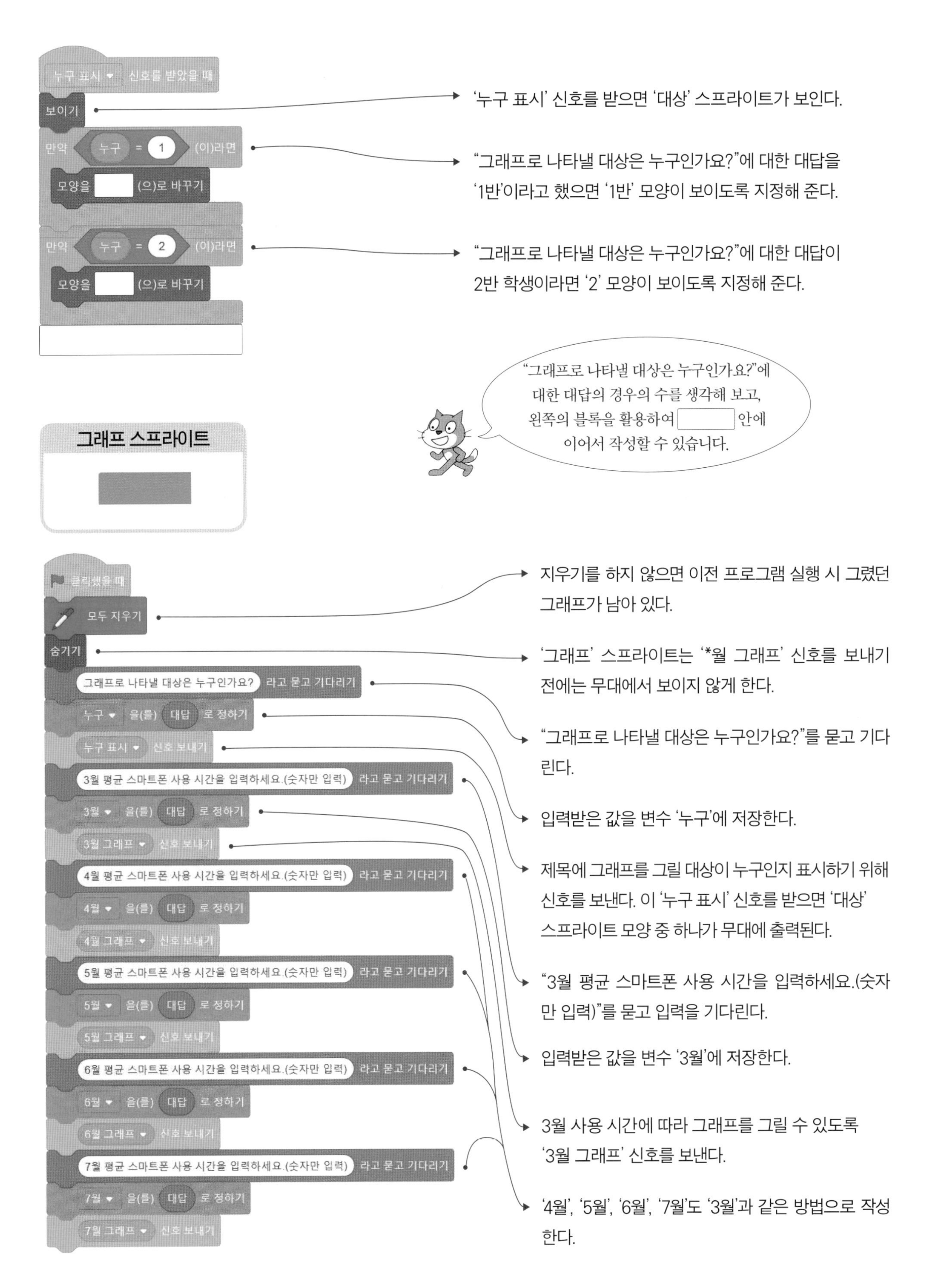
누구 표시 신호를 받았을 때
보이기
만약 누구 = 1 (이)라면
모양을 (으)로 바꾸기
만약 누구 = 2 (이)라면
모양을 (으)로 바꾸기
'누구 표시' 신호를 받으면 '대상' 스프라이트가 보인다.
"그래프로 나타낼 대상은 누구인가요?"에 대한 대답을 '1반'이라고 했으면 '1반' 모양이 보이도록 지정해 준다.
"그래프로 나타낼 대상은 누구인가요?"에 대한 대답이 2반 학생이라면 '2' 모양이 보이도록 지정해 준다.
"그래프로 나타낼 대상은 누구인가요?"에 대한 대답의 경우의 수를 생각해 보고, 왼쪽의 블록을 활용하여 안에 이어서 작성할 수 있습니다.
그래프 스프라이트
클릭했을 때
모두 지우기
숨기기
그래프로 나타낼 대상은 누구인가요? 라고 묻고 기다리기
누구 을(를) 대답 로 정하기
누구 표시 신호 보내기
3월 평균 스마트폰 사용 시간을 입력하세요.(숫자만 입력) 라고 묻고 기다리기
3월 을(를) 대답 로 정하기
3월 그래프 신호 보내기
4월 평균 스마트폰 사용 시간을 입력하세요.(숫자만 입력) 라고 묻고 기다리기
4월 을(를) 대답 로 정하기
4월 그래프 신호 보내기
5월 평균 스마트폰 사용 시간을 입력하세요.(숫자만 입력) 라고 묻고 기다리기
5월 을(를) 대답 로 정하기
5월 그래프 신호 보내기
6월 평균 스마트폰 사용 시간을 입력하세요.(숫자만 입력) 라고 묻고 기다리기
6월 을(를) 대답 로 정하기
6월 그래프 신호 보내기
7월 평균 스마트폰 사용 시간을 입력하세요.(숫자만 입력) 라고 묻고 기다리기
7월 을(를) 대답 로 정하기
7월 그래프 신호 보내기
지우기를 하지 않으면 이전 프로그램 실행 시 그렸던 그래프가 남아 있다.
'그래프' 스프라이트는 '*월 그래프' 신호를 보내기 전에는 무대에서 보이지 않게 한다.
"그래프로 나타낼 대상은 누구인가요?"를 묻고 기다린다.
입력받은 값을 변수 '누구'에 저장한다.
제목에 그래프를 그릴 대상이 누구인지 표시하기 위해 신호를 보낸다. 이 '누구 표시' 신호를 받으면 '대상' 스프라이트 모양 중 하나가 무대에 출력된다.
"3월 평균 스마트폰 사용 시간을 입력하세요.(숫자만 입력)"를 묻고 입력을 기다린다.
입력받은 값을 변수 '3월'에 저장한다.
3월 사용 시간에 따라 그래프를 그릴 수 있도록 '3월 그래프' 신호를 보낸다.
'4월', '5월', '6월', '7월'도 '3월'과 같은 방법으로 작성한다.

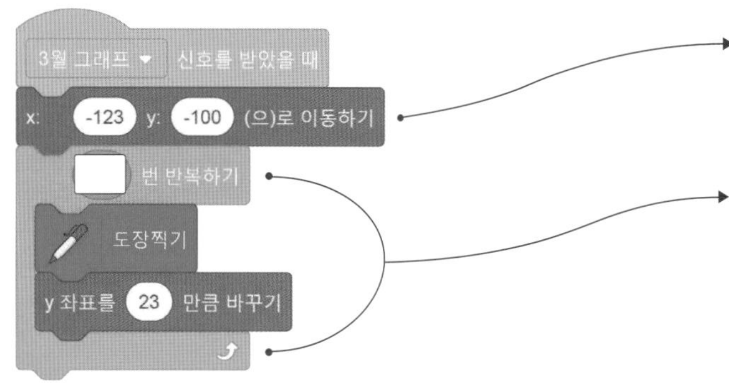

'그래프' 스프라이트의 시작 지점 좌표를 정해 준다. 단, 교재에 제시된 좌표와 자신의 좌표가 다를 수 있다.

'그래프' 스프라이트 1개는 1시간을 나타낸다. 아래쪽부터 3월 한 달 사용 시간만큼 '그래프' 스프라이트 그림을 도장처럼 찍어 주고, 바꿔 주는 y좌푯값은 '그래프' 스프라이트의 (높이 + 3)의 값을 사용한다.

'3월 그래프'와 같은 방법으로 '4월 그래프', '5월 그래프', '6월 그래프', '7월 그래프'를 만듭니다.

확인해 보기

◎ 내가 만든 프로그램이 정상적으로 실행되는지 확인해 봅시다.

확인 내용	○, ×
1. 프로그램이 실행되면 '대상', '그래프' 스프라이트가 화면에 출력되지 않는가?	
2. "그래프로 나타낼 대상은 누구인가요?" 질문에 대답하면 제목에 대상이 출력되는가?	
3. "3월 평균 스마트폰 사용 시간을 입력하세요.(숫자만 입력)"에 숫자를 입력하면 그래프가 정확한 위치에 올바르게 출력되는가?	
4. "4월 평균 스마트폰 사용 시간을 입력하세요.(숫자만 입력)"에 숫자를 입력하면 그래프가 정확한 위치에 올바르게 출력되는가?	
5. "5월 평균 스마트폰 사용 시간을 입력하세요.(숫자만 입력)"에 숫자를 입력하면 그래프가 정확한 위치에 올바르게 출력되는가?	
6. "6월 평균 스마트폰 사용 시간을 입력하세요.(숫자만 입력)"에 숫자를 입력하면 그래프가 정확한 위치에 올바르게 출력되는가?	
7. "7월 평균 스마트폰 사용 시간을 입력하세요.(숫자만 입력)"에 숫자를 입력하면 그래프가 정확한 위치에 올바르게 출력되는가?	

더하기

평균 스마트폰 사용 시간을 30분 단위까지 입력할 수 있는 프로그램으로 수정해 봅시다.(단, 30분 단위는 0.5로 입력하고 0.5보다 큰 수를 입력하면 반올림하게 된다.)

예제 주소_ https://scratch.mit.edu/projects/106803623/

프로그래밍하기 엔트리

화면 구성

예제 주소_ http://naver.me/5TXuN59a

배경 그리기, '그래프', '대상', '제목', '3월…… 7월' 오브젝트를 화면에 배치한 후, 프로그램에 사용될 변수를 만들고 그래프 그리기 프로그램을 만들어 봅시다.

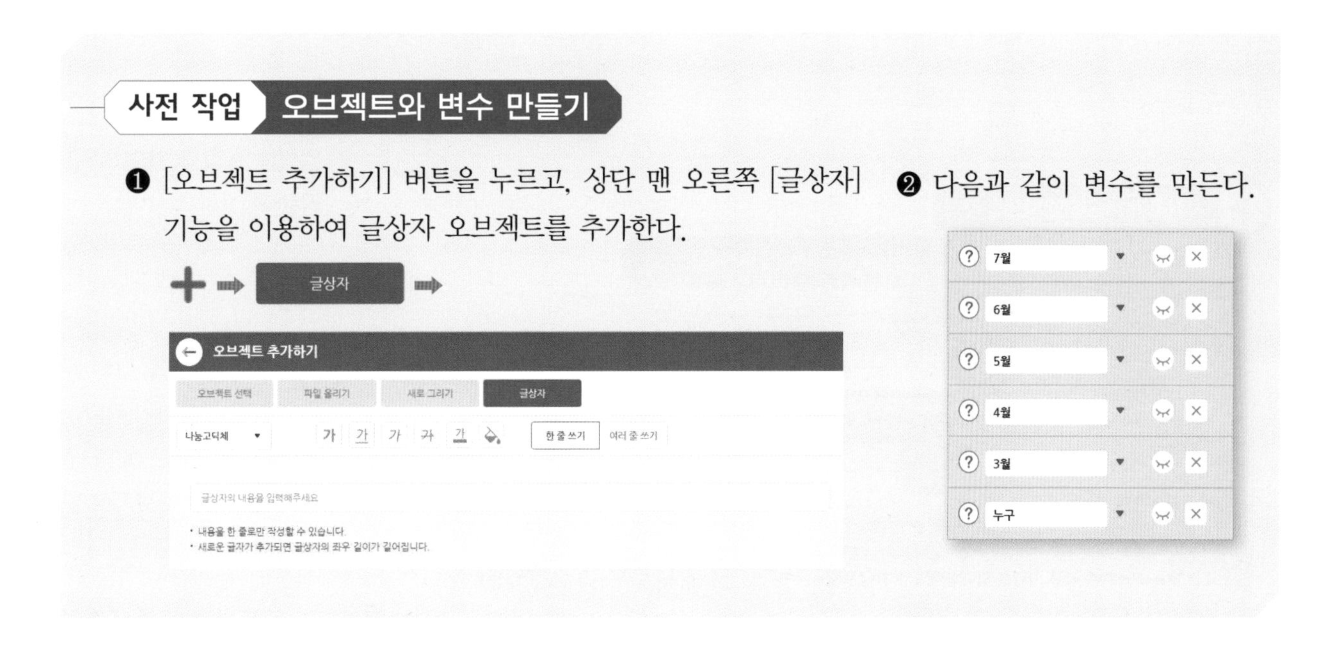

프로그래밍

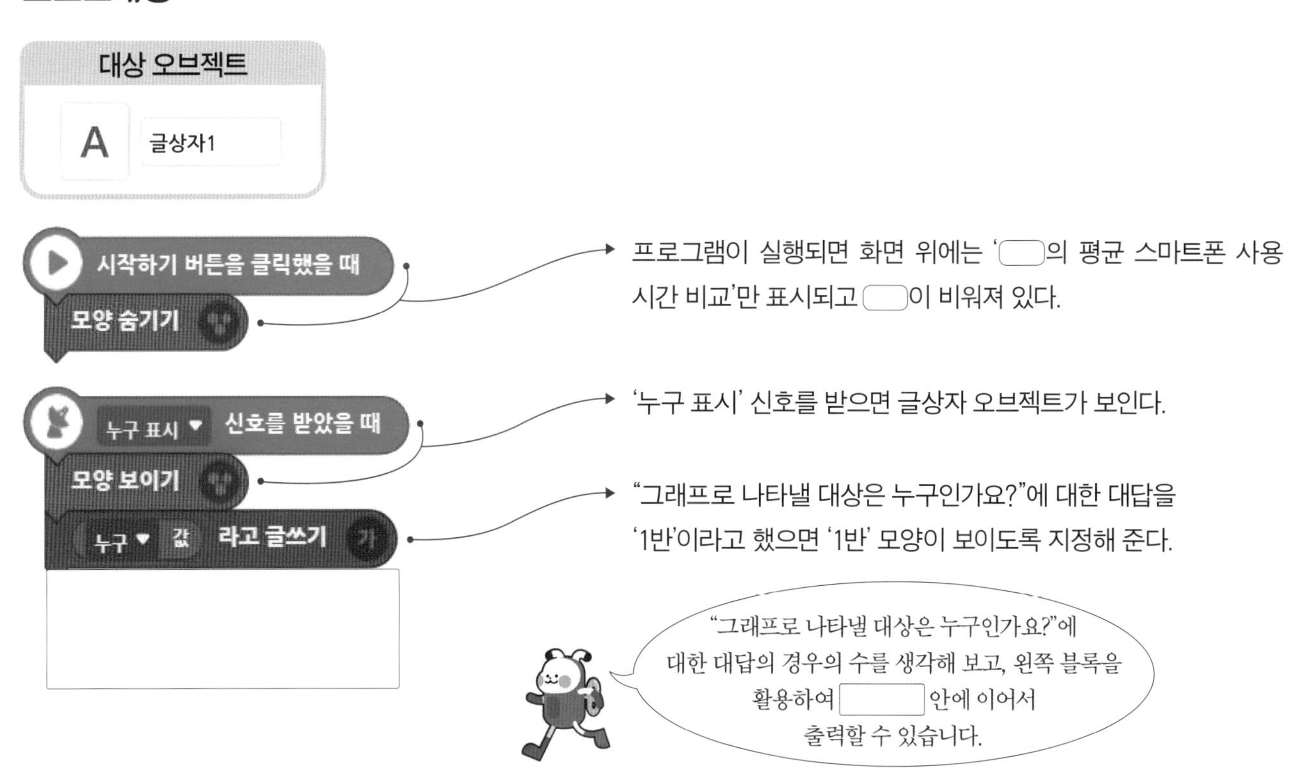

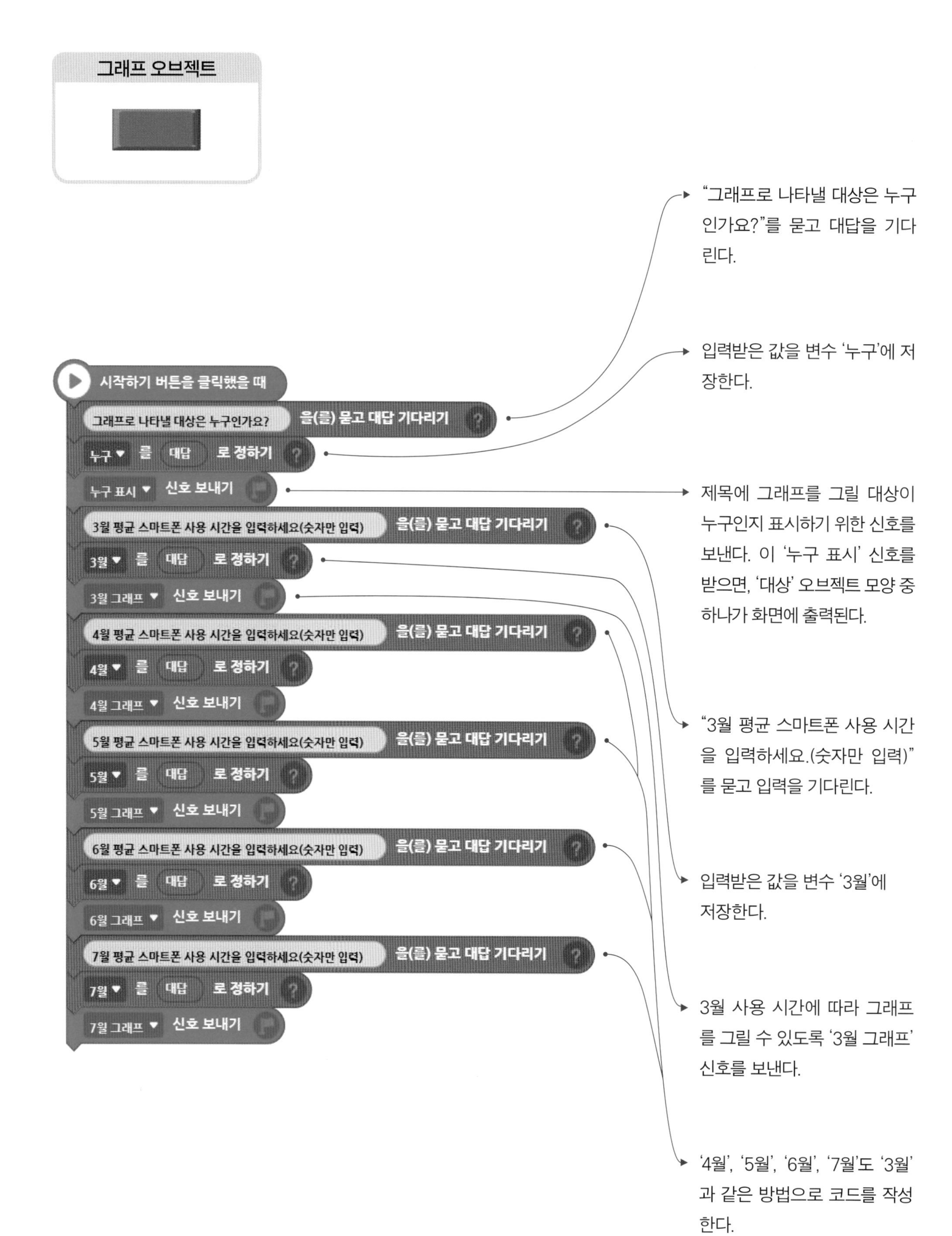
그래프 오브젝트
시작하기 버튼을 클릭했을 때
그래프로 나타낼 대상은 누구인가요? 을(를) 묻고 대답 기다리기
누구 를 대답 로 정하기
누구 표시 신호 보내기
3월 평균 스마트폰 사용 시간을 입력하세요(숫자만 입력) 을(를) 묻고 대답 기다리기
3월 를 대답 로 정하기
3월 그래프 신호 보내기
4월 평균 스마트폰 사용 시간을 입력하세요(숫자만 입력) 을(를) 묻고 대답 기다리기
4월 를 대답 로 정하기
4월 그래프 신호 보내기
5월 평균 스마트폰 사용 시간을 입력하세요(숫자만 입력) 을(를) 묻고 대답 기다리기
5월 를 대답 로 정하기
5월 그래프 신호 보내기
6월 평균 스마트폰 사용 시간을 입력하세요(숫자만 입력) 을(를) 묻고 대답 기다리기
6월 를 대답 로 정하기
6월 그래프 신호 보내기
7월 평균 스마트폰 사용 시간을 입력하세요(숫자만 입력) 을(를) 묻고 대답 기다리기
7월 를 대답 로 정하기
7월 그래프 신호 보내기
"그래프로 나타낼 대상은 누구인가요?"를 묻고 대답을 기다린다.
입력받은 값을 변수 '누구'에 저장한다.
제목에 그래프를 그릴 대상이 누구인지 표시하기 위한 신호를 보낸다. 이 '누구 표시' 신호를 받으면, '대상' 오브젝트 모양 중 하나가 화면에 출력된다.
"3월 평균 스마트폰 사용 시간을 입력하세요.(숫자만 입력)"를 묻고 입력을 기다린다.
입력받은 값을 변수 '3월'에 저장한다.
3월 사용 시간에 따라 그래프를 그릴 수 있도록 '3월 그래프' 신호를 보낸다.
'4월', '5월', '6월', '7월'도 '3월'과 같은 방법으로 코드를 작성한다.

'그래프' 오브젝트의 시작 지점 좌표를 정해 준다. 단, 교재에 제시된 좌표와 자신의 좌표가 다를 수 있다.

'그래프' 오브젝트 1개는 1시간을 나타낸다. 아래쪽부터 3월 한달 사용 시간만큼 '그래프' 오브젝트 그림을 도장처럼 찍어 주고, 바꿔 주는 y좌푯값은 '그래프' 오브젝트의 (높이 + 3)의 값을 사용하면 좋다.

'3월 그래프'와 같은 방법으로 '4월 그래프', '5월 그래프', '6월 그래프', '7월 그래프'를 만듭니다.

확인해 보기

내가 만든 프로그램이 정상적으로 실행되는지 확인해 봅시다.

확인 내용	○, ×
1. 프로그램이 실행되면 '대상', '그래프' 오브젝트가 화면에 출력되지 않는가?	
2. "그래프로 나타낼 대상은 누구인가요?" 질문에 대답하면 제목에 대상이 출력되는가?	
3. "3월 평균 스마트폰 사용 시간을 입력하세요.(숫자만 입력)"에 숫자를 입력하면 그래프가 정확한 위치에 올바르게 출력되는가?	
4. "4월 평균 스마트폰 사용 시간을 입력하세요.(숫자만 입력)"에 숫자를 입력하면 그래프가 정확한 위치에 올바르게 출력되는가?	
5. "5월 평균 스마트폰 사용 시간을 입력하세요.(숫자만 입력)"에 숫자를 입력하면 그래프가 정확한 위치에 올바르게 출력되는가?	
6. "6월 평균 스마트폰 사용 시간을 입력하세요.(숫자만 입력)"에 숫자를 입력하면 그래프가 정확한 위치에 올바르게 출력되는가?	
7. "7월 평균 스마트폰 사용 시간을 입력하세요.(숫자만 입력)"에 숫자를 입력하면 그래프가 정확한 위치에 올바르게 출력되는가?	

더하기

평균 스마트폰 사용 시간을 30분 단위까지 입력할 수 있는 프로그램으로 수정해 봅시다.(단, 30분 단위는 0.5로 입력하고 0.5보다 큰 수를 입력하면 반올림하게 된다.)

예제 주소_ http://naver.me/5tLYWH3r

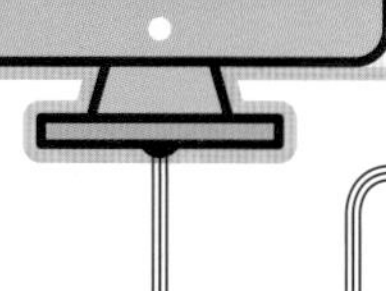

14 모기 잡기 프로그램 만들기

이 활동을 하고 나면

- 모기 잡기 프로그램을 만들 수 있다.
- 변수와 제어문을 이해하고, 이를 이용하여 알고리즘을 설계하고 표현할 수 있다.

문제를 찾아서

다음을 보고, 해결해야 할 문제가 무엇인지 알아봅시다.

1. 위에서 발생한 문제와 문제 해결을 위해 제시한 방법은 무엇인지 적어 봅시다.

2. 위에서 제시한 문제 해결 방법을 실천하기 위해 우리가 할 수 있는 일을 이야기해 봅시다.

알고리즘으로 표현하기

알고리즘 살펴보기

◎ 모기 잡기 프로그램이 올바르게 작동하도록 보기 에서 알맞은 말을 찾아서 써 봅시다.

- 모기가 날아다닌다.
- 모기를 잡으면 모기 퇴치 레벨이 올라간다.
- 마우스를 움직이고 클릭하여 모기를 잡는다.

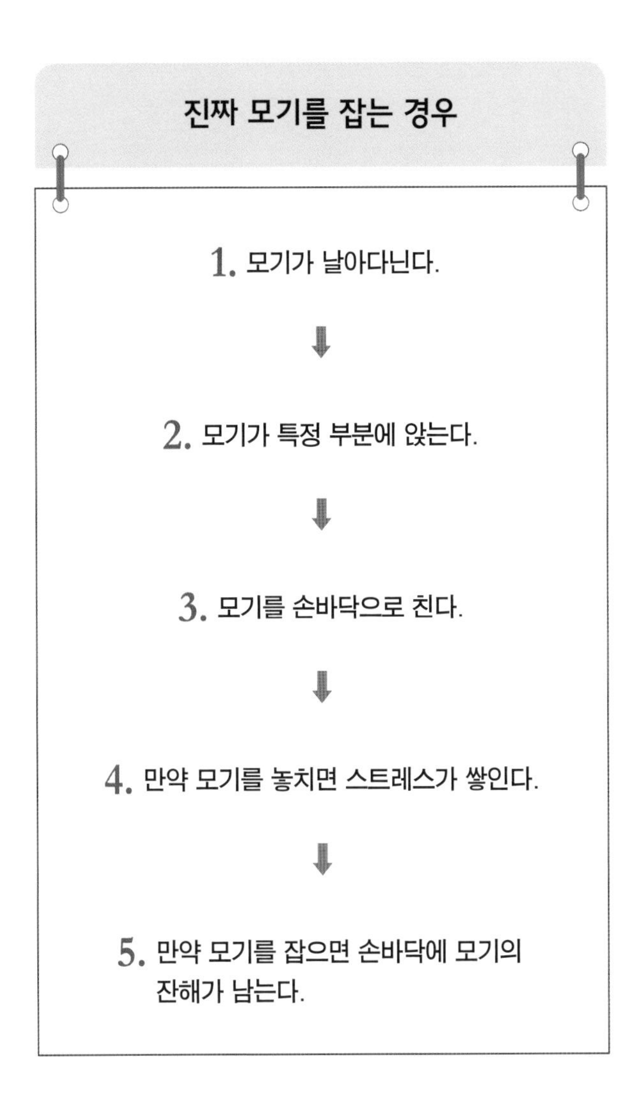

모기 잡기 게임을 하는 경우

1. ______________________

2. ______________________

3. ______________________

◎ 모기 잡기 프로그램을 만들어 사용하면 어떤 점이 좋을지 이야기해 봅시다.

알고리즘 만들기

다음 그림은 모기 잡기 프로그램입니다. 모기 잡기 프로그램이 작동하는 알고리즘을 만들어 봅시다.

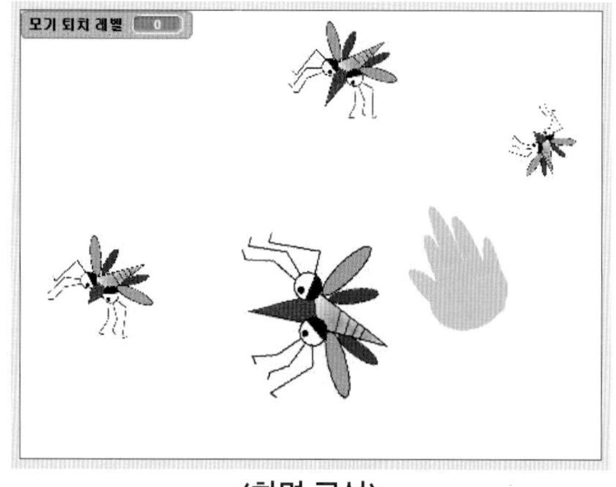

〈화면 구성〉

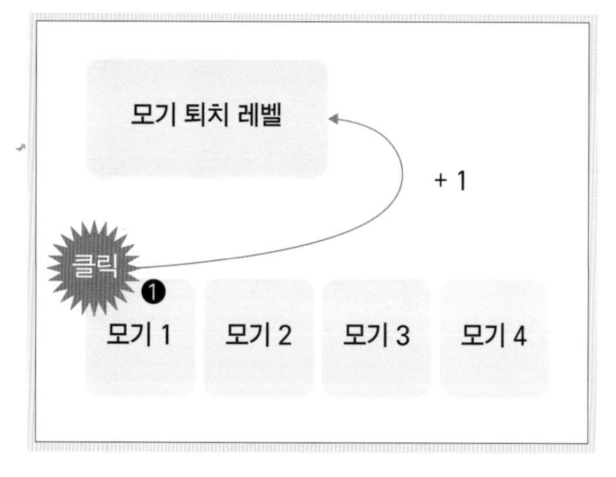

빈칸에 알맞은 말을 넣어 알고리즘을 완성해 봅시다. 모기 잡기 알고리즘

손바닥 알고리즘

을 클릭하였을 때 아래 명령어 실행하기

모기 퇴치 레벨을 ____________으로 정하기

모양을 모양1로 바꾸기

계속 반복하기
    마우스 포인터 위치로 이동하기

'잡았다'를 받았을 때

모양을 모양2로 바꾸기

0.2초 기다리기

모양을 모양1로 바꾸기

모기 알고리즘

을 클릭하였을 때 아래 명령어 실행하기

계속 반복하기
    다음 모양 바꾸기
    0.1초 기다리기

을 클릭하였을 때 아래 명령어 실행하기

보이기

무한 반복하기
    -30부터 30 사이의 난수 각도만큼 돌기
    10만큼 움직이기
    벽에 닿으면 튕기기
    만약 ____________하고 ____________라면
        '잡았다' 신호 보내기
        모기 퇴치 레벨을 ____________만큼 바꾸기
        숨기기
        ____________초 기다리기
        보이기

프로그래밍하기 스크래치

프로그래밍

예제 주소_ https://scratch.mit.edu/projects/105842461/

144쪽 〈화면 구성〉을 참고하여 스프라이트를 화면에 배치합니다.

손바닥 스프라이트

사용되는 블록

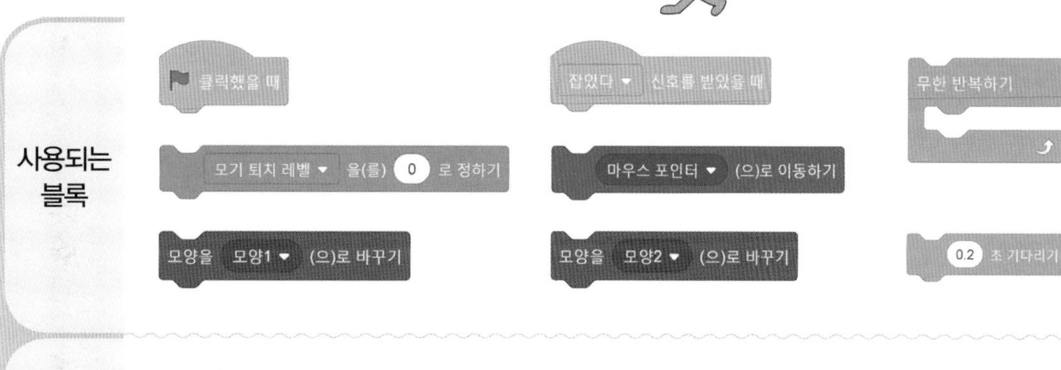

블록 설명

시작할 때
- 변수를 초기화한다.
- 모양1로 보인다.

이동할 때
마우스 포인터 위치를 따라다닌다.

모기를 잡았을 때
모양2로 변했다가 0.2초 후에 다시 모양1로 변한다.

모기 스프라이트

사용되는 블록

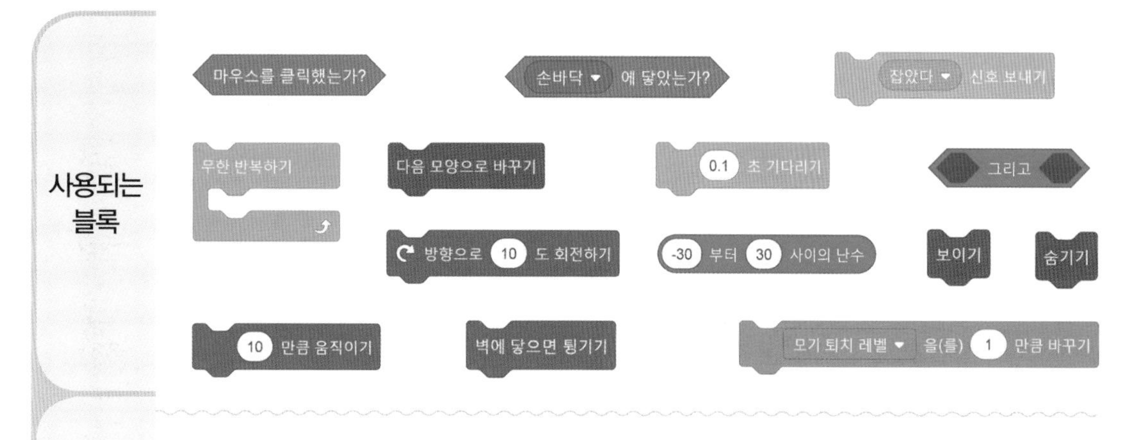

블록 설명

게임 진행 모양
- 모양1과 모양2가 번갈아가면서 보이기 때문에 모기가 날아가는 것 같은 효과를 준다.
- -30도에서 30도 사이로 계속 돌면서 10만큼씩 움직인다.
- 모기가 움직이면서 무대 밖으로 나가지 못하도록 벽에 닿으면 튕기게 한다.

잡혔을 때
- 손바닥과 모기가 닿은 상태에서 마우스가 클릭되면 '잡았다' 신호를 보낸다.
- 모기 퇴치 레벨이 1 상승한 후, 잡힌 모기는 무대에서 숨었다가 1초에서 3초쯤 있다가 다시 무대에 나타나도록 한다.

확인해 보기

내가 만든 프로그램이 정상적으로 실행되는지 확인해 봅시다.

확인 내용	○, ×
1. 프로그램이 실행되면 '모기'와 '손바닥'이 화면에 나타나는가?	
2. '손바닥'이 '마우스 포인터'를 따라 움직이는가?	
3. '모기'를 잡으면 '손바닥'의 모양이 바뀌고, 모기 퇴치 레벨이 1씩 상승하는가?	
4. '모기'가 잡히면 화면에서 사라지는가?	
5. 사라졌던 '모기'가 1~3초 후에 다시 화면에 나타나는가?	

더하기

손바닥 스프라이트를 모기약 스프라이트로 모양을 바꾸어 봅시다. 그리고 잡기 힘든 새로운 해충을 만들어서 잡으면, 모기 퇴치 레벨이 2가 올라가도록 프로그램을 수정해 봅시다.

예제 주소_ https://scratch.mit.edu/projects/107486936/

프로그래밍하기 엔트리

프로그래밍

예제 주소_ http://naver.me/5JYLs9Cm

144쪽 <화면 구성>을 참고하여 오브젝트를 화면에 배치합니다.

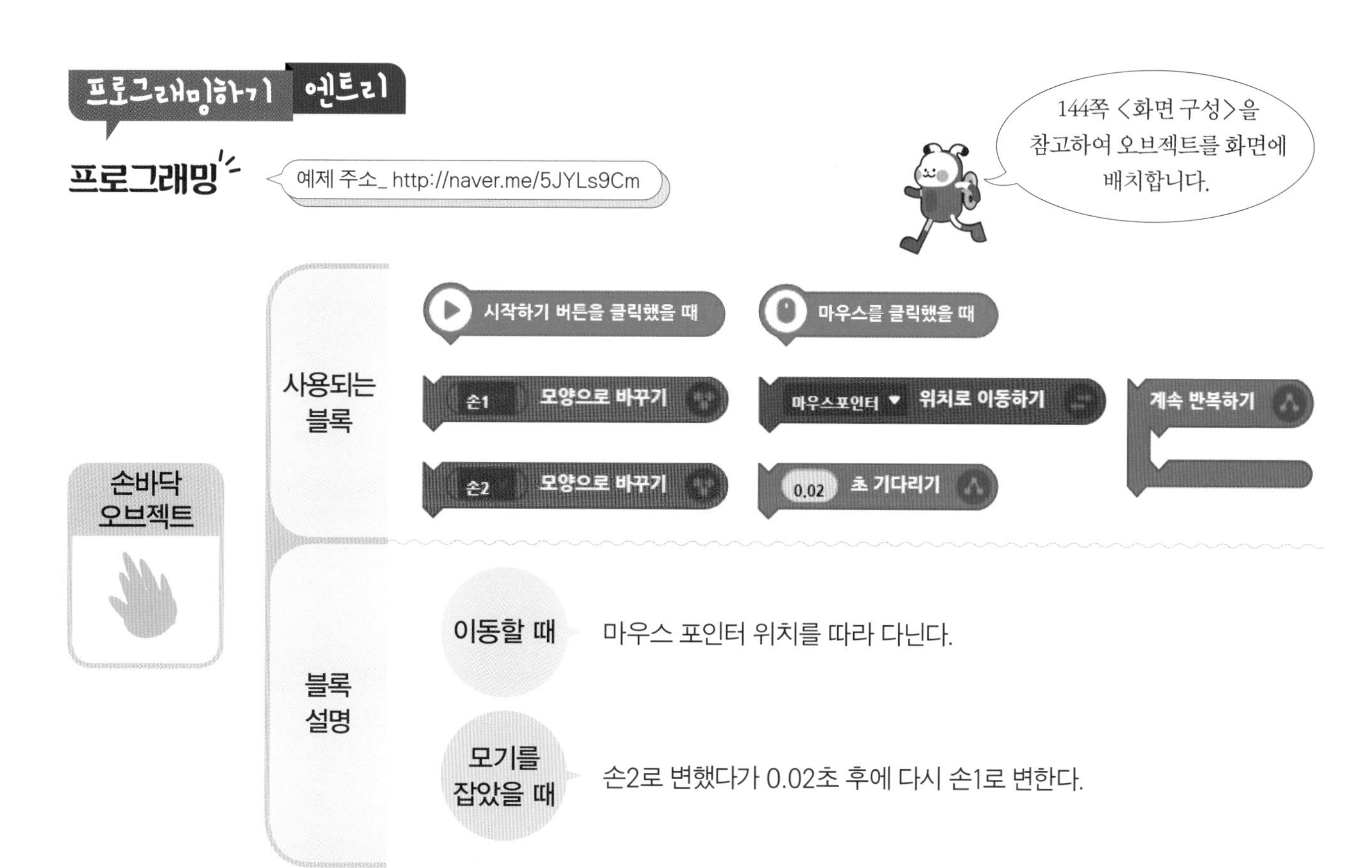

오브젝트	구분	내용
손바닥 오브젝트	사용되는 블록	시작하기 버튼을 클릭했을 때 / 마우스를 클릭했을 때 / 손1 모양으로 바꾸기 / 마우스포인터 ▼ 위치로 이동하기 / 계속 반복하기 / 손2 모양으로 바꾸기 / 0.02 초 기다리기
	블록 설명	**이동할 때**: 마우스 포인터 위치를 따라 다닌다.
		모기를 잡았을 때: 손2로 변했다가 0.02초 후에 다시 손1로 변한다.

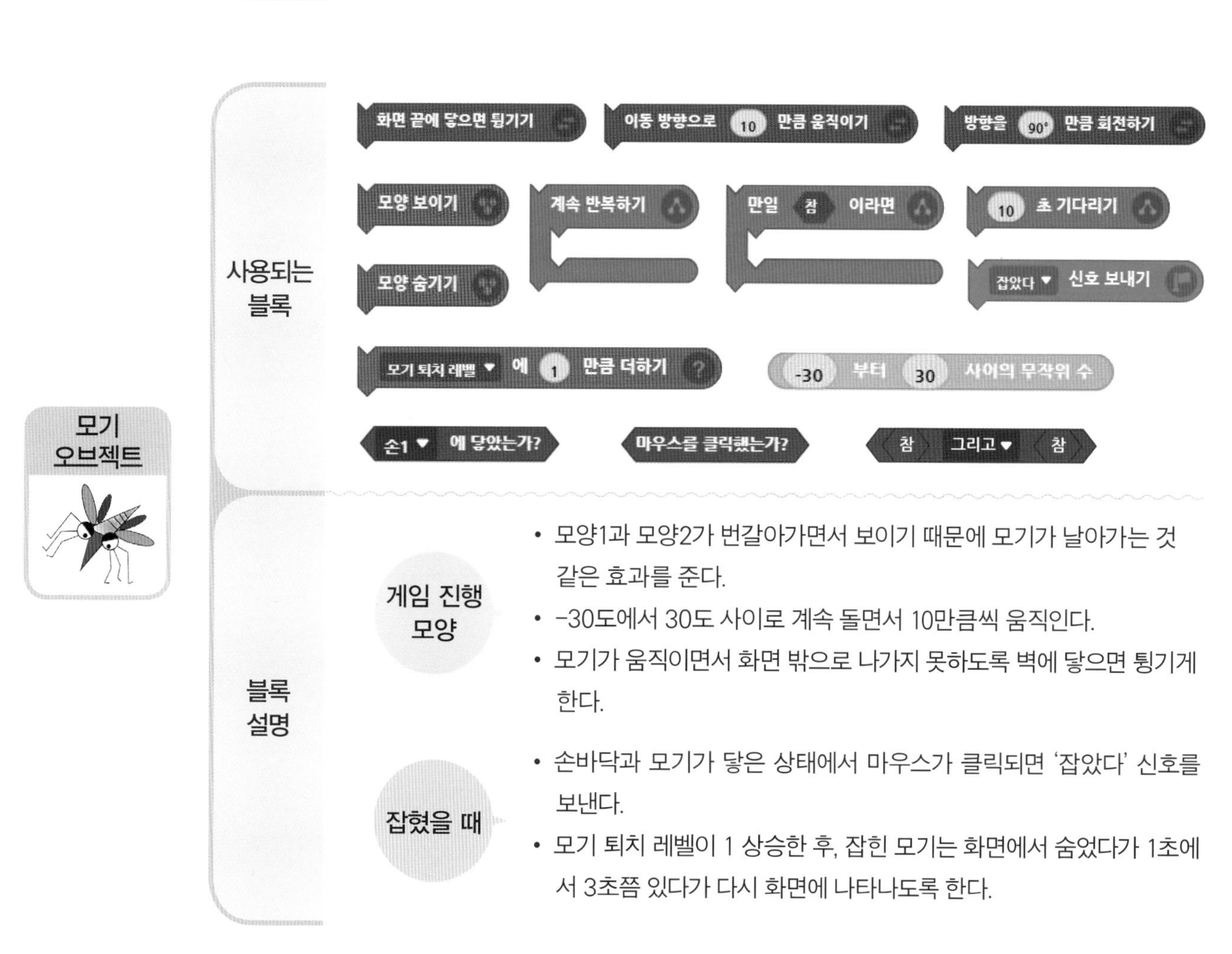

오브젝트	구분	내용
모기 오브젝트	사용되는 블록	화면 끝에 닿으면 튕기기 / 이동 방향으로 10 만큼 움직이기 / 방향을 90° 만큼 회전하기 / 모양 보이기 / 계속 반복하기 / 만일 참 이라면 / 10 초 기다리기 / 모양 숨기기 / 잡았다 ▼ 신호 보내기 / 모기 퇴치 레벨 ▼ 에 1 만큼 더하기 / -30 부터 30 사이의 무작위 수 / 손1 ▼ 에 닿았는가? / 마우스를 클릭했는가? / 참 그리고 ▼ 참
	블록 설명	**게임 진행 모양**: • 모양1과 모양2가 번갈아가면서 보이기 때문에 모기가 날아가는 것 같은 효과를 준다. • −30도에서 30도 사이로 계속 돌면서 10만큼씩 움직인다. • 모기가 움직이면서 화면 밖으로 나가지 못하도록 벽에 닿으면 튕기게 한다.
		잡혔을 때: • 손바닥과 모기가 닿은 상태에서 마우스가 클릭되면 '잡았다' 신호를 보낸다. • 모기 퇴치 레벨이 1 상승한 후, 잡힌 모기는 화면에서 숨었다가 1초에서 3초쯤 있다가 다시 화면에 나타나도록 한다.

확인해 보기

◎ 내가 만든 프로그램이 정상적으로 실행되는지 확인해 봅시다.

확인 내용	O, X
1. 프로그램이 실행되면 '모기'와 '손바닥'이 화면에 나타나는가?	
2. '손바닥'이 '마우스 포인터'를 따라 움직이는가?	
3. '모기'를 잡으면 '손바닥'의 모양이 바뀌고, 모기 퇴치 레벨이 1씩 상승하는가?	
4. '모기'가 잡히면 화면에서 사라지는가?	
5. 사라졌던 '모기'가 1~3초 후에 다시 화면에 나타나는가?	

더하기

1. 다음의 타이머 블록 등을 이용해 일정 시간 동안만 모기를 잡을 수 있도록 프로그램을 수정해 봅시다.

예제 주소_ http://naver.me/FPaWfgdC

2. 잡기 힘든 새로운 해충을 만들어서 잡으면, 모기 퇴치 레벨이 2가 올라가도록 프로그램을 수정해 봅시다.

예제 주소_ http://naver.me/FBE4vpkp

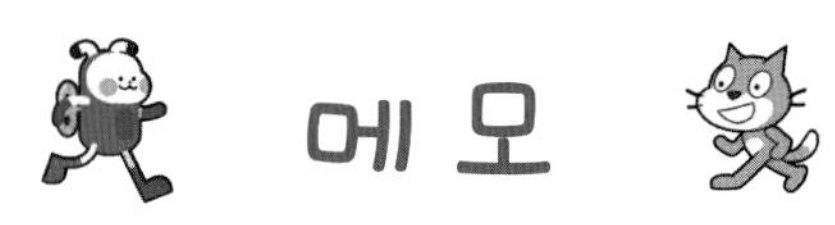

메모

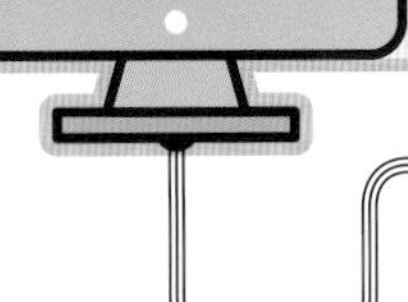

15 성격 유형 알아보기 프로그램 만들기

이 활동을 하고 나면

- 간단한 질문을 통해 성격 유형을 알아보는 프로그램을 만들 수 있다.
- 여러 개의 변수 중 최댓값을 찾는 알고리즘을 이해하고, 스크래치와 엔트리 블록 명령어를 활용하여 프로그램을 만들 수 있다.
- 조건문을 이용하여 조건에 따라 다른 결괏값을 나타내는 프로그램을 만들 수 있다.

문제를 찾아서

다음을 보고, 해결해야 할 문제가 무엇인지 알아봅시다.

1. 위에서 발생한 문제와 문제 해결을 위해 제시한 방법은 무엇인지 적어 봅시다.

2. 위에서 제시한 문제 해결 방법을 실천하기 위해 우리가 할 수 있는 일을 이야기해 봅시다.

알고리즘으로 표현하기

알고리즘 살펴보기

◎ 성격 유형 알아보기 프로그램이 올바르게 작동하도록 보기에서 알맞은 말을 찾아 써 봅시다.

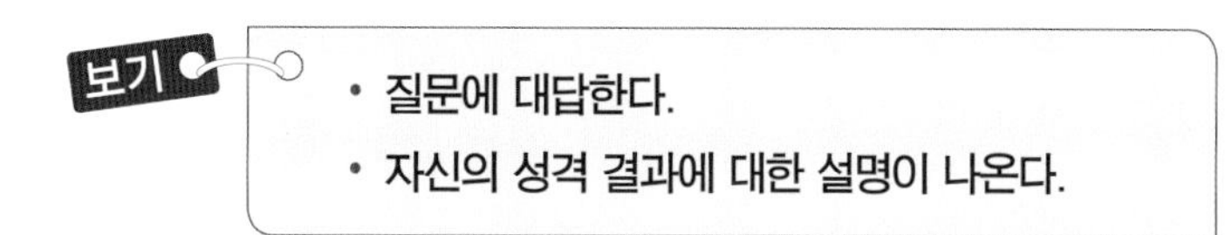

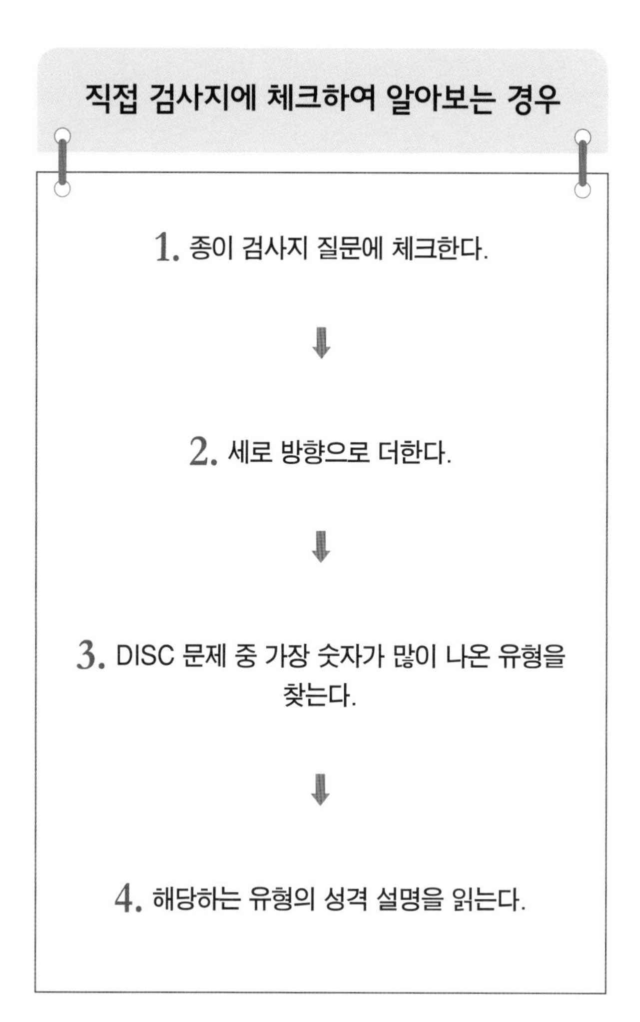

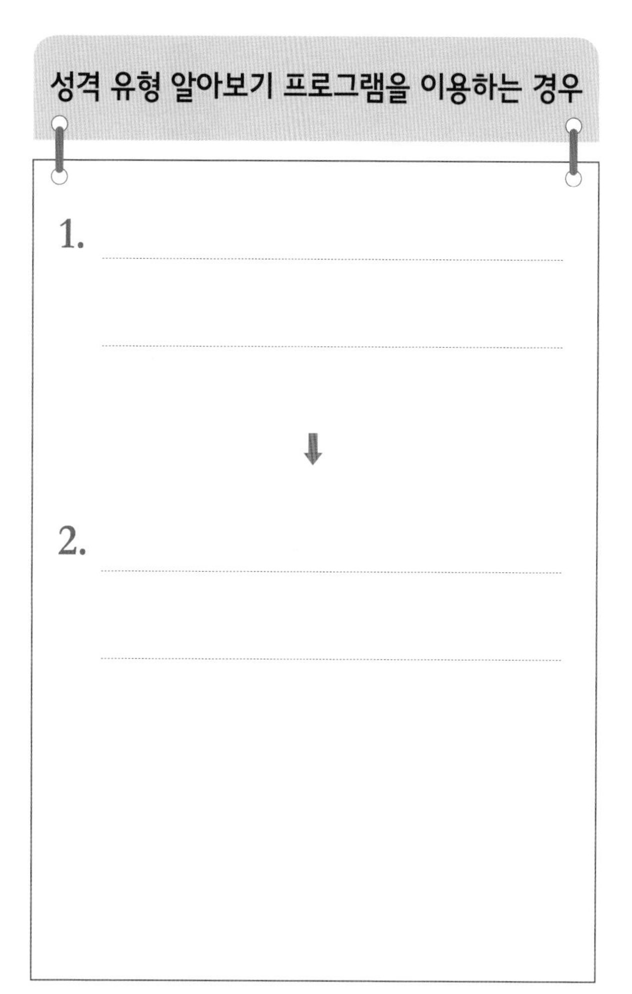

◎ 성격 유형 알아보기 프로그램을 만들어 성격 유형을 알아보면 어떤 점이 편리한지 이야기해 봅시다.

알고리즘 만들기

다음 그림은 성격 유형 알아보기 프로그램입니다. 프로그램이 작동하는 알고리즘을 만들어 봅시다.

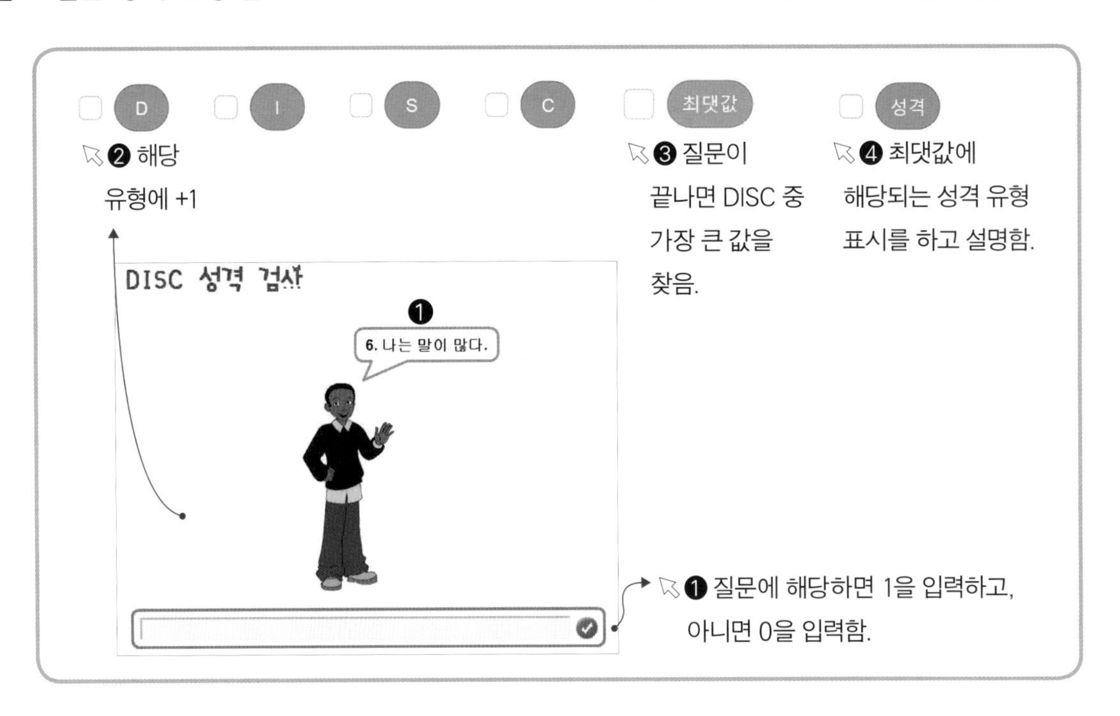

더 알고가기 최댓값 찾기 알고리즘

변수	D	I	S	C	최댓값	성격
값	9	4	11	5	비교하는 동안 값이 바뀜.	비교하는 동안 값이 바뀜.

❶ D와 I를 비교하여 최댓값 변수에 큰 값을, 성격 변수에 해당 알파벳을 넣는다.

❷ 최댓값과 S를 비교하여 최댓값 변수에 큰 값을, 성격 변수에 해당 알파벳을 넣는다.
만약 S가 크다면 최댓값 변수와 성격 변수의 값을 바꿔야 하지만, 최댓값이 크다면 최댓값 변수와 성격 변수의 값을 바꿀 필요가 없다.

❸ 최댓값과 C를 비교하여 최댓값 변수에 큰 값을, 성격 변수에 해당 알파벳을 넣는다.
만약 C가 크다면 최댓값 변수와 성격의 값을 바꿔야 하지만, 최댓값이 크다면 최댓값 변수와 성격 변수의 값을 바꿀 필요가 없다.

※ 따라서 모든 비교가 끝나면 최댓값은 11, 성격은 S임을 알 수 있다.

빈칸에 알맞은 말을 넣어 알고리즘을 완성해 봅시다. 성격 유형 알아보기 알고리즘

보내기 알고리즘

을 클릭하였을 때 아래 명령어 실행하기

숨기기

변숫값(D, I, S, C, 최댓값, 성격)을 초기화시키기

검사시작 신호를 받았을 때 아래 명령어 실행하기

보이기

"1. 나는 용기가 있다." 묻고 기다리기

__________ 바꾸기

⋮

"32. 나는 꼼꼼하다." 묻고 기다리기

__________ 바꾸기

'최댓값' 찾기 신호 보내기

최댓값 찾기 신호를 받았을 때 아래 명령어 실행하기

만약 D > I 또는 D = I 이면
- 최댓값을 변수 D로 정하기
- 성격을 'D'로 정하기
- 'S 비교하기' 신호 보내기

아니면
- 최댓값을 변수 I로 정하기
- 성격을 'I'로 정하기
- 'S 비교하기' 신호 보내기

'결과 말하기' 신호 보내기

S비교하기 신호를 받았을 때 아래 명령어 실행하기

만약 S > 최댓값 또는 S = 최댓값이면
- 최댓값을 변수 S로 정하기
- 성격을 'S'로 정하기
- 'C 비교하기' 신호 보내기

아니면
- 'C 비교하기' 신호 보내기

C 비교하기 신호를 받았을 때 아래 명령어 실행하기

만약 C > 최댓값 또는 C = 최댓값이면
- 최댓값을 변수 C로 정하기
- 성격을 'C'로 정하기

프로그래밍하기 스크래치

화면 구성

예제 주소_ https://scratch.mit.edu/projects/105517168

'검사방법', '검사시작', '안내문', '안내자' 스프라이트를 화면에 배치하고 프로그램에 사용될 변수를 만든 후, 성격 검사 프로그램을 만들어 봅시다.

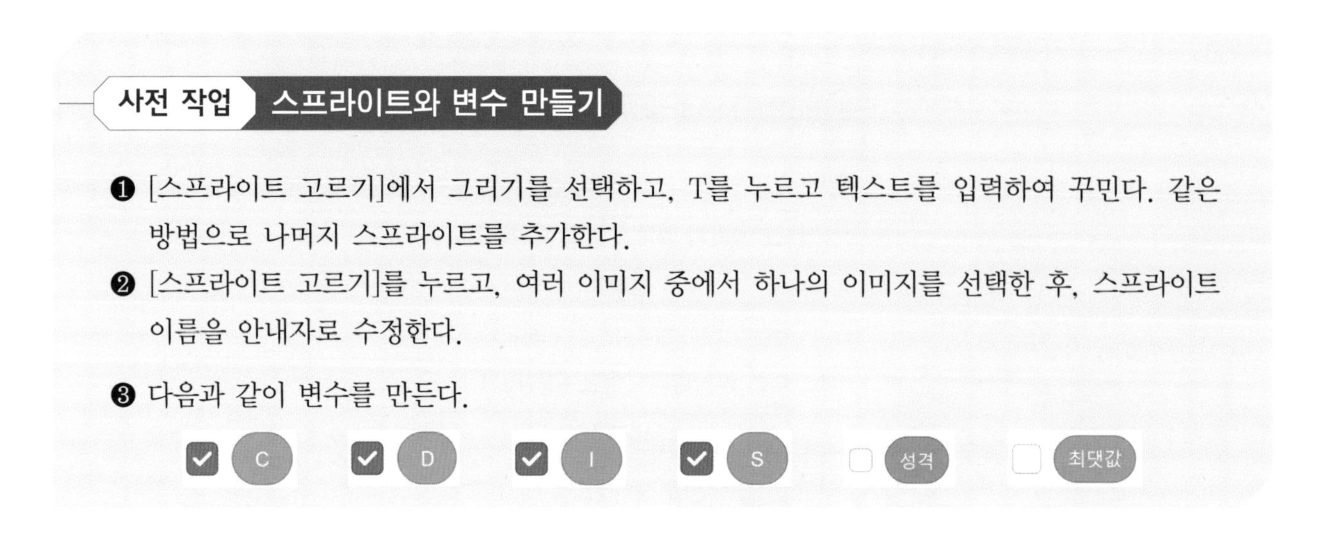

사전 작업 스프라이트와 변수 만들기

❶ [스프라이트 고르기]에서 그리기를 선택하고, T를 누르고 텍스트를 입력하여 꾸민다. 같은 방법으로 나머지 스프라이트를 추가한다.

❷ [스프라이트 고르기]를 누르고, 여러 이미지 중에서 하나의 이미지를 선택한 후, 스프라이트 이름을 안내자로 수정한다.

❸ 다음과 같이 변수를 만든다.

프로그래밍

안내문 스프라이트

질문에 대해 자신이 해당하면 숫자 1을 입력하고, 해당하지 않으면 숫자 0을 입력합니다.

사용되는 블록

블록 설명

시작할 때 숨긴다.

'설명 보기'를 받았을 때
- 보인다.
- 5초 기다렸다가 다시 숨긴다.

안내자 스프라이트

사용되는 블록

블록 설명

시작할 때
- 숨긴다.
- 변수 D, I, S, C, 최댓값, 성격을 0으로 초기화한다.

'검사 시작'을 받았을 때
- 보인다.
- "1. 나는 용기가 있다."를 묻고 기다린다.
- 변수 D를 대답만큼 바꾸고, 같은 방법으로 32개의 질문을 하며 대답을 해당 변수에 누적한다.
- '최댓값 찾기' 신호를 보낸다.

'최댓값 찾기'를 받았을 때
- 만약 변수 D의 값이 변수 I의 값보다 크거나 같으면 최댓값을 D의 값으로 정하고 성격을 'D'로 정한 후 'S비교하기' 신호를 보낸다.
- 아니면 최댓값을 I의 값으로 정하고 성격을 'I'로 정한 후, 'S비교하기' 신호를 보낸다.
- '결과 말하기' 신호를 보낸다.

블록 설명

'S비교하기'를 받았을 때

- 만약 변수 S의 값이 최댓값보다 크거나 같으면
  최댓값을 S의 값으로 정하고 성격을 'S'로 정한 후 'C 비교하기' 신호를 보낸다.
- 아니면 'C비교하기' 신호를 보낸다.

'C비교하기'를 받았을 때

만약 변수 C의 값이 최댓값보다 크거나 같으면 최댓값을 C의 값으로 정하고 성격을 'C'로 정한다.

'결과 말하기'를 받았을 때

- 만약 성격이 D라면
  "당신은 D형 유형으로 주도형 성격입니다."를 2초 동안 말한 후,
  "리더십이 강하고 추진력이 좋으며 적극적이고 사람들을 잘 이끌어 내는 성격입니다."라고 5초 동안 말한다.
- 만약 성격이 I라면
  "당신은 I형 유형으로 사교형 성격입니다."를 2초 동안 말한 후,
  "웃음이 많고 유머 감각이 뛰어나며 대화하고 말하는 것을 좋아하는 성격입니다."라고 5초 동안 말한다.
- 만약 성격이 C라면
  "당신은 C형 유형으로 신중형 성격입니다."를 2초 동안 말한 후,
  "어떤 일을 할 때 사전 계획을 철저하고 체계적으로 세우며 완벽한 것을 좋아하는 성격입니다."라고 5초 동안 말한다.
- 만약 성격이 S라면
  "당신은 S형 유형으로 안정형 성격입니다."를 2초 동안 말한 후, "조화와 안정을 좋아하며 협력적이고 지원적인 성격입니다."라고 5초 동안 말한다.

더 알고가기 성격 검사 질문에 따른 유형

번호	질문	유형	번호	질문	유형	번호	질문	유형
1	용기가 있다	D	12	걱정이 많다	C	23	행동이 느리다	S
2	친구들이 많다	I	13	솔직하다	D	24	수줍음이 많다	C
3	차분하다	S	14	감성적이다	I	25	판단이 빠르다	D
4	지적이다	C	15	일관적이다	S	26	무대체질이다	I
5	경쟁심이 있다	D	16	예민하다	C	27	친절하다	S
6	말이 많다	I	17	집중을 잘한다	D	28	진지하다	C
7	말이 적다	S	18	활동적이다	I	29	자신감이 있다	D
8	끈기 있다	C	19	협동을 잘한다	S	30	표정이 다양하다	I
9	고집이 세다	D	20	생각이 깊다	C	31	평온하다	S
10	변덕스럽다	I	21	화를 잘 낸다	D	32	꼼꼼하다	C
11	소심하다	S	22	주의가 산만하다	I			

확인해 보기

내가 만든 프로그램이 정상적으로 실행되는지 확인해 봅시다.

확인 내용	○, ×
1. 프로그램이 실행되면 '안내자', '안내문' 스프라이트가 화면에 보이지 않고 '검사방법'과 '검사시작' 스프라이트만 보이는가?	
2. '검사방법' 스프라이트를 클릭하면 안내문이 화면에 나타나고, 5초 후에 사라지는가?	
3. '검사시작' 스프라이트를 클릭하면 '검사방법', '검사시작' 스프라이트가 사라지고, 안내자가 화면에 나타나는가?	
4. 안내자가 하는 질문에 대답을 하면 해당하는 변수의 값이 입력한 값만큼 증가하는가?	
5. 32개의 질문이 모두 끝나면 안내자가 성격 유형과 성격의 특징에 대해 말해 주는가?	

더하기

안내자의 질문에 대한 답을 0이나 1이외의 숫자를 입력했을 때, 오류 메시지가 나오며 다시 질문할 수 있도록 프로그램을 수정해 봅시다.

예제 주소_https://scratch.mit.edu/projects/107480721/

프로그래밍하기 엔트리

화면 구성

예제 주소_ http://naver.me/F08gbWM8

'검사방법', '검사시작', '안내문', '안내자' 오브젝트를 화면에 배치한 후 프로그램에 사용될 변수를 만든 후, 성격 검사 프로그램을 만들어 봅시다.

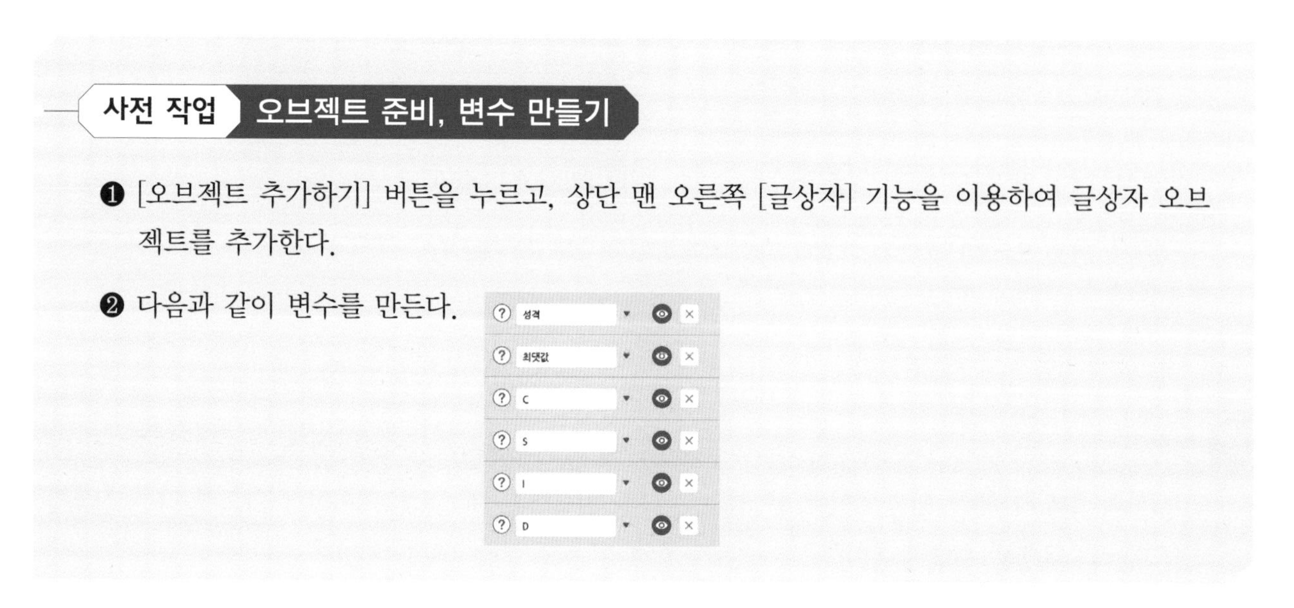

프로그래밍

안내문 오브젝트

사용되는 블록

시작하기 버튼을 클릭했을 때 / 설명보기 ▾ 신호를 받았을 때

모양 보이기 / 모양 숨기기 / 5 초 기다리기

블록 설명

시작할 때	숨긴다.
'설명 보기'를 받았을 때	• 보인다. • 5초 기다렸다가 다시 숨긴다.

엔트리봇 오브젝트

사용되는 블록

블록 설명

시작할 때	• 숨긴다. • 변수 D, I, S, C, 최댓값, 성격을 0으로 초기화한다.
'검사 시작'을 받았을 때	• 보인다. • "1. 나는 용기가 있다."를 묻고 기다린다. • 변수 D를 대답만큼 바꾸고, 같은 방법으로 32개의 질문을 하며 대답을 해당 변수에 누적한다. • '최댓값 찾기' 신호를 보낸다.
'최댓값 찾기'를 받았을 때	• 만약 변수 D의 값이 변수 I의 값보다 크거나 같으면 최댓값을 D의 값으로 정하고 성격을 'D'로 정한 후, 'S비교하기' 신호를 보낸다. • 아니면 최댓값을 I의 값으로 정하고 성격을 'I'로 정한 후, 'S비교하기' 신호를 보낸다. • '결과 말하기' 신호를 보낸다.

블록 설명

'S 비교하기'를 받았을 때

- 만약 변수 S의 값이 최댓값보다 크거나 같으면 최댓값을 S의 값으로 정하고 성격을 'S'로 정한 후, 'C 비교하기' 신호를 보낸다.
- 아니면 'C 비교하기' 신호를 보낸다.

'C 비교하기'를 받았을 때

만약 변수 C의 값이 최댓값보다 크거나 같으면 최댓값을 C의 값으로 정하고 성격을 'C'로 정한다.

'결과 말하기'를 받았을 때

- 만약 성격이 D라면
  "당신은 D형 유형으로 주도형 성격입니다."를 2초 동안 말한 후,
  "리더십이 강하고 추진력이 좋으며 적극적이고 사람들을 잘 이끌어 내는 성격입니다."라고 5초 동안 말한다.
- 만약 성격이 I 라면
  "당신은 I형 유형으로 사교형 성격입니다."를 2초 동안 말한 후,
  "웃음이 많고 유머 감각이 뛰어나며 대화하고 말하는 것을 좋아하는 성격입니다." 라고 5초 동안 말한다.
- 만약 성격이 C 라면
  "당신은 C형 유형으로 신중형 성격입니다."를 2초 동안 말한 후,
  "어떤 일을 할 때 사전 계획을 철저하고 체계적으로 세우며 완벽한 것을 좋아하는 성격입니다."라고 5초 동안 말한다.
- 만약 성격이 S 라면
  "당신은 S형 유형으로 안정형 성격입니다."를 2초 동안 말한 후,
  "조화와 안정을 좋아하며 협력적이고 지원적인 성격입니다." 라고 5초 동안 말한다.

더 알고가기 성격 검사 질문

번호	문제	유형	번호	문제	유형	번호	문제	유형
1	용기가 있다	D	12	걱정이 많다	C	23	행동이 느리다	S
2	친구들이 많다	I	13	솔직하다	D	24	수줍음이 많다	C
3	차분하다	S	14	감성적이다	I	25	판단이 빠르다	D
4	지적이다	C	15	일관적이다	S	26	무대체질이다	I
5	경쟁심이 있다	D	16	예민하다	C	27	친절하다	S
6	말이 많다	I	17	집중을 잘한다	D	28	진지하다	C
7	말이 적다	S	18	활동적이다	I	29	자신감이 있다	D
8	끈기 있다	C	19	협동을 잘한다	S	30	표정이 다양하다	I
9	고집이 세다	D	20	생각이 깊다	C	31	평온하다	S
10	변덕스럽다	I	21	화를 잘 낸다	D	32	꼼꼼하다	C
11	소심하다	S	22	주의가 산만하다	I			

확인해 보기

◎ 내가 만든 프로그램이 정상적으로 실행되는지 확인해 봅시다.

확인 내용	○, ×
1. 프로그램이 실행되면 '안내자', '안내문' 오브젝트가 화면에 보이지 않고 '검사방법'과 '검사시작' 오브젝트만 보이는가?	
2. '검사방법' 오브젝트를 클릭하면 안내문이 화면에 나타나고, 5초 후에 사라지는가?	
3. '검사시작' 오브젝트를 클릭하면 '검사방법', '검사시작' 오브젝트가 사라지고, 안내자가 화면에 나타나는가?	
4. 안내자가 하는 질문에 대답을 하면 해당하는 변수의 값이 입력한 값만큼 증가하는가?	
5. 32개의 질문이 모두 끝나면 안내자가 성격 유형과 성격의 특징에 대해 말해 주는가?	

더하기

안내자의 질문에 대한 답을 0이나 1이외의 답을 했을 때, 오류 메시지가 나오며 다시 질문할 수 있도록 프로그램을 수정해 봅시다.

예제 주소_ http://naver.me/FQh2ZGcG

16 횡단보도 건너기 프로그램 만들기

이 활동을 하고 나면

- 횡단보도 건너기 프로그램을 만들 수 있다.
- 조건문을 이용하여 조건에 대해 다른 결과를 출력할 수 있다.

문제를 찾아서

다음을 보고, 해결해야 할 문제가 무엇인지 알아봅시다.

1. 위에서 발생한 문제와 문제 해결을 위해 제시한 방법은 무엇인지 적어 봅시다.

2. 위에서 제시한 문제 해결 방법을 실천하기 위해 우리가 할 수 있는 일을 이야기해 봅시다.

알고리즘으로 표현하기

알고리즘 살펴보기

◎ 횡단보도 건너기 프로그램이 올바르게 작동하도록 **보기** 에서 알맞은 말을 찾아서 써 봅시다.

보기
- 위험 경고를 준다.
- 빨간색 신호일 때, 건너려고 하면 "횡단보도 건너기 실패"
- 녹색 신호일 때, 자동차가 오는지 확인하며 신호가 바뀌기 전에 건너면 "횡단보도 건너기 성공"

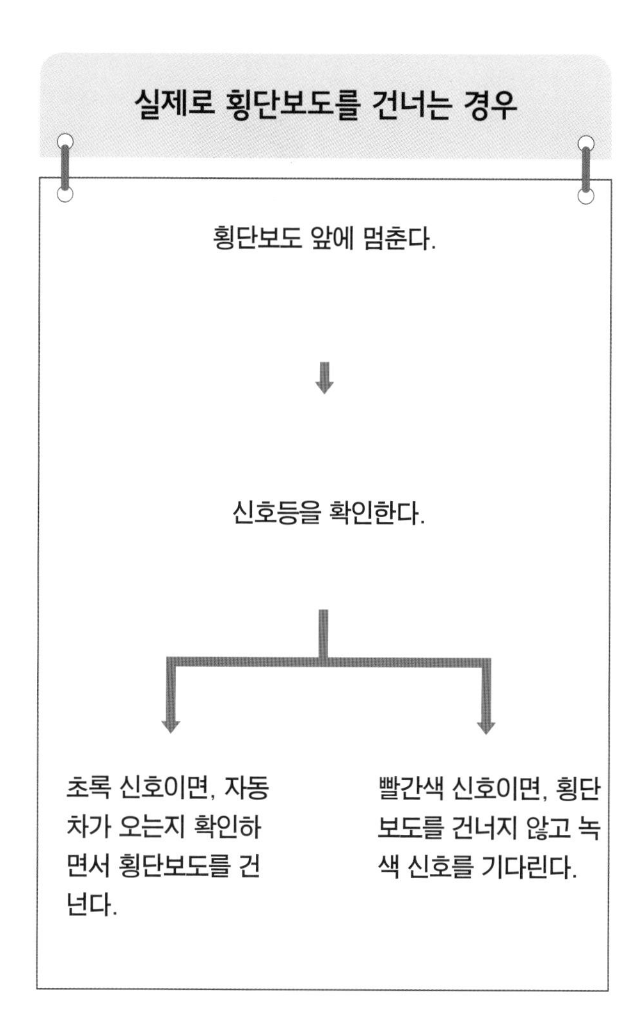

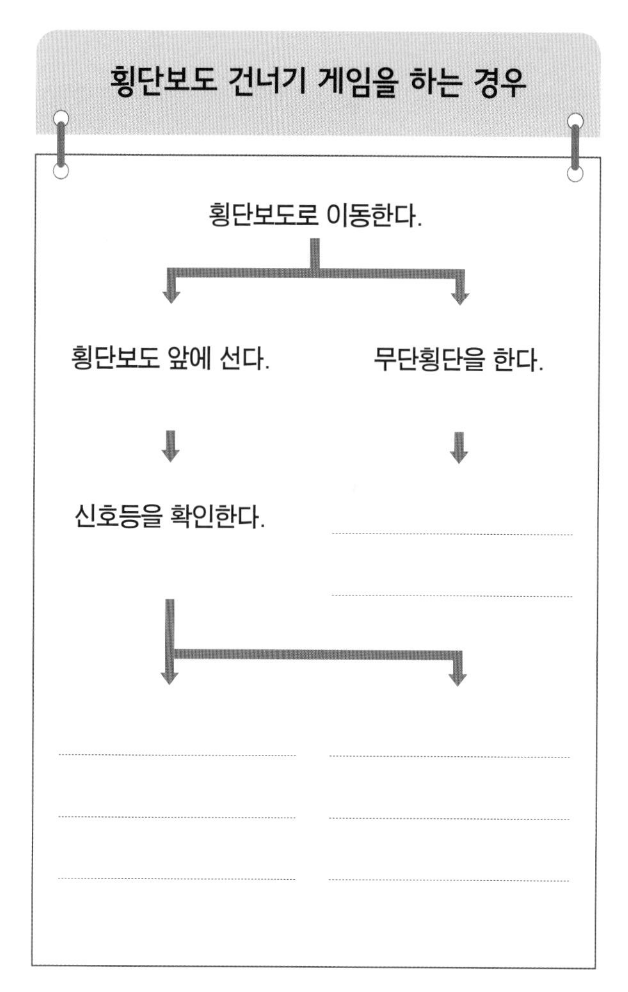

◎ 횡단보도 건너기 프로그램을 만들어 횡단보도 건너기를 하면 어떤 점이 편리할지 이야기해 봅시다.

알고리즘 만들기

다음은 횡단보도 건너기 프로그램입니다. 프로그램이 작동하는 알고리즘을 만들어 봅시다.

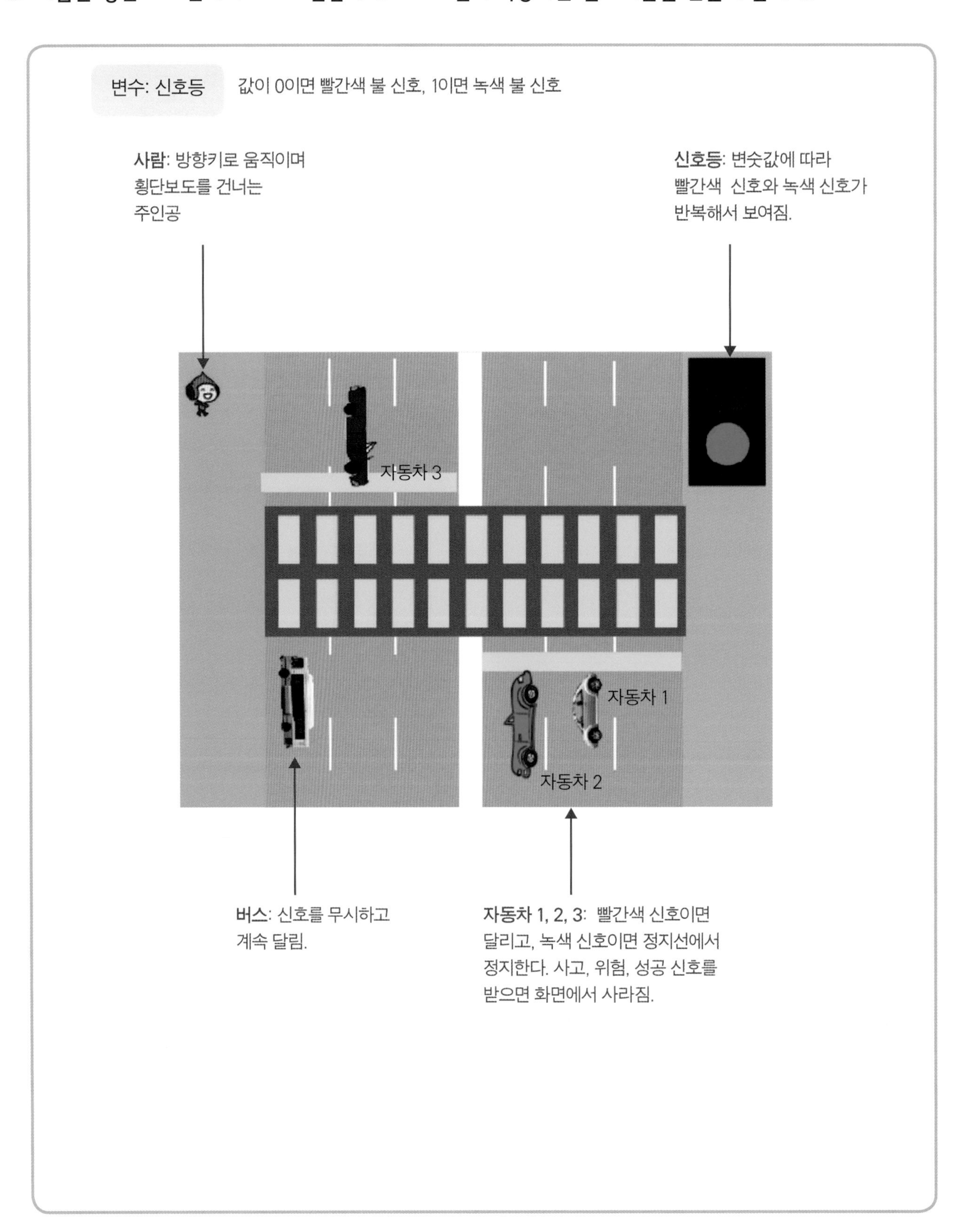

◎ 빈칸에 알맞은 말을 넣어 알고리즘을 완성해 봅시다. 횡단보도 건너기 알고리즘

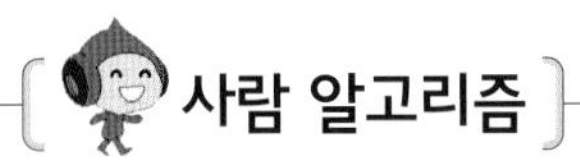

을 클릭하였을 때 아래 명령어 실행하기

시작 위치 좌표(x: -220, y: 148)로 이동하기
보이기
맨 앞으로 순서 바꾸기

무한 반복하기
　0.5초 간격으로 다음 모양으로 바꾸기

을 클릭하였을 때 아래 명령어 실행하기

무한 반복하기
　만약 버스, 자동차1, 자동차2, 자동차3에 닿으면
　　________ 신호 보내기
　만약 신호등 = 1이고 목적지에 도착하면
　　'성공' 신호 보내기
　만약 신호등 = 1이고 도로로 건너면
　　________ 신호 보내기
　만약 신호등 = 0이고 횡단보도를 건너면
　　________ 신호 보내기

위쪽 화살표 키를 눌렀을 때 아래 명령어 실행하기

________ 10만큼 바꾸기

아래쪽 화살표 키를 눌렀을 때 아래 명령어 실행하기

________ -10만큼 바꾸기

왼쪽 화살표 키를 눌렀을 때 아래 명령어 실행하기

________ -10만큼 바꾸기

오른쪽 화살표 키를 눌렀을 때 아래 명령어 실행하기

________ 10만큼 바꾸기

위험을 받았을 때 아래 명령어 실행하기

숨기기

모두 멈추기

성공을 받았을 때 아래 명령어 실행하기

숨기기

모두 멈추기

사고를 받았을 때 아래 명령어 실행하기

숨기기

모두 멈추기

알고리즘

스프라이트(오브젝트) 예시입니다.

을 클릭하였을 때 아래 명령어 실행하기

- 숨기기
- 2부터 4사이의 ________ 초 기다리기
- ________ 위치(x: 25, y: -180)로 이동하기
- 0도 방향(위쪽) 보기
- 맨 앞으로 순서 바꾸기
- 보이기

다음을 무한 반복하기
  y좌표 3만큼 바꾸기
  만약 y좌표 > 170이면
    숨기기
    2부터 4사이의 난수 초 기다리기
    시작 위치(x: 25, y: -180)로 이동하기
    보이기
  만약 신호등 = 1이고 정지선에 닿으면
    정지 위치(x: 25, y: -110)로 이동하기
  만약 신호등 = 0이면
    y좌표를 3만큼 바꾸기

위험을 받았을 때 아래 명령어 실행하기

- 숨기기

성공을 받았을 때 아래 명령어 실행하기

- 숨기기

사고를 받았을 때 아래 명령어 실행하기

- 숨기기

더 알고가기 좌표와 방향

스프라이트(오브젝트)는 무대(화면) 위를 움직일 때 위, 아래, 왼쪽, 오른쪽의 네 방향으로 움직일 수 있으며, 위쪽은 0도, 아래쪽은 180도, 왼쪽은 -90도, 오른쪽은 90도로 표시한다.

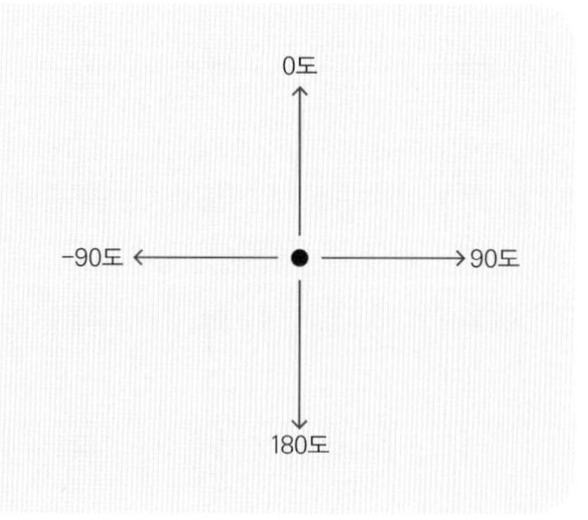

프로그래밍하기 스크래치

화면 구성

예제 주소_ https://scratch.mit.edu/projects/105842836/

배경, '횡단보도', '정지선1', '정지선2' 스프라이트를 그리고, '버스' , '자동차1', '자동차2', '자동차3' '신호등', '사람' 스프라이트를 불러와 화면에 배치한다. 프로그램에 사용될 변수를 만들고, 횡단보도 건너기 프로그램을 만들어 봅시다.

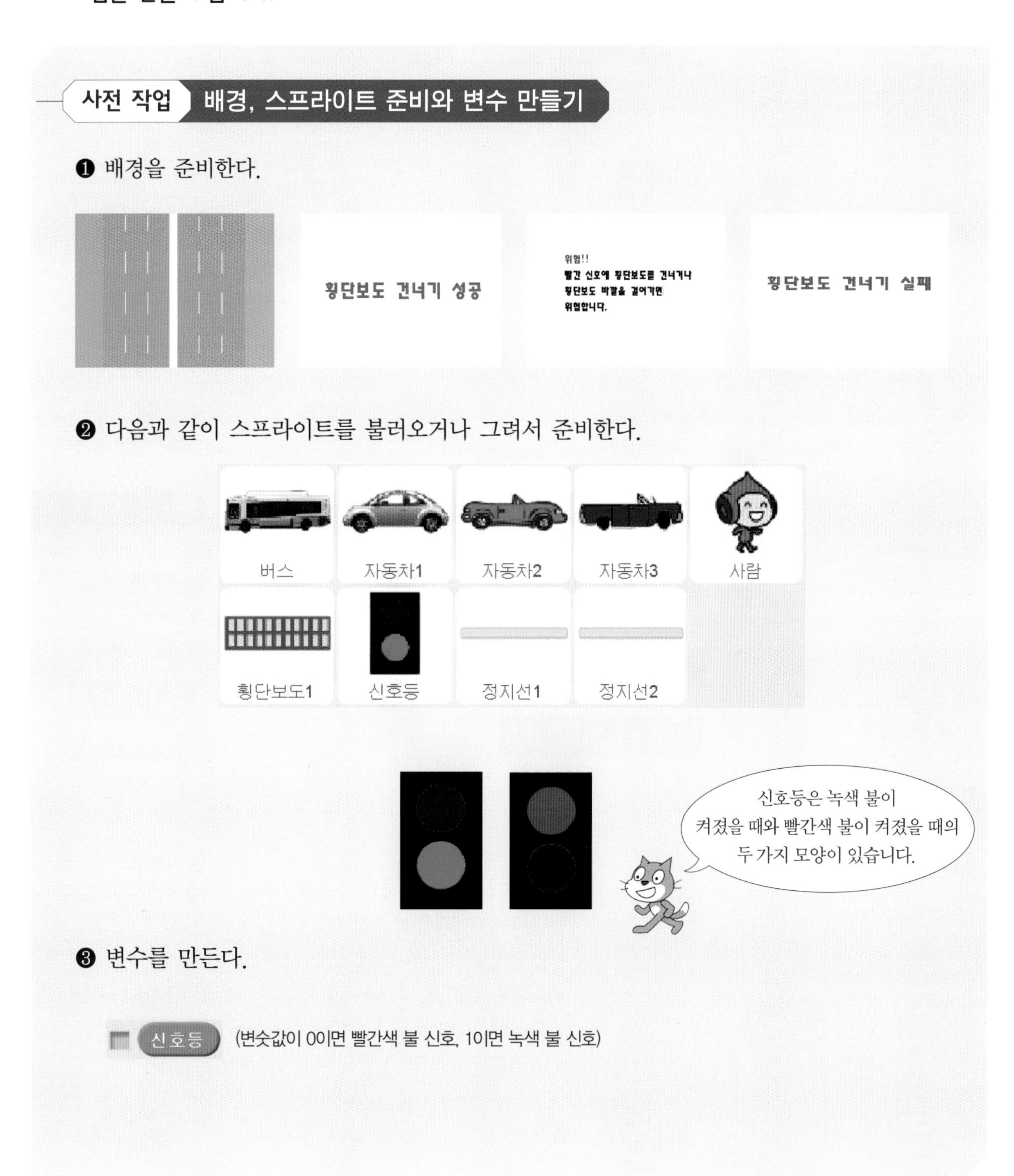

프로그래밍

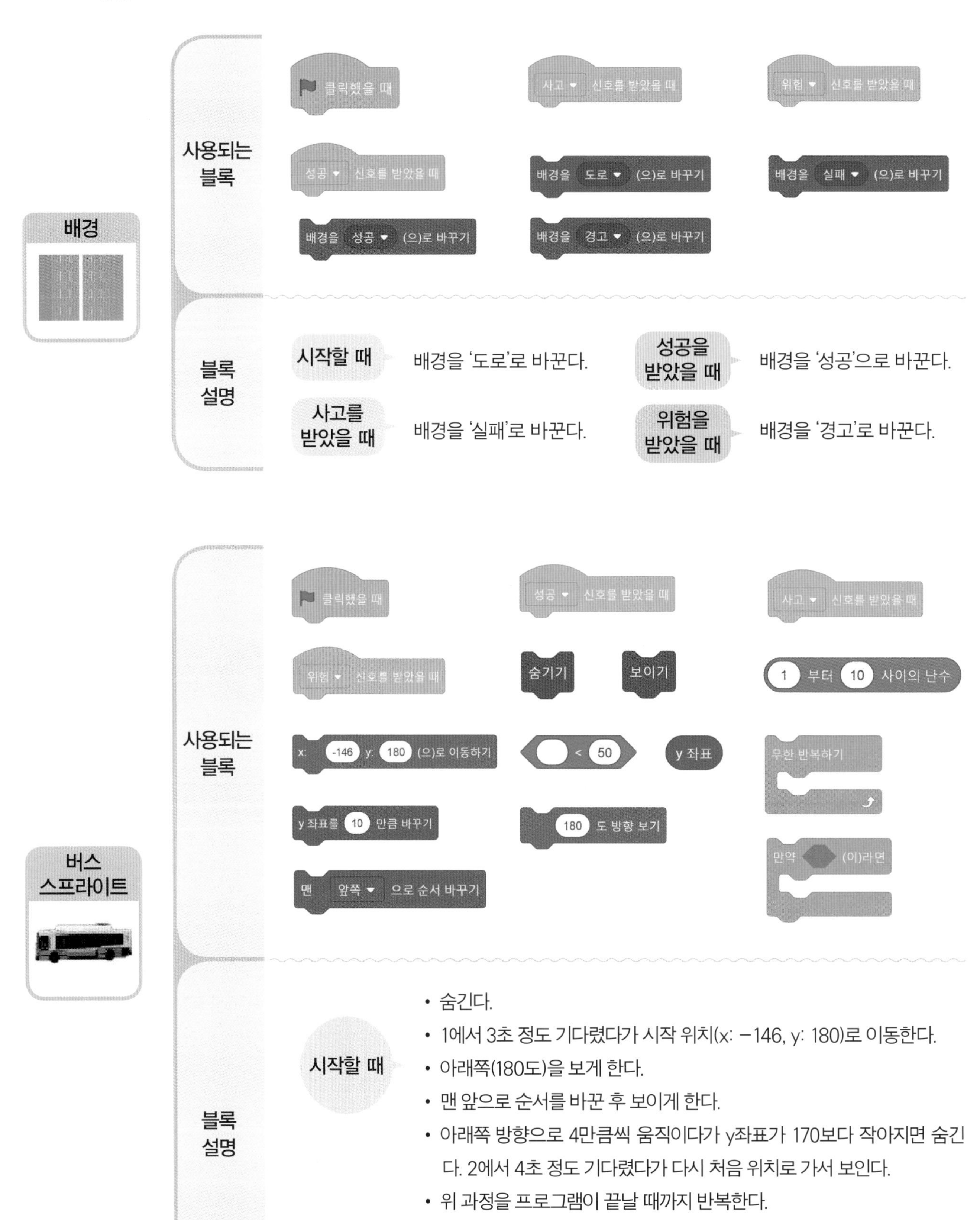
배경
사용되는 블록
클릭했을 때
사고 신호를 받았을 때
위험 신호를 받았을 때
성공 신호를 받았을 때
배경을 도로 (으)로 바꾸기
배경을 실패 (으)로 바꾸기
배경을 성공 (으)로 바꾸기
배경을 경고 (으)로 바꾸기
블록 설명
시작할 때
배경을 '도로'로 바꾼다.
성공을 받았을 때
배경을 '성공'으로 바꾼다.
사고를 받았을 때
배경을 '실패'로 바꾼다.
위험을 받았을 때
배경을 '경고'로 바꾼다.
버스 스프라이트
사용되는 블록
클릭했을 때
성공 신호를 받았을 때
사고 신호를 받았을 때
위험 신호를 받았을 때
숨기기
보이기
1 부터 10 사이의 난수
x: -146 y: 180 (으)로 이동하기
< 50
y 좌표
무한 반복하기
y 좌표를 10 만큼 바꾸기
180 도 방향 보기
만약 (이)라면
맨 앞쪽 으로 순서 바꾸기
블록 설명
시작할 때
• 숨긴다.
• 1에서 3초 정도 기다렸다가 시작 위치(x: −146, y: 180)로 이동한다.
• 아래쪽(180도)을 보게 한다.
• 맨 앞으로 순서를 바꾼 후 보이게 한다.
• 아래쪽 방향으로 4만큼씩 움직이다가 y좌표가 170보다 작아지면 숨긴다. 2에서 4초 정도 기다렸다가 다시 처음 위치로 가서 보인다.
• 위 과정을 프로그램이 끝날 때까지 반복한다.
사고를 받았을 때
숨긴다.
성공을 받았을 때
숨긴다.
위험을 받았을 때
숨긴다.

자동차1 스프라이트

사용되는 블록

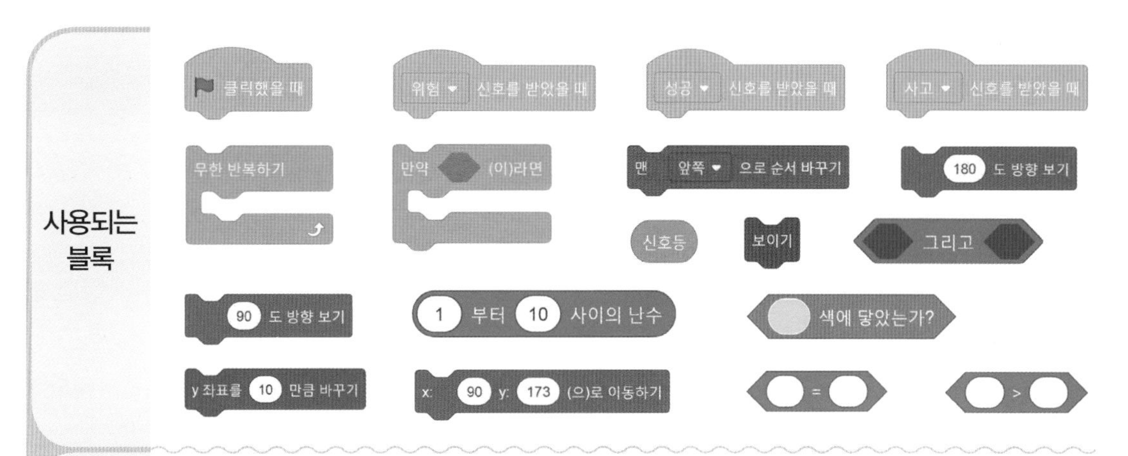

블록 설명

시작할 때

- 숨긴다.
- 1에서 3초 정도 기다렸다가 시작 위치(x: 90, y: −180)로 이동한다.
- 위쪽을 보게 한다.
- 맨 앞으로 순서를 바꾼 후 보이게 한다.
- 위쪽 방향으로 3만큼씩 움직이다가 y좌표가 170보다 커지면 숨긴다. 1에서 5초 정도 기다렸다가 다시 처음 위치(x: 90, y: −180)로 가서 보인다.
- 만약 신호등 = 1이고 정지선(노란색)에 닿으면 (x: 90, y: −100)으로 이동하고, 신호등 = 0이면 위쪽으로 3만큼씩 움직이게 한다.
- 위 과정을 프로그램이 끝날 때까지 반복한다.

사고를 받았을 때 숨긴다. **성공을 받았을 때** 숨긴다. **위험을 받았을 때** 숨긴다.

신호등 스프라이트

사용되는 블록

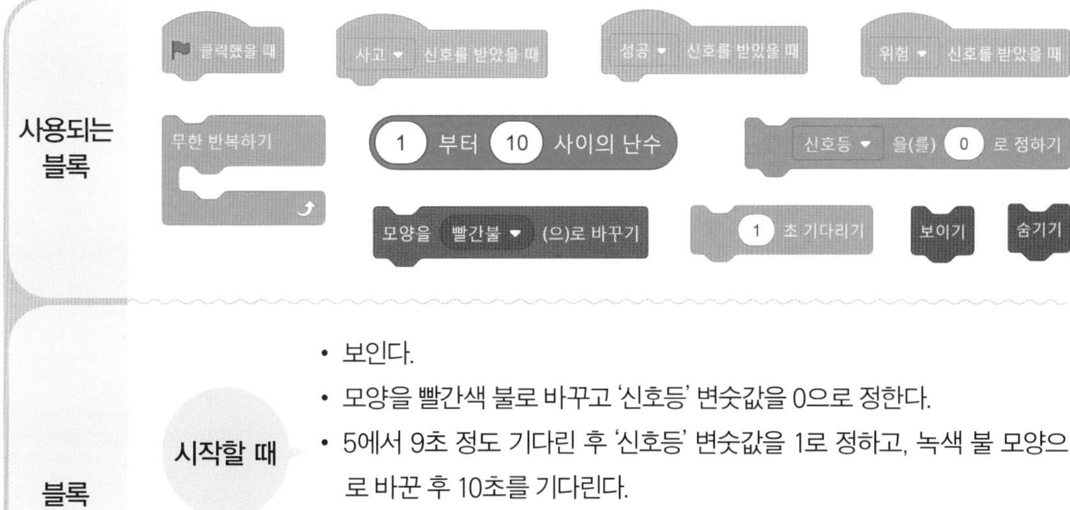

블록 설명

시작할 때

- 보인다.
- 모양을 빨간색 불로 바꾸고 '신호등' 변숫값을 0으로 정한다.
- 5에서 9초 정도 기다린 후 '신호등' 변숫값을 1로 정하고, 녹색 불 모양으로 바꾼 후 10초를 기다린다.
- '신호등' 변숫값을 0으로 정한 후 모양을 빨간색 불로 바꾼다.
- 위 과정을 프로그램이 끝날 때까지 반복한다.

사고를 받았을 때 숨긴다. **성공을 받았을 때** 숨긴다. **위험을 받았을 때** 숨긴다.

사람 스프라이트

사용되는 블록

클릭했을 때 / 아래쪽 화살표 키를 눌렀을 때 / 왼쪽 화살표 키를 눌렀을 때 / 오른쪽 화살표 키를 눌렀을 때 / 위쪽 화살표 키를 눌렀을 때 / 성공 신호를 받았을 때 / 사고 신호를 받았을 때 / 위험 신호를 받았을 때 / 버스 에 닿았는가? / 자동차1 에 닿았는가? / 자동차2 에 닿았는가? / 자동차3 에 닿았는가? / ( ) = ( ) / 1 초 기다리기 / 신호등 / 멈추기 모두 / 색에 닿았는가? / x: -220 y: 148 (으)로 이동하기 / y 좌표를 10 만큼 바꾸기 / x 좌표를 10 만큼 바꾸기 / 무한 반복하기 / 만약 (이)라면 / 맨 앞쪽 으로 순서 바꾸기 / 다음 모양으로 바꾸기 / 사고 신호 보내기 / 그리고 / 숨기기 / 보이기

블록 설명

시작할 때

- 시작 위치(x: −220, y: 148)로 이동해서 보인다.
- 맨 앞으로 순서를 바꾸고 0.5초 간격으로 다음 모양으로 바꾼다.
- 만약 '버스'에 닿으면 '사고' 신호를 보낸다.
- 만약 '자동차1, 2, 3'에 닿으면 '사고' 신호를 보낸다.
- 만약 '신호등'이 1이고 목적지에 도착하면 '성공' 신호를 보낸다.
- 만약 '신호등'이 1이고 도로에 닿으면 '위험' 신호를 보낸다.
- 만약 '신호등'이 0이고 횡단보도에 닿거나 도로에 닿으면 '위험' 신호를 보낸다.

사고를 받았을 때: 숨기고 모두 멈춘다.

위험을 받았을 때: 숨기고 모두 멈춘다.

성공을 받았을 때: 숨기고 모두 멈춘다.

위쪽 화살표 키를 누르면: y좌표를 10만큼 바꾼다.

아래쪽 화살표 키를 누르면: y좌표를 −10만큼 바꾼다.

왼쪽 화살표 키를 누르면: x좌표를 −10만큼 바꾼다.

오른쪽 화살표 키를 누르면: x좌표를 10만큼 바꾼다.

확인해 보기

내가 만든 프로그램이 정상적으로 실행되는지 확인해 봅시다.

확인 내용	○, ×
1. 프로그램이 실행되면 도로 배경이 보이고 버스와 자동차3은 위에서 아래로 움직이고, 자동차1과 자동차2는 아래에서 위로 움직이는가?	
2. 신호등 색이 녹색에서 빨간색으로 바뀌는가?	
3. 녹색 신호등이 켜졌을 때 자동차1, 2, 3은 정지선에서 멈추는가?	
4. 사람은 화살표 키를 누르면 그 방향으로 움직이는가?	
5. 빨간색 신호등이 켜졌을 때 무단 횡단하려고 하면 무대가 경고로 바뀌고, 스프라이트가 화면에서 사라지는가?	
6. 녹색 신호등이 켜졌을 때 건너다가 버스와 닿으면 무대가 실패로 바뀌고, 스프라이트가 화면에서 사라지는가?	
7. 녹색 신호등이 켜졌을 때 횡단보도가 아닌 도로로 건너려고 하면 무대가 경고로 바뀌고, 스프라이트가 화면에서 사라지는가?	
8. 교통 법규를 잘 지켜서 횡단보도를 건너면 무대가 성공으로 바뀌고, 스프라이트가 화면에서 사라지는가?	

더하기

1단계에서 2단계로 올라가면 버스처럼 신호를 무시하고 달리는 자동차를 2대 더 추가해서 횡단보도 건너기를 조금 더 어렵도록 프로그램을 수정해 봅시다.

예제 주소_ https://scratch.mit.edu/projects/107482281/

프로그래밍하기 엔트리

화면 구성

예제 주소_ http://naver.me/5l4cUJJa

배경, '횡단보도', '정지선1', '정지선2' 오브젝트를 그리고, '빨간 자동차', '구급차', '고양이 버스' ,'경찰차', '신호등', '엔트리봇' 오브젝트를 불러와 화면에 배치한다. 프로그램에 사용될 변수를 만들고 횡단보도 건너기 프로그램을 만들어 봅시다.

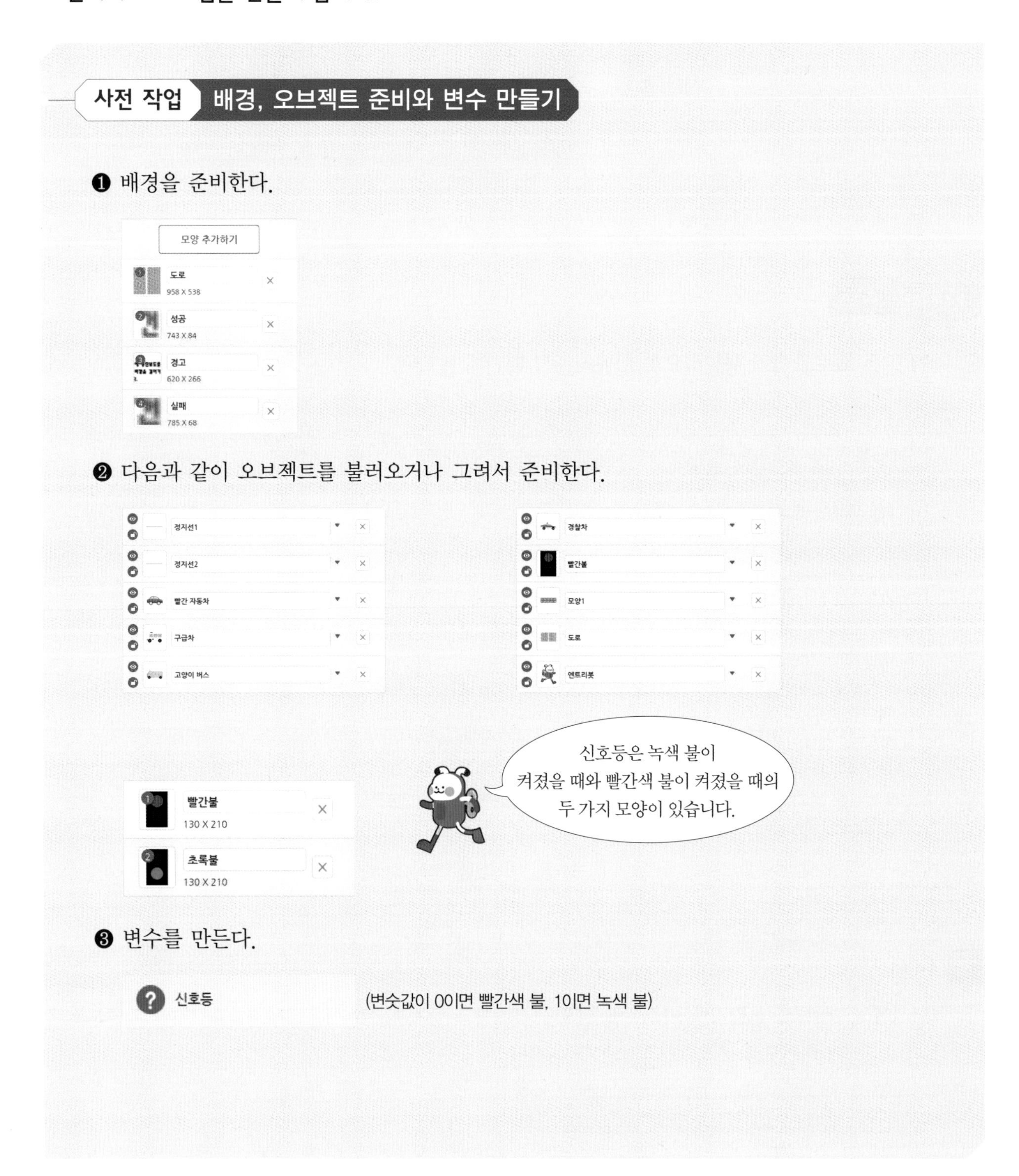

프로그래밍

배경

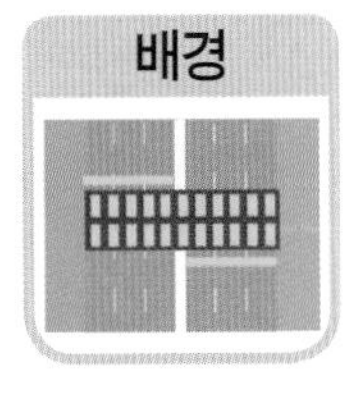

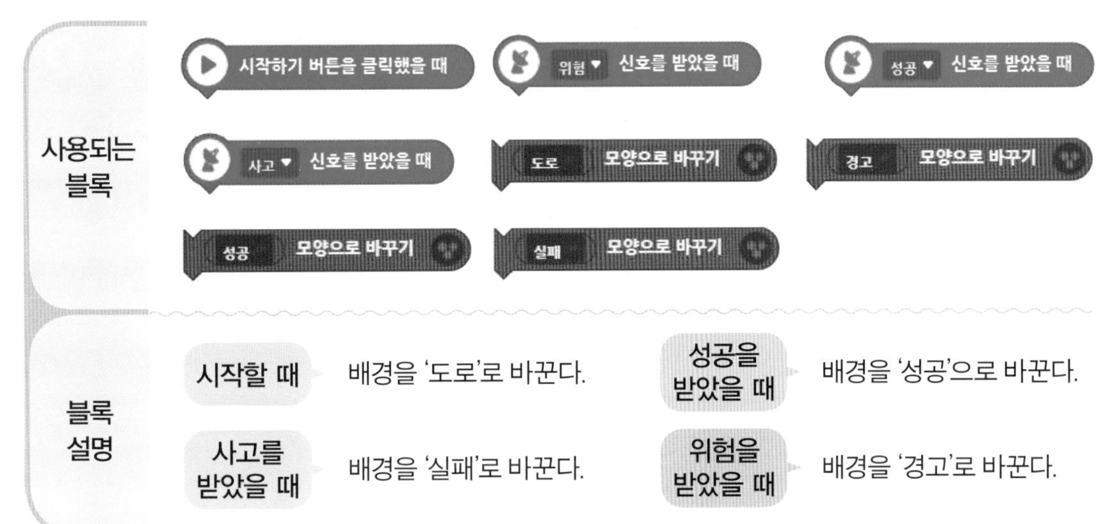

블록 설명

- 시작할 때: 배경을 '도로'로 바꾼다.
- 성공을 받았을 때: 배경을 '성공'으로 바꾼다.
- 사고를 받았을 때: 배경을 '실패'로 바꾼다.
- 위험을 받았을 때: 배경을 '경고'로 바꾼다.

고양이 버스 오브젝트

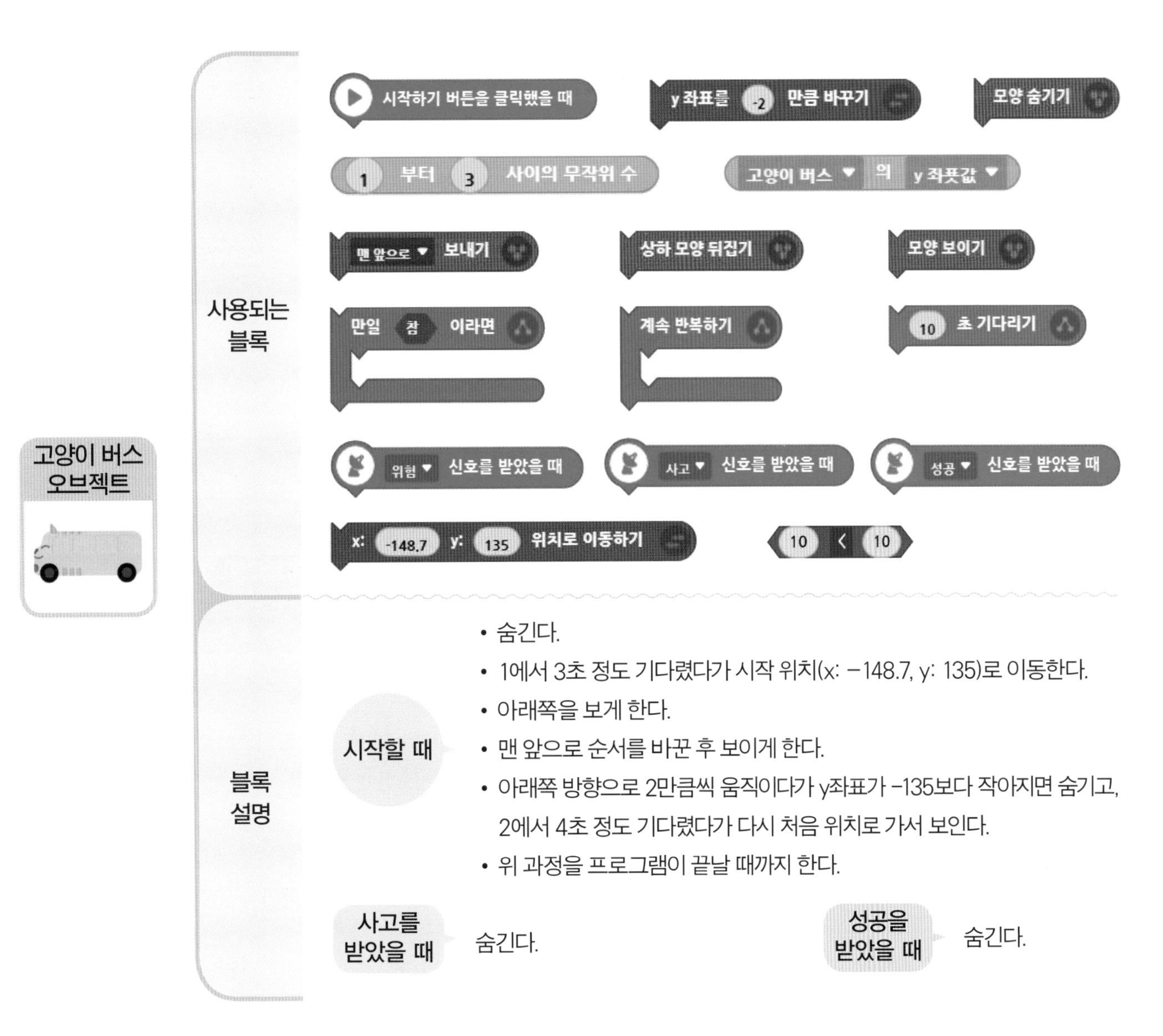

블록 설명

시작할 때

- 숨긴다.
- 1에서 3초 정도 기다렸다가 시작 위치(x: −148.7, y: 135)로 이동한다.
- 아래쪽을 보게 한다.
- 맨 앞으로 순서를 바꾼 후 보이게 한다.
- 아래쪽 방향으로 2만큼씩 움직이다가 y좌표가 −135보다 작아지면 숨기고, 2에서 4초 정도 기다렸다가 다시 처음 위치로 가서 보인다.
- 위 과정을 프로그램이 끝날 때까지 한다.

사고를 받았을 때: 숨긴다.

성공을 받았을 때: 숨긴다.

빨간 자동차 오브젝트

사용되는 블록

- 시작하기 버튼을 클릭했을 때
- 위험 ▼ 신호를 받았을 때
- 사고 ▼ 신호를 받았을 때
- 성공 ▼ 신호를 받았을 때
- 10 초 기다리기
- 참 그리고 ▼ 참
- 모양 숨기기
- x: -92.7 y: 135 위치로 이동하기
- 맨 앞으로 ▼ 보내기
- 모양 보이기
- 신호등 ▼ 값
- 계속 반복하기
- 만일 10 < -135 (이)라면
- 빨간 자동차 ▼ 의 y 좌푯값 ▼
- 0 부터 10 사이의 무작위 수
- 빨간 자동차 ▼ 의 y 좌푯값 ▼ ≥ -90.2
- y 좌표를 -2 만큼 바꾸기
- 10 = 10

블록 설명

시작할 때

- 숨긴다.
- 1에서 3초 정도 기다렸다가 시작 위치(x: −92.7, y: 135)로 이동한다.
- 아래쪽을 보게 한다.
- 맨 앞으로 순서를 바꾼 후 보이게 한다.
- 아래쪽 방향으로 3만큼씩 움직이다가 y좌표가 −135보다 작아지면 숨긴다. 1에서 5초 정도 기다렸다가 다시 처음 위치(x: −92.7, y: 135)로 가서 보인다. 만약 신호등 = 1이고 정지선(노란색)에 닿으면 노란색 선 위치의 좌표로 이동하고, 만약 신호등 = 0이면 아래쪽으로 3만큼씩 움직이게 한다.
- 위 과정을 프로그램이 끝날 때까지 반복한다.

사고를 받았을 때 숨긴다.

성공을 받았을 때 숨긴다.

위험을 받았을 때 숨긴다.

신호등 오브젝트

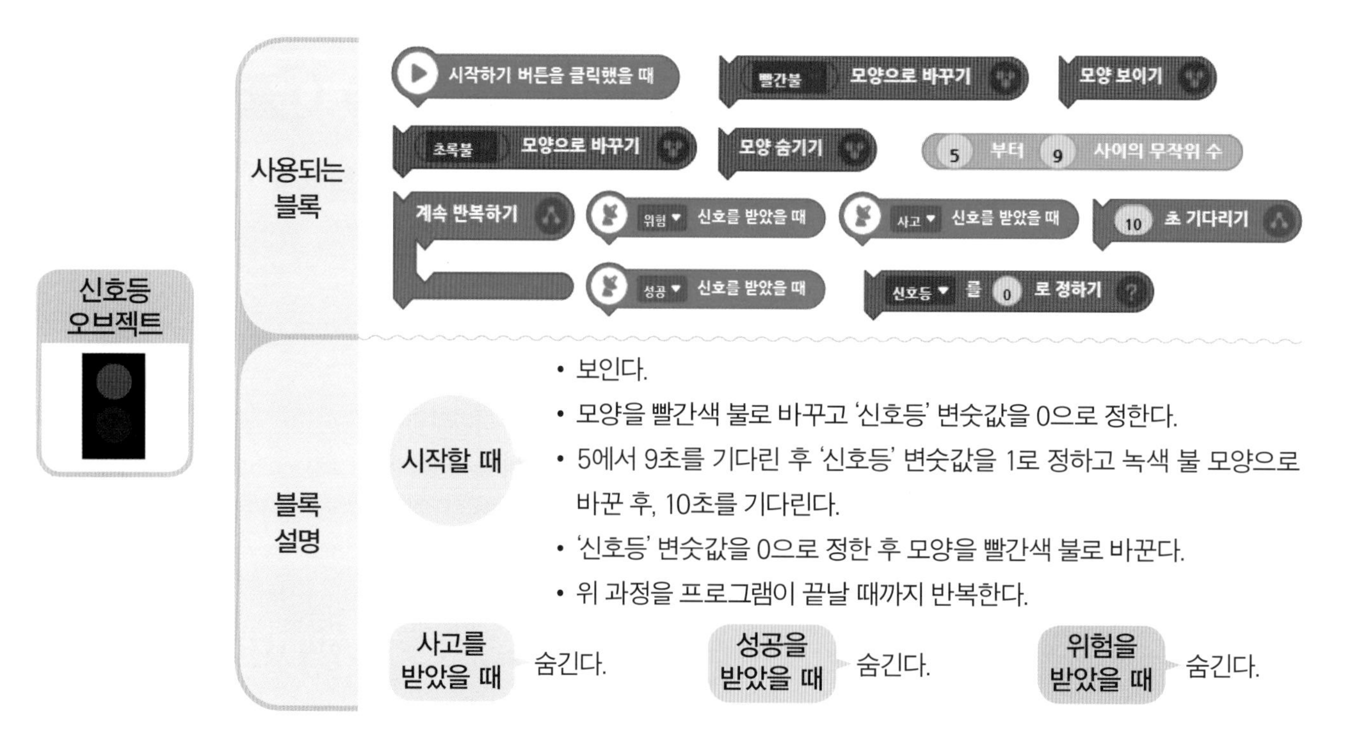

블록 설명

시작할 때

- 보인다.
- 모양을 빨간색 불로 바꾸고 '신호등' 변숫값을 0으로 정한다.
- 5에서 9초를 기다린 후 '신호등' 변숫값을 1로 정하고 녹색 불 모양으로 바꾼 후, 10초를 기다린다.
- '신호등' 변숫값을 0으로 정한 후 모양을 빨간색 불로 바꾼다.
- 위 과정을 프로그램이 끝날 때까지 반복한다.

사고를 받았을 때 숨긴다.

성공을 받았을 때 숨긴다.

위험을 받았을 때 숨긴다.

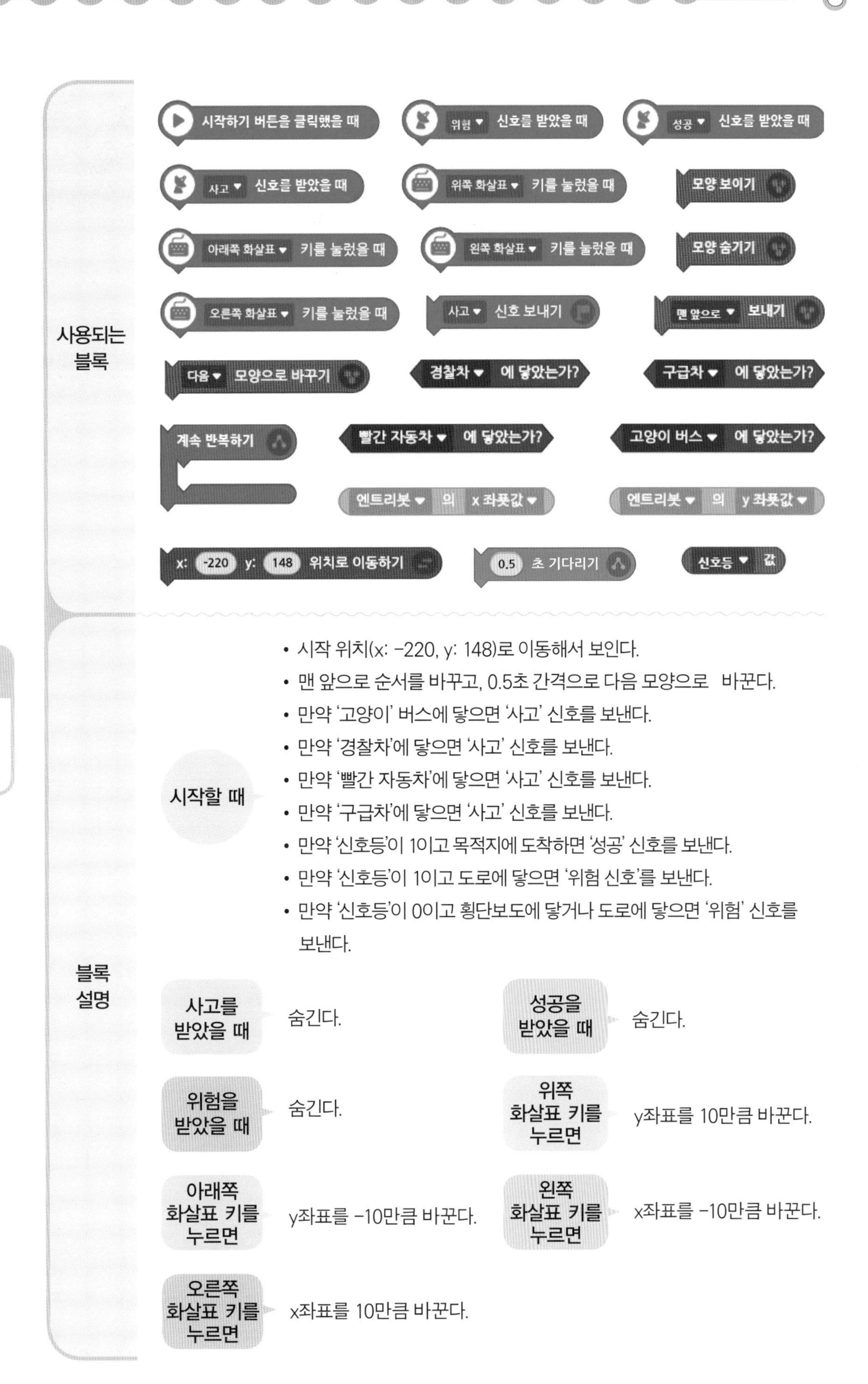

엔트리봇 오브젝트	
사용되는 블록	(블록 그림)

블록 설명

시작할 때

- 시작 위치(x: −220, y: 148)로 이동해서 보인다.
- 맨 앞으로 순서를 바꾸고, 0.5초 간격으로 다음 모양으로 바꾼다.
- 만약 '고양이' 버스에 닿으면 '사고' 신호를 보낸다.
- 만약 '경찰차'에 닿으면 '사고' 신호를 보낸다.
- 만약 '빨간 자동차'에 닿으면 '사고' 신호를 보낸다.
- 만약 '구급차'에 닿으면 '사고' 신호를 보낸다.
- 만약 '신호등'이 1이고 목적지에 도착하면 '성공' 신호를 보낸다.
- 만약 '신호등'이 1이고 도로에 닿으면 '위험 신호'를 보낸다.
- 만약 '신호등'이 0이고 횡단보도에 닿거나 도로에 닿으면 '위험' 신호를 보낸다.

블록	설명	블록	설명
사고를 받았을 때	숨긴다.	성공을 받았을 때	숨긴다.
위험을 받았을 때	숨긴다.	위쪽 화살표 키를 누르면	y좌표를 10만큼 바꾼다.
아래쪽 화살표 키를 누르면	y좌표를 −10만큼 바꾼다.	왼쪽 화살표 키를 누르면	x좌표를 −10만큼 바꾼다.
오른쪽 화살표 키를 누르면	x좌표를 10만큼 바꾼다.		

확인해 보기

내가 만든 프로그램이 정상적으로 실행되는지 확인해 봅시다.

확인 내용	○, ×
1. 프로그램이 실행되면 도로 배경이 보이고 고양이 버스와 빨간 자동차는 위에서 아래로 움직이고, 구급차와 경찰차는 아래에서 위로 움직이는가?	
2. 신호등 색이 녹색 불에서 빨간색 불로 바뀌는가?	
3. 녹색 신호등이 켜졌을 때 버스를 제외한 나머지 자동차들은 정지선에서 멈추는가?	
4. 사람은 화살표 키를 누르면 그 방향으로 움직이는가?	
5. 빨간색 신호등이 켜졌을 때 무단 횡단하려고 하면 배경이 경고로 바뀌고, 오브젝트가 화면에서 사라지는가?	
6. 녹색 신호등이 켜졌을 때 건너다가 버스와 닿으면 배경이 실패로 바뀌고 오브젝트가 화면에서 사라지는가?	
7. 녹색 신호등이 켜졌을 때 횡단보도가 아닌 도로로 건너려고 하면 배경이 경고로 바뀌고, 오브젝트가 화면에서 사라지는가?	
8. 교통 법규를 잘 지켜서 횡단보도를 건너면 배경이 성공으로 바뀌고, 오브젝트가 화면에서 사라지는가?	

더하기

1단계에서 2단계로 올라가면 버스처럼 신호를 무시하고 달리는 자동차를 2대 더 추가해서 횡단보도 건너기를 조금 더 어렵도록 프로그램을 수정해 봅시다.

예제 주소_ http://naver.me/x1XPS1EJ